學術思想叢刊

此心即道

——楊簡心學的哲學展開與實踐進路

郝祥莉　著

目次

緒論　選題緣由與研究現狀……………………………1
　一　選題緣由……………………………………………1
　二　研究現狀……………………………………………2

第一章　楊簡生平及其著述……………………………1
　第一節　心學體悟之路…………………………………3
　第二節　仕宦生涯………………………………………9
　第三節　著述……………………………………………18

第二章　心學本體論溯源………………………………21
　第一節　孟子心性思想…………………………………24
　　一　四端之心…………………………………………25
　　二　心、性關係………………………………………30
　　三　存心養性…………………………………………34
　第二節　陸九淵心即理思想……………………………39
　　一　本心論……………………………………………42
　　二　心、理關係………………………………………46
　　三　發明本心…………………………………………50
　第三節　楊簡本心論……………………………………56

一　「心」之意涵 ·· 56
　　　二　「心」本體建構 ·· 62
　　　三　小結 ··· 67

第三章　楊簡心學工夫論 ·· 69

　第一節　解「意」 ·· 71
　　　一　心、意關係 ·· 71
　　　二　意的定位 ·· 74
　第二節　工夫論的生成 ·· 77
　　　一　毋意 ··· 80
　　　二　覺悟工夫 ·· 86
　第三節　聖人之境 ·· 91
　　　一　聖人先覺 ·· 91
　　　二　知及仁守 ·· 95
　　　三　小結 ··· 103

第四章　楊簡心學詮釋學 ·· 105

　第一節　以「心」解《易》 ·· 107
　　　一　心學易的本體詮釋 ··· 108
　　　二　「己易」的反觀 ··· 115
　第二節　六經注我 ·· 122
　　　一　以「心」解《詩》 ··· 122
　　　二　六經注我的覺成 ··· 127
　　　三　小結 ··· 138

第五章　楊簡心政思想 ·· 141

　第一節　禮樂本於「心」 ·· 142

一　禮本於大一……………………………………………145
　　二　不放逸………………………………………………153
　第二節　忠信為本……………………………………………160
　　一　釋「忠信」…………………………………………166
　　二　忠信之為大道………………………………………169
　第三節　「孝」的教化實踐…………………………………175
　　一　心本善………………………………………………177
　　二　「孝」的實施………………………………………181
　　三　小結…………………………………………………184

結語………………………………………………………………187

參考文獻…………………………………………………………189

緒論
選題緣由與研究現狀

一　選題緣由

　　儒學發展到宋明時期，理學、心學、氣學等各學派之間的分化逐漸清晰並形成各自的理論體系。其中，心學作為非常重要的學術流派，從陸九淵創立並弘揚心學到陽明心學的不斷壯大，心學在中國哲學史和宋明理學史上具有舉足輕重的作用。宋明以後，學術界對心學思想的研究和對心學思想家的關注大都集中在對陸九淵心學與王陽明心學的研究上。然而，從陸九淵之後到王陽明心學之間的這一段時期，學界對心學思想的發展及心學人物的關注略顯不足。可以說，這是一段被冷落的學術時期。然而，通過對中國哲學史和宋明理學史的學習，不難發現，在南宋後期，楊簡、袁燮、舒璘、沈煥組成的「甬上四先生」對陸九淵心學的繼承與發展做出了不可磨滅的貢獻。作為陸九淵的高徒，楊簡也是南宋後期心學的代表人物。楊簡繼承了陸九淵的「本心」說與「天地萬物同為一體」的思想，並且把陸九淵重簡易之風的工夫論又向前發展了一步，形成了自己以「不起意」為宗的工夫論。《宋史‧楊簡傳》一書中說：「楊簡與陸九淵思想最初是『有所契』，不謀而合的，他雖深服陸九淵的『本心』說，但與陸九淵悟入本心的途徑卻有所不同。陸九淵以人生問題為起點，從立身處世法則來思考宇宙問題，楊簡卻從宇宙『四方之知』來體悟人生倫理。正因為此，楊簡才能從哲學高度來發展陸九淵『本心』思想，使心學的本體思想具更深的理論意義。」因此，楊簡心學在心學發展史上的作用是不可忽略的，值得學界進一步研究。

二 研究現狀

　　作為南宋後期的心學代表人物，楊簡在當時的學界是「泰山喬嶽」式的存在。楊簡亦是被後世學者看作是陸九淵心學的直接傳承者，並進一步發展了「本心」說。近年來，學界對心學的和關注日益高漲，楊簡心學作為其中重要的組成部分，也逐漸受到了學界的關注，關於楊簡心學的著作也逐漸增多，這對我們研究楊簡心學提供了重要的資料和依據。

　　目前，關於楊簡的著作主要有以下幾部：

　　侯外廬、邱漢生、張豈之三位先生主編的《宋明理學史》一書中第二十章〈陸九淵弟子的思想〉中有關於「甬上四學者」介紹，「甬上四學者」作為南宋後期著名的心學大家，被看作是陸九淵思想的直接繼承和發展者，而楊簡被看作是四位學者之首，也是被學界認為是象山之學的集大成者。文中對楊簡思想的介紹分為三個大的方面：一是生平和著述；二是陸派心學主觀唯心論的進一步發展，主要從「拋卻陸九淵的『沿襲之累』」和「公開引進佛家思想和提倡蒙昧主義」兩個角度切入；三是實踐陸九淵的所謂「六經注我」，主要從《楊氏易傳》和《慈湖詩傳》兩個角度切入。通過與陸九淵思想的對比，作者指出楊簡思想的特點在於「如果說陸九淵心學重『理』還有一定的地位，那麼到了楊簡這裡，則只有『心』這一最高範疇了。陸九淵以『氣』來解釋人之本善和何以會有惡的問題，楊簡則以『意』解，認為『意』起則惡。」陸九淵主張以「收拾精神」、「剝落」、「悠遊讀書」等工夫來發明本心之善，楊簡則以「不起意」工夫來達到本心的澄明狀態。作者認為楊簡思想的兩個重要範疇「心」與「意」都與佛家思想有明顯的聯繫，「這就使得陸象山的主觀唯心論更加向唯我論發展，而且其蒙昧主義的色彩更加濃厚。」並且，作者還認為，楊簡的經傳正是對陸九淵「六經注我」的具體實踐，其所要表達的主要思

想是人為六經皆是「心」的顯現。

崔大華先生在其著作《南宋陸學》一書之第三章〈陸九淵及其門弟子的思想面貌〉第二節〈甬上四學者——陸九淵思想的擴展〉中對楊簡做了四個方面的論述：一是生平和著述；二是思想發展過程；三是陸派心學向唯我主義方向的發展；四是陸九淵「六經注我」的實踐。文中較為細緻的介紹了楊簡的思想發展過程，分別是太學生時期、富陽主簿時期和樂平知縣時期。作者認為楊簡思想的最早萌芽是發生在二十八歲的太學生時期，富陽主簿時期因陸九淵的引導而悟得「本心」，樂平知縣時期因「心之精神之謂聖」一語而激發了對物、我的體驗並深化為「萬物唯我」的唯心主義，也由此把陸學的唯心主義又向前發展了一步。作者認為楊簡對陸氏心學發展主要有三個方面：一是拋卻陸九淵的「沿襲之累」。在陸九淵那裡，「心」當然是其思想的核心，但從形式上看，「理」仍然是最高的範疇，並且陸九淵沿用了「氣」的概念，仍是有一個物我相對的概念存在。而在楊簡這裡，最高的範疇只有一個「心」而已，楊簡也拋棄了那種物我對立的觀念，而用「意」來解釋人心是善而卻有人是惡的原因。陸九淵提倡「收拾精神，自作主宰」，楊簡卻認為這些是有害而無益的，只需用「毋意」的工夫保持本心之寂然不動的狀態。二是公開引入佛家思想，提倡蒙昧主義。作者認為楊簡的「心」固有倫理的品性，而不僅僅是直覺能力，「毋意」只說主要是為了克制違背倫理的意念萌生，而佛家的「無念」則要求有無善惡皆不思念，楊簡的「惟無思故無所不明，惟無為故無所不應」的蒙昧主義方法可以使人智慧煥發，品德端正，無所不通，成為聖人。三是批評歷史上的儒家、道家的唯心主義不夠徹底。楊簡以主觀的「心」吞沒一切，對歷史上儒家或者思想中有物我對立的觀點提出批評。如批評子思「子思覺焉而未大通者」，孟子的「心」與「性」、「志」與「氣」之分是錯誤的，批評老子「入於道而未大通」。莊周之言亦是「漏語良多」。

蔡方鹿先生在其著作《宋明理學心性論》之第二章〈南宋理學心性論〉第六節〈楊簡心性自然，不動於意的思想〉這一部分中主要論述了楊簡哲學思想中心性論的部分，主要包括兩個方面：一是「道心即意念不動之心」，從本體論而言，心範圍天地，發育萬物；在倫理道德觀上，人心自仁；在認識論上，人心自神自明；在道心與人心的區分上，楊簡的思想走向了蒙昧主義。二是「心性為一」，楊簡批評了心性二分的傾向，表現出了南宋陸學心性一元的思想特色。最後，作者認為「楊簡既繼承了陸九淵心為宇宙本體，心性一物的思想，又在陸九淵與己意無關的思想上加以發展，提出『道心即意念不動之心』的思想，把是否為意念所動，作為區別道心與人心的界限。他主張心性自然，認為人心自仁、自神、自明，不須意念所動，一動於意，則為人欲、為昏、為惡。楊簡以意動來解釋對本心的干擾，提倡『毋意』，以保持心性自然的完滿狀態，而不用發揮主體的能動性。這是他與陸九淵重視主體思維能動性的發揮的思想的不同處。但他以主觀意念來代替外物，又是對陸九淵心一元論哲學的維護和發展。」

鄭曉江、李承貴二位先生合著的《楊簡》一書以一種較為全面的視角對楊簡的思想進行了解讀。該書共分為十一章，對楊簡的生平、著作、為學經歷、為官經歷、思想主旨都有很清晰的論述。文中對楊簡的思想論書主要包括以下內容：一是慈湖之「一」論。「一」論要解決的事世界之本質、宇宙之本源的性質問題，他從「萬象」歸「一」入手，論證了「萬理」歸「一」，再進而闡述生命歸「一」。本體「一」的存在。二是慈湖之「心」論。慈湖之學的核心，「心」既為天地間主宰，又是人本有之善性，同時具有洞悉宇宙，「萬象畢現」之功能。其「心」論的目的，是在教導世人體悟自我本有之「心」的超時空性和自尊自足之完善性，從而達至靜寂湛然、無念無意無動之境界，思慮行為自然符合大道，合符萬古不滅之聖賢真傳。三是慈湖之「知」論。「知」並非對外物的知識性分析和獲取，而是

「求放心」而已。學問之方就非孜孜以求地觀察外物、剖析外物，而在於「明心」，做到吾心「自瑩」。慈湖把世人向外的求知活動轉換成了內向的精神境界修養論，試圖使人達到靈肉的合一、「心」「物」的合一和「道」與「德」的合一，這被楊簡視為「知」之最高目的。四是慈湖的「禮」論。重在覓「禮」之本，把「德」合一於「禮」，闡述了各類德目的統貫性，討論了人們如何才能依「禮」而行的問題。慈湖試圖把某中具有外在強制性之「禮」與主要求之於人內在自覺的「德」合二為一，借助於後者消弭前者的強制性，使「禮」與人之「心」、「性」合，促人從被動型地循「禮」轉變為主動自覺地遵「禮」，消解人們循「禮」過程中的任何不適感，達到其樂融融、從容中道的境界。五是慈湖的「人」論。何以為人與怎樣才能成人的問題？「愚」與「不肖」之人要孜孜以求自明「本心」，使人內在之善性被體認和顯露無疑，合於「仁義禮智信」地去思去行，就進至「君子」與「賢者」之境界了。這時人們需再堅持「一」論和「心」論，通過「知」論來體認天地萬物之「道」與吾「心性」一體，人踐履本「心」之善即是循天地之真，從而激發循「禮」遵「禮」的高度自覺性，並「時習之」，最終把外在之「禮」內化成自我之「德」。六是慈湖之「治」論：慈湖將其「心學」理論運用於政治領域，把傳統儒學的「德政」、「仁政」更換成「心政」，並提出諸如「擇賢久任」、「罷科舉而行鄉舉裡選」、「罷設法去導淫」等等措施。七是慈湖之「教」論。以「心學」統貫教育的理論與實踐，認為教育僅為開淪人心，啟人心所固有之善，故而「日用庸常是謂教」。在教育方法上，慈湖提出了「一貫之教」、「身教重於言教」等原則，並形成了「昇華自我」、「依自不依他」、「教學相長」等獨特的教學風格。

蔡仁厚先生在其著作《宋明理學‧南宋篇》一書之〈朱陸門人及其後學〉章中介紹了楊簡的生平與思想。在書中，慈湖與甬上諸賢是共同出現的，書中重點概述了楊簡作為象山門下學術造詣和影響最高

的弟子,其為學主要以「不起意」為宗。在道德的踐履上,只有「義之與比」,豈能容你顧念思慮、做好作惡,意念一萌,便是「起於意」,便是作意計較,便是「放心」而歧出,而不是「本心作主」循理而行了。慈湖之教人「不起意」的宗旨在要人「複本心」、「由仁義行」。並且,在慈湖所著《甲乙稿》、《冠記》、《昏記》、《喪禮記》、《家祭記》、《釋菜禮記》、《己易》、《啟蔽》等書中,《己易》為最能代表楊簡之思想的著作。在評價楊簡時,作者認為「慈湖此處所說,皆不失儒門義理之矩,而實亦發揮象山『宇宙即是無心,吾心即是宇宙』、『此心同,此理同』、『人與天地不限隔』、『能盡此心,便與天地同』之義。」

邱椿先生在其著作《古代教育思想論叢》一書之〈楊簡的哲學和教育思想〉一章中主要介紹了楊簡的哲學思想、楊簡的心性論和社會思想、楊簡論教育的意義和目標、楊簡論教育的內容、楊簡論讀書、楊簡論讀書（續）、楊簡論學習的方法、楊簡的哲學和教育思想等內容。作者重在以解讀楊簡的哲學思想為基礎,從而進一步引入論證楊簡在教育思想上的作用和影響,這一點也可從作者反復論述楊簡關於讀書、學習方法以及教育等方面來看出,這也為我們研究楊簡的哲學思想提供了不同的思路。作者認為,楊簡的宇宙觀之中心思想史「心即是道」,就認識論而言楊簡是一個「主觀唯心主義者」。楊簡的心性論主要談心的五種特徵,是其全部思想的基石。所以,楊簡的教育思想的主要目的是「明心」,發明人人固有之本心,認識宇宙萬事萬理。並且,由於心涵攝一切、無所不包,教育除了「明心」以外也不需要有其他的目標。在文章的最後,作者對楊簡做了很高的評價:「在一般人所謂『陸王學派』中,楊簡是七百餘年來最偉大的哲學家。在思想的系統性上,在治學的廣博性上,在哲理的玄奧性上,在立論的一慣性上,在考證訓詁的精確性上,他勝過其師陸九淵和其後三百餘年的王守仁。陽明曾否讀慈湖先生遺書不可詳考,但陽明提出

的許多哲學命題，楊簡早已說過，並且說的更加詳明。陽明高足錢德洪在其所作《慈湖書院記》中說：『德洪嘗伏讀先生遺書，乃竊歎先生之學直超上悟者乎！』，足以見陽明弟子亦承認慈湖在學術造詣上已攀登最高峰而似非陽明所能及。」

石訓、姚瀛艇、劉象彬、李書增、李之鑒、盧連章、肖新生、李寶林等八位先生合著的《中國宋代哲學》(《心學篇》部)一書之〈陸九淵後學——楊簡、袁燮、舒璘、沈煥〉一章中有關於楊簡的記載及其主要心學思想介紹，文中主要論述了楊簡的心本論思想，書中重點列舉了楊簡的生平和著作、「我之天地」的宇宙觀和自神自明的認識論：楊簡講心側重於講「一」，「一」即是「己」，即「我」，宇宙萬物皆是「我」之所為，「我」是宇宙的主宰，總攝世界的一切，宇宙變化皆是「己」之變化運行。並且，人是「自神自明」的，無需外求知識，只需識得本心自然識得萬事萬化，人需要做的只是「絕四」而已，止絕「意」之妨害。總體而言，作者認為楊簡是「典型的唯我論，對陸九淵心學不是深化，而是販賣。」、「給心學家放開膽子維護封建專制統治開了綠燈。」、「楊簡的『毋意』，是要人們克制逆意、逆念之萌動，永遠馴服地做統治者的奴隸！」、「這種思想，無疑是禪學『念有念無，即名邪念』(《頓悟入到要門論》)思想的翻版。」

趙燦鵬先生在其著作《漢宋相假：中國學術思想史論集》一書之〈楊慈湖與南宋後期的儒學格局〉一章中對楊簡思想和著作的論述主要有以下幾個方面：一是「心之精神之謂聖」：楊慈湖心學宗旨疏解。主要包括「心之精神之謂聖」一語的出處及意蘊，「精神」之義，「聖」之義，「精神」與「良知」的比較等問題。二是論宋儒楊慈湖與道家思想之關係。主要是楊簡對老莊思想的分析與詮釋，是以孔子學說為依據，基於儒家立場進行類似於「判教」的工作，揭示儒家與道家思想的差異，並在對先秦道家思想的評議衡定中，凸顯其心學思想的獨特宗旨。三是宋儒楊慈湖著述考錄。慈湖的著述主要完成於

兩個階段。第一個階段是自慶元二年至嘉定元年（1196-1208），這十餘年中，慈湖「築室德潤湖上」，主要著述《易傳》、《詩傳》、《春秋傳》、《曾子注》、《先聖大訓》、《己易》、《孔子閒居解》、《絕四記》、《易學啟蔽》、《治務論》等。第二階段是嘉定七年至寶慶二年（1214-1226），著作有《古文孝經注》、《論語傳》、《冠記》、《昏記》、《喪禮家記》、《家祭記》、《釋菜禮記》、《石魚家記》，以及詩文別集《甲稿》、《乙稿》。

　　張實龍先生在其著作《楊簡研究》一書中對楊簡的生平、著述、思想內容做了比較全面的論述。全書共分為十一章，主要內容如下：一、聖賢：慈湖之目標，主要從慈湖立志聖賢的背景、慈湖心中的聖賢、楊簡聖賢意識的意義等三個方面來說明。二、本心：成聖成賢的基礎，主要包括本心之內外、本心之妙用、本心的顯現、慈湖「本心」說的價值等四個方面。三、不起意：成為聖賢之方法，主要從「意」是違逆生命之流的意識、提出「不起意」的緣由、達到「不起意」的路徑、有關「不起意」的評價等四個方面來說明。四、慈湖之進學，主要包括楊慈湖的秉性、慈湖之「覺」、慈湖之平時工夫三個方面。五、慈湖之為官，主要包括慈湖論為學與為宦、慈湖先生的施政行為、慈湖施政行為評價等幾個方面。六、慈湖之講學，主要介紹了慈湖的講學經歷與講學目的、教育原則與教學方法、講學效果等內容。七、慈湖之《易》學，主要從易者己也、以心解《易》舉例、《易》學之意義等入手。八、慈湖之《詩》學，主要從「本心」對《詩經》的「前理解」、《毛詩序》是解《詩》之障、詮《詩》以釋「心」、慈湖之判定等角度入手。此外，作者還對楊簡所處的時代、楊簡思想體現的精神文化等方面做出了介紹。

　　李承貴先生在其著作《楊簡》一書中主要從以下幾個角度概述了楊簡的學術經歷、為官經歷和主要思想：一是神奇的悟道之旅，主要講述了楊簡的求學經歷、八次覺悟經歷和著述經歷。二是講學佈道不

離心，從教育理念、教育方法、教育實踐等幾個方面展現楊簡教育事業之精神。三是治政理念與成就，儒家政治理想即是「德政」或「仁政」，注重以道德教化治理國家，楊簡正是繼承了這種思想繼而創生了其「心政」的思想。四是以「一」解《周易》，此章從乾坤為「一」、天地人三才為「一」、天道人德為「一」、元亨利貞為「一」等四個角度來闡釋楊簡的解易之道。五是以「心」說《論語》，主要包括「絕四論」、「忠恕而已」、「四十不惑」、「用力於仁」等四個方面。六是別樣詮釋與思想精義，主要從楊簡對《易》、《論語》、《孟子》、《大學》、《中庸》的詮釋角度切入。七是楊簡心學的傳承與流布，主要論述了楊簡心學的流傳、楊簡心學與陽明心學的關係；八是學術影響與現代價值。

李承貴先生的另一著作《儒家生命詮釋學》一書中對楊簡的詮釋學有過專門的論述：第四章以楊簡釋《論語》為例，包含「知識」、「德行」、「生死」、「力仁」等幾個方面，楊簡對經典的心學化解讀蘊含著道心的滋潤、德性的申揚、實踐的證據、知識的驅逐等幾個層次的意蘊。在第五章中以楊簡釋《易》為例，深入考察了楊簡心學易的獨到之處：以「一」貫《易》、以「己」通《易》、以「心」解《易》。由「一」到「己」是楊簡闡釋《易》道由外向內的轉化，使外在的形式、名號、規則內化為具體的主體性特質，可以曰「中、正、強、大」，由「己」到「心」的昇華是儒家根本性的追求，以超越性的「本心」作為聖賢的人格追求，樹立儒家的聖人形象。

朱伯崑先生所著《易學哲學史》（第二卷）一書中第七章對楊簡易學思想的評價為：「心學派對《周易》也進行了解釋，並通過與心學概念與義理的結合，逐漸形成了宋代解易得一個流派。心學家們以心性之說來解釋易學，其中對卦爻辭的解釋也總是以心為最終歸屬，以人心為易學的終極命題意義。所以在心學易派的發展過程中呈現出主客觀一體的趨向，主張天人一體，貫通物我。這種風格經過陸九淵

的發揚，後又經楊簡《楊氏易傳》及《己易》的解釋，形成了心學易的代表人物。楊簡的心學易思想雖然不如理學派那樣有極大的影響力，但其也是易學思想史上不可忽視的解易的人物，為我們理解《周易》的奧義提供了另一種視角。更為重要的是，楊簡的易學思想是其心學的另一種表達。至此，『六經注我』的主客形式完全成了『本心』的主體呈現。」是以，我們在對於楊簡對《周易》其書的詮釋，我們不能把它全然當成一種易學思想來對待，因其中最核心的內容是楊簡心學的另一種呈現。

張善文先生的著作《象數與義理》一書中肯定了楊簡治《易》的地位並對楊簡的易學思想進行了深入探討：「就宋《易》『義理學』的發展進程言之，北宋時期的胡瑗、歐陽修、李覯、司馬光、張載等人的《易》著即開其先路，至程頤撰《周易程氏傳》，遂完全形成了義理學派的格局；南宋時期，經朱熹、楊萬里、楊簡等人進一步從各個角度推闡發揮，治《易》領域及途徑不斷開拓，終於使宋《易》義理派的勢力發展成熟，並匯為一股佔據時代主導地位的學術潮流，其影響之大，乃至幾乎完全統治了宋以後的元、明兩代三百多年的《易》學研究界。」心學易的開啟與陸九淵心學的創立是同時發生的，到楊簡時期，心學易的風格和影響得到全面的形成和擴大。

趙偉先生的著作《心海禪舟──宋明心學與禪學研究》一書中第二章〈全入於禪：楊簡與禪學〉這一部分主要是從宋明心學與禪學關係的角度來論述當時學界的儒學與佛學互相吸收、融合的學術現象。作為南宋後期心學的代表人物，楊簡的思想研究是不可跳過的一部分。作者在書中第二章以「全入於禪」為其關鍵注語來界定楊簡的哲學思想，意在對楊簡思想與禪學的關係作出論述，所以作者在文中引用了大量的思想家對楊簡的評價來佐證自己的觀點。作者認為「楊簡不僅能繼承陸九淵的學術衣鉢，而且在許多方面更為徹底，使心學有進一步的發揚。楊簡和陸九淵一起，對後世尤其是明代的心學產生了

極其重要的影響。」除此之外，文中還對楊簡著作的流傳和現存情況進行了詳細的說明。

此外，近年來學界關於楊簡哲學思想研究的論文亦有不少，主要有以下角度和內容：

（一）從心學的歷史發展角度

以楊簡為首的「甬上四先生」是南宋後期心學的重要代表，學界多認為四先生繼承和發展了陸九淵的心學思想。劉宗賢先生在〈楊簡與陸九淵〉一文中說：「陸九淵的『本心』學說以甬上四學者——楊簡、袁燮、舒璘、沈煥為得其傳，而楊簡居其首。雖然歷來的學者在評論陸派學說時，對楊簡多有微詞，但從心學的發展過程來看，卻是楊簡發回來陸九淵心學的核心部分，是陸學能夠在哲學理論上獨立於朱熹理學，並經明代王陽明學說的接續發展，進一步完善了陸王心學的理論體系，從而形成支配一代學術的思想潮流。」范立舟先生在〈論「甬上四先生」對象山心學的修潤〉一文中說：「『甬上四先生』發揮了陸九淵心學思想的核心要義，使陸學成為與朱熹學說分庭抗禮的一個學派，並延續至明代，經陳獻章、王陽明等人的接續和發展，陸王心學方形成支配一代學術的思潮洪流。」蔡方鹿、葉俊二位先生在〈楊簡對陸九淵心學的超越〉一文中認為：「楊簡既繼承陸九淵，又在『心即理』、批評孟子和《論語》、以心解經、堅持心一元論哲學等方面超越陸九淵心學。體現為對『心即道』的重視，不盲從舊權威、通釋和遍注群經，突出吾心『常一』的經典解釋原則，批評對心即道的割裂，將心學與經學相結合，在心一元論和『心即道』思想的框架下更加突出心的權威性，發展了陸氏心學，並對後世心學和學術產生了重要影響。」劉聰先生在〈楊簡與明代王學〉一文中說：「明初，王守仁時的思想界較少關注楊簡，隨著嘉靖以後王學的興起，楊簡成為了王學後學討論的重點。王畿從本體論的角度，將楊簡的『不

起意』與『四無論』結合起來，論證了『無意』就是『無善無惡意之動』。季本等人則從工夫實踐的角度批評王畿對『不起意』的詮釋。泰州學派將『心之精神』詮釋為『百姓日用之心』，使『心之精神之謂聖』成為泰州學派倡導的『滿街都是聖人的』注腳。到劉宗周時，王學後學由以往的本體派和工夫派的兩級對立，走向了本體與工夫的融合，劉宗周對楊建思想的評價也是這一做法的具體體現。」滕複先生在〈陽明前的浙江心學〉一文中說：「甬上四先生的思想對於象山心學在哲學、社會政治思想與學術風氣等方面都有重要發展。這些發展不僅賦予陸學以頑強生機，同時也為三百年以後王學的興起提供了文化基礎與思想材料。從思想的邏輯進程來看，王學的基本思想與甬上四先生的思想有著內在的邏輯連貫性，所謂王學直接陸學，正是接的四先生之學。」

（二）從心本論角度

楊簡對「心」的本體性闡釋主要集中在《楊氏易傳》和《己易》篇中，學界對楊簡「心本論」的研究也多以此為重要依據。李承貴先生在〈楊簡釋《易》的路徑及其省察〉一文中說：「楊簡釋《易》，以『一』攝『多』，以『己』融『形』，以『心』解『理』，但最終歸結為以『道心』解《易》，將『道心』貫注於《易》卦辭、爻辭及其他經文中，《易》涉及所有事象，其通其阻、其喜其憂、其福其禍、其吉其凶，無不與『道心』關聯，從而對《易》的解釋注入了新的方法和精神，並開啟易學的心學方向。但是，楊簡解《易》實踐中所顯露的主觀化、簡單化、隨意化等傾向，於《易》義理之真實呈現多有遮蔽，而於一般性文本解釋實踐則需三致其意。」傅榮賢先生在〈楊簡易學略論〉一文中說到：「楊簡的易學思想主要集中在他的二十卷解易著作《楊氏易傳》和一卷提綱性的通論《己易》之中。這兩部重要易學成果既是楊簡個人易學心得與總結，也是南宋時期乃至整個中國

古代心學解易派的典型範例和首選標本。」並且，傅先生從建構論、方法論和目的論三個不同的層面闡釋了楊簡易學的一般品格特徵：一是用卦爻重構世界；二是理一不分殊；三是聖人設教，道德勸善。曾凡朝先生在其〈從《己易》看楊簡易學的心學宗旨及其學術意義〉一文中說：「楊簡視易為『己』，又從『我』、『吾』、『一』、『心』等不同側面進行描述，『己』實為『心』，己易即為心易，易為心之易，易道為心之易道。通乎一己，明乎一心，才能深悟易道。楊簡把易學和經學徹底納入心學的範疇，從心學的角度發展了易學和經學，這是中國易學史和經學發展史上不可或缺的重要環節。」張理峰先生在〈心學視域下的易學──楊簡易學思想初探〉一文中說：「楊簡作為心學解《易》派的代表，其易學思想是心學與易學相融合的產物，是一種心學視域下的易學。在楊簡的心學體系中，心具有本體特徵，它虛明靈妙，且存在於人自身；工夫論上既要講求恢復本心，又不可強索而得。楊簡以此心學視野去觀照易學，將整個易學體系納入其心學視域之中，並且注重闡發一些與心相關的易學觀念，從而使其易學思想呈現先出高度一元論的特徵。當與經典結論不相兼容時，他又敢於懷疑經典，以保證其易學的圓融一致性。」張先生認為，心學視域下的易學，是心學與易學相互融合的產物。楊簡正是首先確立了自己的心學視野，然後用這一視野去解讀《周易》，最終成就了他的具有濃郁心學特色的易學思想。通過分析楊簡心學視域下的易學思想，我們可以看出，楊簡思想有著顯著的一元論特色，這一特色使其注《易》風格呈現出了一種高度的凝聚性。周廣友先生在〈楊簡《己易》思想的哲學闡釋〉一文中說：「楊簡認為『易本占筮之書，』而『易』本質上為一，『易』所言萬事萬物及其變化、以及變化之道均是通而為『一』，從徹底的方面而言乾坤之道也為一，這涉及道一多關係問題；而卦爻辭在於『明人之道心』，並以『人之本心或道心』來界定『己』，性形不二，道心本質上就是道自身。故『易者，己也』另一深層表達是

『人心即道』和『天人本一』，其核心是以易為己、以心釋易，蘊含著心物關係問題。他以『意』作為區分道心和人心的標準，善惡之分與心意關係有內在性關聯。篤信了孔子的毋意論，楊簡提出了與《大學》誠意論不同的以『不起意』為主旨的工夫論路徑。」周先生在文中把楊簡以心解易的本體論與以「不起意」為宗的修養工夫論結合起來，從而清晰的解讀了楊簡的心學易的特色。楊月清先生在〈己易心性：楊慈湖易哲學的心學建構〉一文中說：「楊慈湖是南宋時期心學派易學承上啟下的主要代表人物，上接明道與象山，下啟陽明與龍溪，認為易之理即人之心，並惟以人心為主，以個人的自我意識為易道本源，象數事物皆在所略，以不起意為宗，籍此詮釋易之卦爻辭以及《彖》、《象》、《文言》三傳，又通論易理，建立了較為完備的以己易心性為總體特徵的心學派易哲學體系，是此以學派中最為突出的代表，其易學特點和解《易》風格直接影響到明季以後心學派的解《易》路數。」程剛先生在〈楊簡易學中的「自」「己」「我」〉一文中說：「『自』、『己』、『我』這三個範疇的含義有同有異，它們的頻繁出現體現了楊簡心學思想中突出主體意識的一面。這三個範疇都有很多層次：『自』包括了『本心』本自善的先驗性、『本心』自然善的自發性、『本心』各自善的主體性等含義；『己』既具有貶義的『己私』意，也有強調『本心』主體能動性的『能己』之意，還有擴充自我的『己易』說；『我』有『毋我』、『無我』中的我執的含義，以及具有『唯我論』傾向的『易道在我』說。」

（三）從工夫論的角度

徐建勇先生在〈楊簡心學功夫的展開〉一文中說：「楊簡在建立起自己的至善至純完滿自得的心本體之後，繼而展開了自己的心學功夫論。」為此，他首先確立了自己的以『意起』為標準的善惡觀。楊簡認為『意』是心之起，『意』起則心蔽，心蔽則惡生。既然意起生

惡，那麼阻止惡生的方法自然就是『毋意』。而要『毋意』，楊簡認為只有依靠不借助言辭的直覺。楊簡的直覺是指沒有任何心裡變化，也不需要借助任何中介而直接把握本心的方法。進而，楊簡認為直覺『毋意』還只是阻止惡產生的方法，不能從根本上體認至純至善的心的本體，並與之同一。至此，楊簡進一步提出了他的終極修養觀：明心考反觀，即通過回思反省，達到整全性的複視和體認至純至善完滿自得的心。」陳碧強先生在〈試論慈湖的「覺」——以工夫論為中心〉一文中說：「『覺』在慈湖心學中的地位頗為關鍵，貫穿於其思想的本體、工夫、境界，乃徹上徹下之道。受佛學的影響，在慈湖的覺悟體驗有一些神秘的傾向。但仔細分析可以發現，其『覺』乃是在不斷深入思考和踏實踐履的基礎上獲得的對於身心性命之學的體認。拋開神秘主義的外衣，他的覺悟體驗乃是『漸悟』，其中蘊含著強烈的自我批判與否定的精神，且呈現出濃厚的實踐品格，需要艱苦探尋、反復求索才能得到。」隋金波在〈楊慈湖思想中的「覺」及其成聖意涵〉一文中說：「在楊慈湖的呼籲系統中，他不在單一的意義上論述「心」概念，而是將其與「一」和「覺」等概念融合使用，從整體層面來闡明他的思考。」並且他把楊慈湖思想中的「覺」分為三個向度：一是己心之「覺」；二是本心之「覺」；三是心物之「覺」。在生活的過程中展開對「心」的體證進而覺悟並使「覺」的狀態持續不斷地呈現，即為楊慈湖思想語境中國聖人境界的頓達。

（四）從以心學詮釋經典的角度

李承貴先生在〈楊簡釋《論語》抉微——以《論語》中部分文本為案例〉一文中說：「在楊簡解釋實踐中，至善圓融、無形無體、生機活潑的『道心』是貫注其解釋實踐的生命，由於『道心』本是萬德之源，因而按照『道心』展開的楊簡解釋方向自然是德性的伸揚，而儒家語境中的道德從來就是以『實行』為特質，因而楊簡解釋道德範

疇或命題時便習慣性地用實際的行為展示其意義。」陳良中先生在〈楊簡《尚書》學研究〉一文中說:「楊簡《五誥解》是陸九淵心學一派《尚書》學的代表作,其借《書》批駁《孔傳》,闡發『道心不動於意』、『心本靜』、『三才一貫』的心學思想,提出『不起意』靜悟本心的修養方法,以此反對程朱一派道心人心之人性論及格物致知之修養論,帶有鮮明的學派特色。梳理楊簡《五誥解》的訓詁及義理闡釋,可以發掘時代思潮的論爭。」陳碧強先生在〈心學家經典詮釋的問題意識與研究意義〉一文中說:「慈湖對心學的貢獻在於,他將象山的理論體系化、精緻化、極端化,使其得以和理學並駕齊驅,一時間『籠罩一世』。通過注釋經典,楊慈湖還為自己的學說找到原典方面的根據,並由此激活經典,並呈現出新意。在此之前,象山已經初步提出了心學派經典詮釋的方法和原則,但將之提煉和深化的則是楊慈湖。慈湖心學涉及的向度十分廣闊,以心解經就是其重要的組成部分。」葉文舉先生在〈楊簡《詩經》研究的心學特色〉一文中說:「楊簡的《詩經》解讀除了一些文字訓詁之外,便徹底成為了他傳達心學思想的一個載體。可以說楊簡的《詩經》研究是心學一派『六經注我』的最鮮明的踐履。為了達到心學思想的高度,楊簡解詩時儘量虛化、哲學化。他的心學思想在《詩經》研究中直白地表露了出來,而且非常系統,我們甚至可以認為楊建德《慈湖詩傳》不是《詩經》研究的專著,而是一部關涉心學思想的哲學著作。」唐明貴先生在〈楊簡論《論語》的心學特色〉一文中說:「楊簡在詮釋《論語》時,通過對其中有關思想資料所進行的零星的、不太系統的吸收、利用、發揮,建構起了集心本論、心性論和修養工夫論於一體的心學思想體系,可以說,《論語》在某種程度上成為他闡發心學思想的一個載體。同時,在詮釋的過程中,他也盡其所能把自己的心學思想一以貫之地貫穿對《論語》經文的解讀,使其儘量虛化、哲學化。從這個意義上來說,《論《論語》》充分展現了心學派的『六經注我,我注六

經」的學術特色,體現了宋代學術思想的特點。」賀廣如先生所著《心學《易》鉤沉》一書中圍繞宋明心學家詮釋《易經》的著作,理清這一時期的心學易得發展脈絡,並且肯定了楊簡在易學詮釋學發展史上得重要作用。

(五)從佛老對楊簡心學影響的角度

從佛老對楊簡心學影響的角度。李卓先生在《楊簡雜禪辨正》一文中說:「慈湖在本體論上始終堅持道德本心的普遍實存,雖強調無執不滯的境界而歸宗于大《易》的生生不已,迥異於佛教的緣起性空。質言之,慈湖雖然在境界、工夫和對本心的理解上吸收容納了佛教的勝義,卻並未喪失儒家的身份認同。考之詆慈湖的儒者,或由外在的觀察得皮相之見、或從工夫進路的不同展開批評,並無人辨析得出慈湖言創造性的到的本心已流入於禪。檢討至此,慈湖是禪非禪已明,乃師象山為其辯誣之語極是:『楊敬仲不可說他有禪』。」陳碧強在《試論楊慈湖對道家的批判——以本體論、工夫論和境界論為中心》一文中說:「他從心學角度出發,以本體論、工夫論和境界論為切入點,對老子、莊子、楊朱、列子的思想進行品評,在批判的同時,也汲取了對方思想中的合理成分,使得其學說表現出更強的包容性。在他那裡,踐履的篤實與境界的高超可以並行不悖,二者是統一的關係。無論訾議還是借鑒,慈湖都表現出很強的主體精神,他將自己對心體的默會與『不起意』的修養思想貫穿其中,既體現了學術自信和理論勇氣,也堅持了自身思想的一致性。」

(六)從以心治政的角度

李承貴先生在〈楊簡「心政」理念與實踐——楊簡治理思想及其特質〉一文中從「心政」的理念、「心政」的展開、「心政」的實踐三個角度論述了楊簡「心政」的主要內容和特質。楊簡「治世」思想表

現為「心政」即由「本心」出政。「心政」源於本善之心，外推為：治災以治人心為先、治民以治君心為要、治政合乎天下之公心。此「心政」進而由「克艱」、「知恤」、「敬信」等向度展開，並最終落實為具體的治政實踐。楊簡的「心政」，由善心開始，以德行政，澤及於民，民心感應，從而在楊簡與民眾之間實現「本心」貫通無礙。楊簡「心政」在造福於民實踐中形成了一種儒家心學孕育的政治景觀，其理論價值與現實意義可資當世借鑒。

第一章
楊簡生平及其著述

　　楊簡，字敬仲，浙江慈溪人，因其曾築室潤德湖上，更名慈湖，所以世稱慈湖先生。南宋高宗紹興十一年人，卒於宋理宗寶慶二年，享年八十六歲，諡號文元。關於楊簡的生平、評價在《宋元學案》、《宋史》、《四庫全書》等書中都有記載，《宋元學案》曰：「楊簡，字敬仲，慈溪人。乾道五年進士，調富陽主簿。嘗反觀，覺天地萬物通為一體，非吾心外事。陸象山至富陽，夜集雙明閣，象山數提『本心』二字。先生問：『何謂本心？』象山曰：『君今日所聽扇訟，彼訟扇者，必有一是，有一非，若見得孰是孰非，即決定為某甲是，某乙非，非本心而何？』先生聞之，忽覺此心澄然清明，亟問曰：『止如斯邪？』象山厲聲答曰：『更有何也？』先生退，拱坐達旦，質明納拜，遂稱弟子。已而沿檄宿山間，觀書有疑，終夜不能寐。瞳瞳欲曉，瀌然如有物脫去，此心益明。淳熙元年，母喪，去官，營葬車廄，更覺日用酬應未能無礙。沈思屢日，一事偶觸，始大悟變化云為之旨，交錯萬變，而虛明寂然。」[1]這一段話後來也被收錄在《楊簡全集》中，關於楊簡一生的學術、思想成就是一個比較精煉的總結，「本心」作為楊簡心學的核心概念的提出與陸九淵有脫離不開的聯繫、傳承和變革。這一段主要記錄和證實了楊簡經由「扇訟」之對而大悟「本心」澄然一片，時清明而不是混沌，所謂是非，無非此一心，所謂宇宙，也無非是此一心也。此心通達古今、宇宙、上下、往

---

[1] 〔宋〕楊簡著，董平點校：《楊簡全集》（杭州市：浙江大學出版社，2015年），《慈湖先生遺書》，頁2552。

來，不勞思慮。自「扇訟」之對後，楊簡對「本心」理論的建構也逐漸成熟而細微。在對陸九淵心學的發展和創新上，楊簡對「心即理」命題突破性的轉變為「心即道」。天與人、天理與人欲之間的垂直性的關係被打破了，「本心」即是「天理」，即是天道，即是宇宙自然，即是四時往來，即是風霆雨露變化。「本心」的形式或者形象而言可以是人，可以是物，也可以是自然，這些都是短暫的流變，而不是本質，所以楊簡說萬變萬殊皆是吾心之所發。錢時撰《行狀》時記載：「先生家世天臺，十世祖自寧海徙明之奉化，後又徙鄞曾大父宗輔，大父演。考庭顯，故任承奉郎，累贈通奉大夫。妣臧氏，碩人。先生生有異稟，清夷古澹，緣乎受道之器。誕降之夕，猶居鄞，祥光外燭，亙天而上，四廂望之，以為火也，輒集眾環向。」[2] 楊簡自小受到的家庭環境的薰陶和教育也是十分重要的，他的父親楊庭與陸九淵交好，對心學非常推崇，這種思想對楊簡少時的學術啟蒙形成了十分重要的影響，所以楊簡自幼時就展現出不一般的資質，生有異稟、清夷古澹。後來楊簡又有機會師從陸九淵，得「扇訟」之對，大徹大悟，方得心學之要旨，自此修身、為學、從仕、交友、著述等皆以心為大本。其學風簡明，啟迪後學，皆以本心為宗。其生平經歷的資料比較全面的收集在《楊簡年譜》、《宋元學案》、《宋史》中，《全宋筆記》中收錄了《石魚偶記》。其中，較為細緻的記錄了楊簡一生的為學、為官、交友、教育、著述等經歷。楊簡一生的心學歷程是一個不斷內觀、自省的過程，他把心學注重體認本心的工夫發揮到了極致，此心即是天道、即是《易》，以此建構其心本論的哲學思想。

---

2 〔宋〕楊簡著，董平點校：《楊簡全集》（杭州市：浙江大學出版社，2015年），《慈湖先生遺書》，頁2358。

第一節　心學體悟之路

　　《慈湖先生遺書·廣居賦》記載：「四明楊子，家本三江之口。」全祖望《甬上族望表》記載：「三江口楊氏，楊簡於此。」《嘉靖奉化縣誌》記載：「向東一百里為瑞云山，楊文元公生於此。始生時，有五色云起山上，鄉人異之，因名瑞雲山。」[3]以上是對楊簡出生時的考證和記載，其間雖有神話性的色彩，亦可知是後世鄉黨之人對楊簡的一種推崇和紀念。從《行狀》中可知楊簡從幼時就表現出來不同於一般孩童的資質，這也跟其家學淵源是分不開的。楊簡之父楊庭顯與陸九淵是好友，他對陸九淵的心學十分推崇，到了「盡焚所藏異教之書」的地步。楊簡的學習經歷受其父楊庭顯的影響非常大，《遺書·紀先訓》：「淳熙十三年通奉家書云：『汝勉吾為西湖之遊，今日無處不西湖，無時不西湖。人朝夕區區皆由有己，及問其所以為己，卻又不識。人好思量，於此思量。』」[4]楊庭顯教誨之方亦是教楊簡能夠不以身外之事為困擾，不以方寸之間為困頓，而要常思度、常內省何為己。以西湖之行為喻，則知西湖自是在吾心中，無時而不在，人之思量，當於己身上用力。這一說法與陸九淵「宇宙即是吾心，吾心即是宇宙」有異曲同工之妙。《行狀》：「陸文安公碣承奉墓，謂年在耄耋而學日進，當今所識，四明楊公一人而已。」[5]可知楊庭顯自身治學已是儼恪律己、終身志學、矢志不渝，所以其家學之風必然振益。這種品格也被楊簡繼承，在其一生的學術生涯中矢志不渝的持守此道。

　　高宗十八年年戊辰，楊簡八歲，便知道天下惟有道而已，這個時

---

[3]〔宋〕楊簡著，董平點校：《楊簡全集》（杭州市：浙江大學出版社，2015年），《慈湖先生遺書》，頁2358。

[4]〔宋〕楊簡著，董平點校：《楊簡全集》（杭州市：浙江大學出版社，2015年），《慈湖先生遺書》，頁2378。

[5]〔宋〕楊簡著，董平點校：《楊簡全集》（杭州市：浙江大學出版社，2015年），《慈湖先生遺書》，頁2360。

候已經顯現出心學的特質和傾向。《行狀》記載:「入小學,便儼立若成人。書堂去巷陌,隔牖一紙,凡遨遊事呼譟過門,聽若無有。朔望例得假,群兒數日以俟,走散相徵逐,先生凝靜如常,日課未嘗投足戶外。」[6]《遺書・家記三》中亦有記載:「簡自總角承先大夫訓迪,已知天下無他事,惟有道而已。」[7]以上兩則記載,可知楊簡悟道、從道之經歷甚早,從小學時期就表現出來的儼立之狀、凝靜之態,可知其異於常人的克謹與自持,不以尋常遊玩之事亂其心神,非常能持定守靜,已能明知天之事惟有「道」而已。「予幼讀《論語》,常病聖人不明以告人。」[8]少年時期的楊簡道心初明,但對經書義理的理解深度還不夠深入,所以免不了仍有困頓、疑惑的狀態。等到二十歲時,楊簡人生經歷豐富起來,主家事、事親、為文、務明聖經等都顯露出嚴謹、克己的為學氣質。《行狀》記載:「既長,任幹蠱,主出入家用外,終日侍通奉公旁。二親寢已,拿燈默坐,候熟寐,始揭拿占畢,或漏盡五鼓。為文清潤峻整,務明聖經,不肯規時好,作俗下語。」[9]事親恭敬、為文清潤峻整,更重要的是能勤學善思而不隨波逐流作媚俗之論調。不過此時的楊簡雖能有得道之悟,仍有許多不明之處:「某自弱冠而聞先訓啟道德之端,自是靜思力索者十餘年。」「道德之端」即是指「道心」或者「本心」,楊簡雖有所悟,但還未能無蔽,所以靜力思索不敢有所懈怠,即是不敢縱情恣性。高宗三十一年,楊簡二十一歲入上庠學習,每試輒魁。《行狀》記載:「踰弱

---

6 〔宋〕楊簡著,董平點校:《楊簡全集》(杭州市:浙江大學出版社,2015年),《慈湖先生遺書》,頁2360。

7 〔宋〕楊簡著,董平點校:《楊簡全集》(杭州市:浙江大學出版社,2015年),《慈湖先生遺書》,頁2069。

8 〔宋〕楊簡著,董平點校:《楊簡全集》(杭州市:浙江大學出版社,2015年),《慈湖先生遺書》,頁2124。

9 〔宋〕楊簡著,董平點校:《楊簡全集》(杭州市:浙江大學出版社,2015年),《慈湖先生遺書》,頁2361。

冠,入上庠,每試輒魁。聞耆舊言先生入院時,但面壁坐,日將西,眾閧閧競寸晷,乃方舒徐展卷,寫筆若波注,無一字誤。寫竟,複袖卷,舒徐俟眾出,不以己長先人。」[10]楊簡為學克謹,能沉思,善自省,顯示出內斂、自持的氣質。雖然年紀尚輕,但在為學方面卻大有長進,超越同期,尤其解《易》方面,顯示出其超凡的才學。在太學的這幾年中,楊簡與沈煥、舒璘、袁燮為同裡,真德秀《西山集·袁燮行狀》記載:「乾道初,燮入太學,陸九齡為同錄,同裡沈煥、楊簡、舒璘亦皆聚於學,以道義相切磨。」[11]在太學的這幾年的學習、與友交流中,對楊簡在心學上的影響至關重要,也形成了後來的「甬上四先生」,而楊簡居首位。

乾道四年,二十八歲。這一年對楊簡來說是其為學、入道至關重要的一個轉折點,經歷過循理齋之悟,楊簡覺悟到「我與天地萬物通為一體」。《遺書》續集《僧炳求訓》記載:「簡行年二十有八,居太學之循理齋,時首秋,入夜,齋僕役燈至,簡坐於床,思先大夫嘗有訓曰:『時複反觀。』忽覺空洞無內外,無際畔,三才萬物,萬化萬事,幽明有無,通為一體,略無縫罅。」[12]關於楊簡二十八歲大覺這一重要節點,有多處描述,《行狀》記載:「先生在循理齋,嘗入夜,燈未上,憶通奉公訓,默自反觀,已覺天地萬物通為一體,非吾心外事。」[13]《遺書·家記九》:先生曰:「少年聞先大夫之誨,宜時複反

---

10 〔宋〕楊簡著,董平點校:《楊簡全集》(杭州市:浙江大學出版社,2015年),《慈湖先生遺書》,頁2361。

11 〔宋〕楊簡著,董平點校:《楊簡全集》(杭州市:浙江大學出版社,2015年),《慈湖先生遺書》,頁2363。

12 〔宋〕楊簡著,董平點校:《楊簡全集》(杭州市:浙江大學出版社,2015年),《慈湖先生遺書》,頁2290。

13 〔宋〕楊簡著,董平點校:《楊簡全集》(杭州市:浙江大學出版社,2015年),《慈湖先生遺書》,頁2267。

觀，後於循理齋燕坐反觀，忽覺我與天地澄然一片。」[14]《永嘉郡治更堂亭名記》：「簡年二十八而覺。」[15]循理齋之悟是楊簡為學經歷中第一次真正意義上的覺悟，忽覺此心「空洞無際畔，無際畔」，我與天地澄然一片，萬化萬事、幽明有無，通為一體。宇宙之事，皆吾心內事。三十一歲時，楊簡「又有一覺」，《遺書・永嘉郡治更堂亭名記》：「簡三十一而又覺。覺此心清明虛朗，斷斷乎無過失。過失皆起乎意，不動乎意，澄然虛明，過失何從而有？」[16]楊簡提出了「不動乎意」的重要性，以心為清明之本，無過失。而人有過失皆是因起意之過，不動意慮，本心自然澄然虛明。楊簡在三十二歲時受教於陸象山，並因此成就了其思想歷程的最重要之「本心」之問答，也即是後來學者所樂道的「扇訟」之對。李子願《象山年譜》中記載：「象山在行都，與諸賢從遊，朝夕酬應問答，學者至不得寢者踰四十日。四明楊敬仲主富陽簿，始承教焉。」關於師承的描述，在《遺書・象山先生行狀》中記載：「簡時攝事臨安府中，始承教於象山。及反富陽，又獲從容侍誨。簡一夕發本心之問，先生舉是日扇訟是非以答，簡忽省此心之清明，忽省此心之無始末，忽省此心之無所不通。」錢時撰《寶謨閣學士正奉大夫楊簡形狀》載曰：「與文安公夜集雙明閣，數提『本心』二字，因從容問曰：『何為本心？』適平旦嘗聽扇訟，公即揚聲答曰：『且彼扇訟者，必有一是，有一非，若見得孰是孰非，即決定謂某甲是，某乙非矣。非本心而何？』先生聞之，忽覺此心澄然清明，亟問曰：『止如斯邪？』公竦然端厲，複揚聲曰：『更

---

14 〔宋〕楊簡著，董平點校：《楊簡全集》（杭州市：浙江大學出版社，2015年），《慈湖先生遺書》，頁2190。

15 〔宋〕楊簡著，董平點校：《楊簡全集》（杭州市：浙江大學出版社，2015年），《慈湖先生遺書》，頁1865。

16 〔宋〕楊簡著，董平點校：《楊簡全集》（杭州市：浙江大學出版社，2015年），《慈湖先生遺書》，頁1865。

有何也！』先生不暇他語，即揖而歸拱達旦。」[17]經歷這次「扇訟」之悟，楊簡覺悟到本心的無限性、貫通性[18]，以後始信道心無二。自此問答，成就了楊簡學術生涯中最重要的一次大覺，因此楊簡亦是以象山弟子自稱，可知其對陸象山的推崇。楊簡經此一「覺」，是以能明「本心」無始末「無所不通」、「清明」等等，楊簡的「本心」有了質的突破。陸九淵為楊簡解蔽也正合了聖人無法以道予人，善解人心之蔽的意旨。自二十八歲到三十二歲之間的這幾年時間，是楊簡學術生涯中的巔峰時期，也奠定了其「本心」論的理論基石。此後，就是餘蔽漸除的過程。《遺書·家記九》記載：先生曰：「學者初覺，縱心所之，無不元妙，往往遂足，不知進學，而舊習難遽消，未能念念不動，但謂此道無所複用其思為，雖自覺有過，而不用其力，虛度歲月，終未造精一之地。日用云為，自謂變化，雖動而非動，正猶流水日夜不息，不值石險，流形不露，如澄止不動而實流行。予自三十有二微覺已後，正墮斯病。後十餘年，念年邁而德不加進，殊為大害。」[19]學者初覺之後的弊病，通常表現在自足而不知進學、舊習難以盡消、念慮仍有波動。還未能到「知及仁守」的常通、常覺、常明之境。三十二歲之後，楊簡仍有蔽未除，所以他自稱「微覺」，而後又有困頓、掙扎，未能大悟。《四朝聞見錄》載：「楊簡參象山，學猶未大悟。忽讀《孔叢子》，至「心之精神是謂聖」一句，豁然頓解。自此酬酢門人，敘述碑記，講說經義，未嘗舍心以立說。」[20]按照這種說法，楊簡與象山扇訟之對後，楊簡之學還未能大徹大悟。至讀

---

17 〔宋〕楊簡著，董平點校：《楊簡全集》（杭州市：浙江大學出版社，2015年），《慈湖先生遺書》，頁2267。
18 鄭曉江、李承貴：《楊簡》（臺北市，東大圖書公司，1996年），頁32。
19 〔宋〕楊簡著，董平點校：《楊簡全集》（杭州市：浙江大學出版社，2015年），《慈湖先生遺書》，頁2183。
20 〔宋〕楊簡著，董平點校：《楊簡全集》（杭州市：浙江大學出版社，2015年），《慈湖先生遺書》，頁2369。

《孔叢子》一書,豁然頓悟,自此立說以心為本。淳熙元年甲午,三十四歲。這一年楊簡經歷了母親去世,悟得了無思無為之妙。《楊簡年譜》載:「春,喪妣氏,去官,居惡室,哀毀盡禮。後營壙車廄,更覺日用酬應未能無礙,沈思屢日。偶一事相提觸,亟起,旋草廬中,始大悟變化云為之旨,從橫交錯,萬變虛明,不動如鑒中象也。學不疑不進,既屢空屢疑,於是乎大進。」[21]《楊簡易傳》二十中對此也有記載:「居妣氏喪,哀慟切痛,不可云喻。既久,略察曩正哀慟時,乃亦寂然不動,自然不自知,方悟孔子哭顏淵而不自知,正合無思無為之妙。」[22]在為母守孝期間,楊處居陋室,終日沉思,偶有提觸,方覺世間變化云為、虛明交錯、動靜往來之間,都是「鑒中象」,都是吾心內事,而吾心寂然不動、澄明無礙,自然無思無為。

嘉泰元年,楊簡六十一歲時又有一覺「知」與「仁」,覺道能常、能久也。《石魚偶記》載:「十一月九日清晨,忽覺子貢曰『學而不厭,知也;教不倦,仁也』,孟子曰『惻隱之心,仁也;羞惡之心,義也;恭敬之心,禮也;是非之心,知也』,二子之言仁,異乎孔子之言仁矣。十一日未昧爽,又忽醒孔子之言『知者不惑,仁者不憂』,必繼之以『勇者不懼』,何也?『知及之,仁能守之』,知,知道。仁者,常覺常清明之謂。然而亦有常清明,日用變化不動,忽臨白刃鼎鑊猶未能寂然不動者,此猶未可言得道之全,故必終繼之以『勇者不懼』。」[23]楊簡覺「知」與「仁」的關係,學者之學道,不僅要能覺也,而且要常清常明,以此而能大道「知及仁守」的超越境界,是謂「勇」。晚年的楊簡,雖經歷仕途跌宕,卻仍不滅道心,志

---

21 〔宋〕楊簡著,董平點校:《楊簡全集》(杭州市:浙江大學出版社,2015年),《慈湖先生遺書》,頁2371。

22 〔宋〕楊簡著,董平點校:《楊簡全集》(杭州市:浙江大學出版社,2015年),《慈湖先生遺書》,頁2371。

23 〔宋〕楊簡著,董平點校:《楊簡全集》(杭州市:浙江大學出版社,2015年),《慈湖先生遺書》,頁2405。

學之精神不已,六十六歲時讀《大禹謨》又有所覺:「簡自以為能稽眾舍己從人矣,每見他人多自用,簡不敢自用。一日,偶觀《大禹謨》,知舜以克艱稽眾,舍己從人,不虐無告,不廢困窮,惟帝堯能是,是謂己不能也。三複斯言,不聲歎息!時簡年六十有六,平時讀《大禹謨》未省及此。」[24]讀先生之言,又悟得「克艱」之旨,楊簡平時雖能不自用、克己,但還未能克艱稽眾,反復誦讀《大禹謨》,至此又有所覺,精神境界又有所提升。在七十八歲時又有所覺:「某行年七十有八,日夜兢兢,一無所知,曷此稱塞,欽惟舜曰:『道心非心外複有道,道待無所不通之稱。』」萬事萬理萬機,惟有一道而已,再無別論。楊簡的為學經歷從八歲時的初入道,中間經歷微覺、覺到無思無為後又能仁、克艱的聖人境界的逐步顯現之路、進覺之路,其中有思、困頓,有改過,有明覺,有反觀。

第二節　仕宦生涯

楊簡的為官經歷也是其「本心」思想在政見上的一個見證,雖然他一生仕途幾經波折,也一直未能施展其為政理念,但其一生都在踐行先儒的治世風範。楊簡在任期間,始終不改志向,直言不諱上書經略、體恤百姓、修建學舍等等。

楊簡在二十九歲中進士。《行狀》載:「以一經冠南宮選,登乙榜。」張津《乾道圖經》:「乾道五年,登鄭僑榜進士。」並且,在這一年楊簡被封為富陽主簿,開啟了其入仕的經歷。《行狀》曰:「授迪功郎,著富陽簿。簿於邑,號閑冷,先生誠以接物,眾畏信之,相戒奉約束惟謹。走吏持片紙入市,可質數千。日諷詠魯《論》、《孝經》,堂上不動聲色,民自化孚。」楊簡初到富陽之時,當地商賈是

---

[24]〔宋〕楊簡著,董平點校:《楊簡全集》(杭州市:浙江大學出版社,2015年),《慈湖先生遺書》,頁2008。.

風盛行,而鮮有求學之士,民間的學風不振。楊簡就興辦學校、招徠有學之士,逐漸改變了當地的風俗,百姓逐漸以好學、治學為要務。因此,楊簡也贏得了當地百姓的信服和尊敬。淳熙三年,三十六歲。楊簡在這一年任紹興府司理。《行狀》曰:「服除,以通奉公畏浙江濤,受紹興府司理掾,便就養。犴狴必躬臨之,囚情炯燭,罔失毫末。」楊簡在任期間不縱容自己合流於諂媚之風,對待上官也是從容待之,而不屈就遇事則能慎思、審慎,清正明理。

淳熙八年,四十一歲。這一年楊簡得到丞相史浩的推薦,任滿都堂審察。後又升任浙西撫幹。《行狀》:「太師史越王薦引諸賢,而先生居第二,謂性學通明,辭華條達,孝友之行,閫內化之;施於有政,其民心靜而愛之。得旨,任滿都堂審察,僅一考,即移注。先生不欲,文安公書來勉之,不可;親庭有命,乃不敢違。差浙西撫幹。」[25]《宋史·孝宗紀》:「六月戊辰,史浩薦薛叔似、楊簡、陸九淵、陳謙、葉適、袁燮、趙善譽等十五人,詔都堂審察。」[26]淳熙九年,朱熹時任常平使者,他到紹興巡視期間,對楊簡多有讚譽。「浙東學者多修潔,可喜。楊敬仲、孫季和皆已薦之。」《行狀》曰:「先生自入仕,固未嘗祈人舉,亦不效尤稱門生求腳色,狀例遜謝不敢答,而諸公爭推擁若恐後,輒從部中得去,剡章輯集,溢數削返之。」《朱子文集·答滕德粹書》:「大抵守官一以廉勤愛民為先。幸四明多賢,可以從遊,不惟可以諮決所疑。至於為學修身,亦皆可以取益。熹所識者楊敬仲、呂子約,所聞者沈國正、袁和叔,到彼皆可從遊也。」[27]由上可知,楊簡的前期仕途還是比較平順的,能夠得到賞識和舉薦。楊簡多次得到史浩、朱熹等人的舉薦而升任,因其能治

---

25 〔宋〕楊簡著,董平點校:《楊簡全集》(杭州市:浙江大學出版社,2015年),《慈湖先生遺書》,頁2373。

26 (元)脫脫等:《宋史》(北京市:中華書局,2000年),卷35。

27 〔宋〕朱熹:《朱子文集二》(上海市:商務印書館,1937年),頁119。

己、能及人，為人修身自持、為官廉政公允，而又能不阿諛諂媚，是當時學者的楷模。因此，朱熹對楊簡多有讚譽，楊簡為官清廉愛民、為學修身謹戒克己，可以為天下學者榜樣。

宋光宗紹熙三年，五十二歲，任樂平縣。在樂平縣其間，楊簡興辦學校、招徠有識之士，教化百姓，振益學風，以期能夠移風易俗、以發明民心之善。《行狀》：「宰饒之樂平，故學宮逼陋甚危，朽相支柱，苟旦暮。先生曰：『教化之原，可一日緩乎？』撤新之。首登講席，邑之大夫士咸會，誨之曰：『國家設科目，欲求真賢實能，公理天下。設學校，亦欲教養真賢實能，使進於科目，非具文而已。然士之應科目、處學校，往往謂取經義詩賦論策耳，善為是，雖士行掃盡，無害於高科，他何以為？持此心讀聖人書，不惟大失聖人開明學者之意，亦大失國家教養之意。人性至善，人性至靈，人性至廣至大，至高至明，人所自有，不待外求，不待外學。孩提之童，無不知愛其親，及其長也，無不知敬其兄。見牛觳觫，誰無不忍之心，見孺子匍匐將入井，誰無往救之心？是謂仁義之心，是謂良心，即堯、舜、禹、湯、文、武、周公、孔子之心，即天地鬼神之心。人人皆有此心，而顧為庸庸逐逐、貪利祿、患得失者所薰灼。簡切惜之，敢先以告。』每謂教養茲邑，猶欲使舉吾邑人皆為君子，況學者乎？誨之諄諄不倦，劃出氣習，脫落意蔽，本心本自無恙。其言坦易明白，聽之者人人皆可曉。異時汩於凡陋，視道為高深幽遠，一旦得聞聖賢與我同心，日用平常無非大道，而我自暴自棄，自顛冥而不知，有泣下者。入齋舍，晝夜忘寢食。遠近為之風動。」[28]楊簡在樂平其間，重教化，移風易俗，使民眾信服，自此沒有作奸犯科之類事情的發生，民風重歸於淳樸，百姓皆以訟為不恥，夜無盜警，路不拾遺。在紹熙四年，新樂平縣學建成。樂平縣遭遇荒年，治民饑。《行狀》又載：

---

28 〔宋〕楊簡著，董平點校：《楊簡全集》（杭州市：浙江大學出版社，2015年），《慈湖先生遺書》，頁2385-2386。

「楊、石二人者,大率眾相隨出境外,呼楊先生「楊父」,泣拜戀戀不忍離。」[29]楊簡初入樂平時,訪查民情,得知當地有楊、石二奸人不懼官府、戕害良善。楊簡將其捉至獄中,加以責罰並曉以利害,使得二人終能感悟,不再作惡。楊簡出任樂平其間,對當地的教化之功不可謂不大,後世之人無不拜服其德。所以《樂平縣誌》中記載慈湖書院在長樂坊,危素記曰:「惟楊氏之學,得之陸文安公。其為樂平也,實朱文公為浙東常平使者之所薦也。而不知者,紛紛然謂朱陸異學,可勝歎哉!今書院有田以自養,學於其間者,他日出而仕於明時,有民社焉,當以公樂平之政為師範焉可也。是為記。」[30]楊簡在樂平期間,修學舍,闡明心學,崇教化,受到當地民眾的信服,危素特記之以弘揚楊簡在任期間的善舉和教化之功。

紹熙五年,宋光宗去世,寧宗即位,國子監博士講學。因其素有廉名而被上召,開啟了楊簡仕途後期起伏的經歷。《行狀》:「未三考,以國子博士召。紹熙五年,寧宗即位之初年也,既赴監,講《乾》繇,反復數千百言,發人心固有之妙,欣欣然人自慶倖,謂先聖贊《易》後未之聞也。」[31]然而慶元元年,楊簡五十五歲。正是在這一年,楊簡因「慶元黨禁」案被貶黜。《宋史‧寧宗紀》:「二月戊寅,以右正言李牧言,罷趙汝愚為管穩點大學士知福州。三月甲寅,國子監祭酒李祥、博士楊簡以黨趙汝愚罷。」[32]《資治通鑒‧宋寧宗紀》:「四月庚申,太學生楊宏中、周端朝、張道、林仲麟、蔣傅、徐

---

29 〔宋〕楊簡著,董平點校:《楊簡全集》(杭州市:浙江大學出版社,2015年),《慈湖先生遺書》,頁2393。
30 〔宋〕楊簡著,董平點校:《楊簡全集》(杭州市:浙江大學出版社,2015年),《慈湖先生遺書》,頁2564。
31 〔宋〕楊簡著,董平點校:《楊簡全集》(杭州市:浙江大學出版社,2015年),《慈湖先生遺書》,頁2395。
32 〔宋〕楊簡著,董平點校:《楊簡全集》(杭州市:浙江大學出版社,2015年),《慈湖先生遺書》,頁2397。

範六人上書言:『李沐論罷趙汝愚,中外諮憤。章穎、李祥、楊簡發於中激,力辯其非,即遭斥逐。』」[33]俞文豹《吹劍錄外集》:「侍郎劉玨請置偽學逆黨籍,宰執四人,待制以上十三人,余官則楊簡等三十一人。」[34]楊簡因為趙汝愚申辯抗議而被罷,卻仍不改其誠正的品格。楊簡在被貶期間作《東山賦》,《慈湖先生遺書》中又收錄了〈廣居賦〉、〈南園賦〉、〈蛙樂賦〉、〈月賦〉、〈心畫賦〉等詩作,因詩賦中多以「西嶼楊子」自稱,所以判定應當是其裡居是所作。嘉泰三年,築室潤德湖上更名為「楊簡」,善教四方學者於「熙光」「詠春」之間。《慈湖先生遺書》記載:「撰《先聖大訓》。」《四庫全書提要》:「錢時撰簡《行狀》:『築室潤德湖上,始取先聖大訓間見諸雜說中者,刊偽別誣,萃成六卷而為解。』即此書也。」[35]在此期間,潛心著書,取先聖之言,鑒別真偽,不以自我得失而為意,致力於先聖之學。

　　嘉泰四年,六十四歲時又被上召,任朝散郎,權發遣全州。後又因言被貶,主管仙都觀。《行狀》記載:「權發遣全州,將陛辭,擬二劄。其一言:『天下惟有此道而已。天以此覆,地以此載,日月以此明,四時以此行,人以此群居乎天地之間而不亂。是故得此道則治,失此道則亂;得此道則安,失此道則危;得此道則利,失此道則害。此萬古斷斷不可易之理。自漢而下,雜之以霸,故治日少,亂日多。此心即道,微起意則失之。』孔子曰『毋意』,意不可微起,況大起乎?起利心焉則差,起私心焉則差,起權術心焉則差。作好焉,作惡焉,凡有不安於心焉,皆差。臣願陛下即此虛明不起意之心以行,勿損勿益,自然無所不照,賢否自辨,庶政自理,民自安自化,四夷自

---

33 〔宋〕楊簡著,董平點校:《楊簡全集》(杭州市:浙江大學出版社,2015年),《慈湖先生遺書》,頁2398。

34 〔宋〕楊簡著,董平點校:《楊簡全集》(杭州市:浙江大學出版社,2015年),《慈湖先生遺書》,頁2398。

35 〔宋〕楊簡著,董平點校:《楊簡全集》(杭州市:浙江大學出版社,2015年),《慈湖先生遺書》,頁2406。

服。此即三王之道，即堯舜之道。願陛下無安於漢唐規模。」其二言：「國家舉大事，必上當天心。上帝以為可戰則戰，上帝以為未可則勿戰。《易》曰：『天地之大德曰生。』上帝視南北之民，一也。惟無道甚則可誅之。未至於甚，人心猶未盡離，苟亟戰，使南北無罪之民肝腦塗地，豈上帝之心也哉？必民心盡離，如獨夫紂，帝乃震怒，前徒倒戈矣，是為湯武之師。故志曰：『行一不義、殺一不辜而得天下，有所不為。』《公羊》就是復仇之論，非《春秋》本旨。陳願陛下成湯武事業。又軍師尅剝諸軍，怨讟溢於聽聞，陛下亟罷尅剝之帥，擇用不以官職為意，不受私謁之人，則三軍之鼓舞，士氣百倍，更得元帥大賢大智習知將略者，訓治諸軍，數年後庶其可用。」[36]嘉定元年，楊簡六十八歲之時，又被授秘書郎、朝請郎，遷秘書省著作佐郎兼權兵部郎官。《行狀》：「上厲精更化，首訪耆德，除秘書郎，遷著作佐郎。先生平時日夜長慮，無路以告於上。輪當面對，遂極言時弊，陳經國之要。」[37]楊簡連上三劄，請求皇帝能體恤災民，賑災濟困，拯救民生；第二是能擇賢久任，罷黜奸人，遏制昏亂、私蔽之風，清肅官場不正之風，使有德者能得善任；第三是精擇文武俱通之儒，選忠孝善之人，則自然能遏制不善之風，治軍自然能常清明，社稷安穩。楊簡因言被貶，其政論都未能得以實現，但其重要的諫言、政論都是在仕途後期提出的。其後雖有遷擢，但都是閒職，並無多少權重，是以其政治理念並沒有機會得到實現。

　　嘉定二年，楊簡六十九歲。三月，撰《參前記》、《著庭記》。十月，撰《照融記》。《行狀》中記載嘉定二年蝗災肆虐，楊簡上書直言：「臣聞旱者，災厲之氣。三才一氣，如人一身。腹髒作楚，則四

---

[36] 〔宋〕楊簡著，董平點校：《楊簡全集》（杭州市：浙江大學出版社，2015年），《慈湖先生遺書》，頁2408。

[37] 〔宋〕楊簡著，董平點校：《楊簡全集》（杭州市：浙江大學出版社，2015年），《慈湖先生遺書》，頁2415。

體頭目亦為之不安；人事乖厲，則天地之氣亦感應而為乖厲。孔子曰：『聖人有國，日月不食，星辰不孛，海不運，河不滿溢，川澤不竭。』連年旱蝗，雖或由軍興殺人及流移死者多，而其餘人事亦大有乖厲。郡縣官所至髒汙，怨讟充塞，豈不感動天地而為旱蝗？近者凶人謀為大逆，天佑宗社，幸即敗獲。」[38]楊簡認為所謂天災亦是人禍所致，三才一氣，互通互聯，人事不通則天地不和，災害自然隨之而至，天災是以昭示人禍，警示世人所行不順天意、悖逆自然，天地人都將有所禍患。蝗災的發生，根本在於人心，人心不古，多生事端，私意作祟，貪欲橫生，則天地亦是充滿戾氣，長此以往，必然導致禍害。自古明君治世，必然要以身為國人之法則，從上至下，力行仁政，施善於民。上實行仁政，官吏取信於民，上下一心，則民自然順服，自然海晏河清。若是不能選賢任能，雖有仁君在位，亦不能消除災厲、禍變。為君之道，當以選賢久任為己任。而為人臣之道，當是以「孝」事君，則自然忠貞不二。不孝則不能忠，不能忠自然不能上接君命，下撫百姓，國家社稷自然不能和暢。楊簡以「心政」為君王治國的要義，本質上是對君權的約束，「天子」至高無上的神聖性被限定了。楊簡在被上用的時期，「明君」、「三才」等觀念雖未大行於天下，但也展現了其「政由心出」的政治理想。嘉定三年，被上召入對，兼國史院編修官，兼實錄院檢討官。《行狀》記載楊簡這此入對的主要內容為三：其一，陛下已自信有大道乎！舜曰：「道心」，明心即道。孔子曰：「心之精神是為聖。」孟子曰：「仁，人心也。」此心虛明無體，廣大無際，日用云為，無非變化。故《易》曰：「變化云為」。其二，「盡江淮湖湘之寇並作，由賢不肖混淆，監司守令而下，多非其人，是非顛倒，尅虐不恤，故下民怨諮，聚為群盜。陛下當精擇眾所推服正直不撓之人，巡行天下，黜陟監司守令。」其三，「改

---

[38] 〔宋〕楊簡著，董平點校：《楊簡全集》（杭州市：浙江大學出版社，2015年），《慈湖先生遺書》，頁2420。

過,聖賢之大德。近世士大夫多以改過為恥,故人亦不敢忠告。」「陛下取群臣之改過服義者,表彰升擢,使凡建議不遂非飾辭,則集眾智歸於一是,國家何事不辦!而堯、舜、禹、湯之大道,複大明於今日矣。」[39] 入對之後,楊簡因所陳未能施行,所以又求去,知溫州。在溫州其間,楊簡為了改變當地的風氣,罷黜妓籍,訪賢能之士並禮待之,以此為百姓作表率。崇尚孝賢之舉,以明宗族之情。並且收集士民善行集成《鄉記》,書善行,願天下百姓皆能共由此道,改風易俗,不遺餘力。《溫州府志》載:「楊簡知溫州,善政畢舉,采市民善行集曰《鄉記》,鏤版於學,以勸民。」[40]

嘉定五年,楊簡七十二歲,遷駕部員外郎。「入對,言盡掃喜順惡逆之私情,善政盡舉,弊政盡除,民怨自消,禍亂不作。改工部員外郎。」[41]《行狀》:「人性本善,朝廷重賞導之與前,禦史監司繩之於後,庶幾願聞過、求忠告者多,盡掃喜順惡逆之私情,善政盡舉,弊政盡除,民怨自消,禍亂不作。」[42] 上嘉納之。明君雖能施行善政,但世俗常情喜順惡逆不易改變,為官者若不能聽受逆耳之言、不能聞過、不能改過,則上之善政亦不能通達四方。所以需要引導、表彰善政、而以律法作為制裁,則能保證善政的實行,民心自然順服。嘉定六年,七十三歲,楊簡又以擇賢久任為言入對,遷軍器監兼工部郎官,轉朝奉大夫。後又遷將作監兼國史院編修官,兼實錄院檢討官。[43] 嘉

---

39 〔宋〕楊簡著,董平點校:《楊簡全集》(杭州市:浙江大學出版社,2015年),《慈湖先生遺書》,頁2425。
40 〔宋〕楊簡著,董平點校:《楊簡全集》(杭州市:浙江大學出版社,2015年),《慈湖先生遺書》,頁2427。
41 〔宋〕楊簡著,董平點校:《楊簡全集》(杭州市:浙江大學出版社,2015年),《慈湖先生遺書》,頁2435。
42 〔宋〕楊簡著,董平點校:《楊簡全集》(杭州市:浙江大學出版社,2015年),《慈湖先生遺書》,頁2436。
43 〔宋〕楊簡著,董平點校:《楊簡全集》(杭州市:浙江大學出版社,2015年),《慈湖先生遺書》,頁2437。

定七年，七十四歲，轉朝散大夫。[44]是時，邊境有金人因饑荒想要入境而被驅逐，楊簡因此深感人心之難得，後上書對策又不得行，所以請辭去，任直寶謨閣，主管成都府玉局觀。[45]嘉定十二年，升直寶文閣主管明道宮。[46]嘉定十四年，除秘閣修撰，主管千秋鴻禧。[47]十五年，特授朝請大夫、右文殿修撰，主管鴻慶宮，賜紫衣金魚。[48]十六年，進寶謨閣待制、提舉鴻慶宮，賜金帶。[49]十七年，理宗繼位，進寶謨閣直學士，賜金帶。[50]理宗寶慶元年，楊簡八十五歲。轉朝議大夫、慈溪縣男，尋授華文閣直學士，提舉佑神觀，奉朝請。詔入見，簡屢辭。[51]寶慶二年，授敷文閣直學士，累加中大夫，仍提舉鴻慶宮。尋以太中大夫致仕。卒，贈正奉大夫。[52]

《四庫全書總目・慈湖先生遺書》：「其論治務最急者五事，次急者八事，大抵欲罷科舉以複鄉舉裡選，限民田以複井田，皆迂闊不達時勢。然簡歷官治績乃多有可紀，又非膠固鮮通者。蓋簡本明練政

---

[44] 〔宋〕楊簡著，董平點校：《楊簡全集》（杭州市：浙江大學出版社，2015年），《慈湖先生遺書》，頁2438。

[45] 〔宋〕楊簡著，董平點校：《楊簡全集》（杭州市：浙江大學出版社，2015年），《慈湖先生遺書》，頁2439。

[46] 〔宋〕楊簡著，董平點校：《楊簡全集》（杭州市：浙江大學出版社，2015年），《慈湖先生遺書》，頁2442。

[47] 〔宋〕楊簡著，董平點校：《楊簡全集》（杭州市：浙江大學出版社，2015年），《慈湖先生遺書》，頁2444。

[48] 〔宋〕楊簡著，董平點校：《楊簡全集》（杭州市：浙江大學出版社，2015年），《慈湖先生遺書》，頁2444。

[49] 〔宋〕楊簡著，董平點校：《楊簡全集》（杭州市：浙江大學出版社，2015年），《慈湖先生遺書》，頁2445。

[50] 〔宋〕楊簡著，董平點校：《楊簡全集》（杭州市：浙江大學出版社，2015年），《慈湖先生遺書》，頁2446。

[51] 〔宋〕楊簡著，董平點校：《楊簡全集》（杭州市：浙江大學出版社，2015年），《慈湖先生遺書》，頁2447。

[52] 〔宋〕楊簡著，董平點校：《楊簡全集》（杭州市：浙江大學出版社，2015年），《慈湖先生遺書》，頁2448。

體,亦知三代之制至後世必不可行,又逆知雖持吾說以告世,世亦必不肯用,不慮其試之而不驗,故姑為高論,以自表其異於俗學霸術而已。及其涖官臨事,利弊可驗而知者,則固隨地制宜,不敢操是術以治之,故又未嘗無實效也。」但其時,南宋積重難返,雖有心卻難以挽回局面,面對北方勁敵的壓迫,在內實行仁君之政已是無力之舉,也沒有時間去改變當時的政局,改革更是不可能。楊簡一生在任時間很長,中間曾因諫言被罷,但仍不改其直言的風格,嚮往先聖王之治,其為官嚴謹務實、侍奉君王忠貞無二、體恤百姓、重視教化。楊簡的一生,仕途期間雖無甚重要政績,這也是時局所限,內憂外困的政治現實導致其並沒有被重用的機會,雖後期屢次升遷,卻都未能實現其「心政」的政治願景。但楊簡一直恪守本心,無論環境如何變幻,仍舊不改心志,矢志不渝的遵從孔聖之路,以實現孔聖所言的禮樂之治。

第三節 著述

陸象山自創立心學以來,倡導「簡易」學風,引導學者體認本心,以明「心即理」之大旨,所以其主張以身立教,而不注重著述,揚「六經皆我注腳」的學風。而作為弟子的楊簡雖以象山心學為宗,但卻提倡著述立論,以刊定前人之誤傳、誤讀、誤著先聖的言論,目的是為了正偽,以免遺禍後學。所以在楊簡的一生中,其著述頗豐,內容涉及範圍也非常廣闊,現存最為重要的當為《楊氏易傳》、《慈湖先生遺書》、《慈湖詩傳》、《先聖大訓》等。其中,《楊氏易傳》主要是楊簡「心學易」的載體,也開啟了宋代「義理易」派中以心解易的新路徑;《慈湖先生遺書》收錄的內容則更為豐富,主要記錄了楊簡對先秦儒家思想家和經典的心學化解讀、對佛教和老莊的批判,從中可以看出其思想的大致脈絡,《先聖大訓》主要對先聖之言的勘誤和

解讀，其中可見楊簡心學的特徵。至今為止，能較為全面的收錄楊簡著述的著作當是浙江大學出版的《楊簡全集》，董平先生對楊簡的著作和研究資料都進行了詳細的收錄和整理，能夠為我們學習、研究楊簡的思想提供可靠的文獻基礎。《楊簡全集》總共十冊，主要收集的著述有以下幾種：《楊氏易傳》二十卷、《五誥解》四卷、《慈湖詩傳》二十卷、《石魚偶記》一卷、《慈湖春秋解》十二卷、《先聖大訓》六卷、《慈湖先生遺書》二十卷，以及與楊簡相關的序跋、年譜、評論、佚文等。

第二章
心學本體論溯源

　　楊簡心學思想深受陸九淵心學思想的影響，作為南宋心學的集大成者，楊簡為學、著述、言論必以「本心」為主要意旨。楊簡把「心」放到了超越性的本體地位。心在這裡同時兼具兩種內涵：一種是作為完善自備的道德之心，是自知、自覺、自明的，是孟子所謂之良知良能；一種是無所不通的精神主體之心，是超越於人的經驗、常識、智識所能捕捉到的，淩駕於人的個體意識之上，是一種超驗性的存在。楊簡把這兩種屬性結合起來，構建了一種兼具形上與形下的本體之心，奠定了「心」的本體地位，從而擺脫了從陸九淵那延續出的「沿襲之累」。陸九淵的心學主要出自孟子、二程一脈。所以其心學理論脈絡多受孟子和二程之學的影響。學界普遍認為陸九淵「心即理」的心學主旨，還是沒有突破「理」的框架，而在心之外仍舊有一個更高的本體，統攝心的存在。而楊簡卻認為，自孔子之後聖學不傳久矣，即便是孟子，對先聖之學的延續上亦有不得當的地方。由此，楊簡認為學者若要從容中道，必須以孔聖之思想為根本，在討論本心的問題時，更是直言以孔子之言為根據，不難看出，楊簡在學問之道上的宏大願景。從這一點上來說，楊簡的心學思想是儒家心學思想的延續，更是對其的一種變革。所以，在討論楊簡「本心」思想的時候，有必要對其歷史發展脈絡有一個詳盡的梳理。

　　心、性作為概念一同出現還是在郭店竹簡的〈性自命出〉[1]章中，很長時間以來，心作為人的一個器官的存在，用以表徵人的生理

1　荊門博物館：《郭店楚墓竹簡》（北京市：文物出版社，1998年5月），頁59-66。

屬性，並沒有作為思維屬性和道德屬性的存在意義，心的能動性意識還未被發掘。先秦儒家之論心與性，是自孟子開始的，在孟子之前的思想史中，心與性作為兩個獨立的概念範疇，其發展過程之間並沒有直接的聯繫。直到孟子把心與性結合起來，儒家的心性論思想也得以建構起來。所以，我們考察儒家的心性思想，必然要從孟子的心性思想作為切入點，而孟子心性思想中非常重要的核心內容是「四心」說。通觀《孟子》一書，可知「四心說」是孟子思想的理論基礎和內容核心，性善、仁義、仁政等等思想都與「四心」說密不可分，「四心」說的提出，也象徵著孟子思想體系的成熟。孟子論性以善，認為善性人人皆有，以人皆有惻隱之心，人皆有不忍人之心，推論出人人皆有善性。孟子認為「心之官則思」，不同於耳、目、口、鼻、身等之生理器官，心還是更重要的能思慮、能辨別是非、曲直，具有主體能動性和道德自覺性的知覺和思維器官。所以，孟子論及君子之修養身心必以「立其大者」為要務，即是立其心也。人之仁、義、禮、智之性皆根於心也，非是由外物賦予我，所以孟子有言「萬物皆備於我」，個體的意識能動性得到了彰顯和突出，顯出人不同於自然、萬物的能力，即是「思」，而能思的關鍵即是在於心這個思維器官，它是兼具感性和理性的綜合體。決善惡、判是非、殊萬物、別古今等等都是依靠心的理性思維能力。即是肯定了「心」的主體性地位。孟子心性思想的建立也為後世儒者對心、性的解讀也產生的十分重要的影響。及至宋代，陸九淵對孟子的心性思想加以繼承，並創建其意「心即理」為主旨的心學。陸九淵對「心」的內容和外延加以擴充跟延伸，把心提升到了天理的高度，宇宙之間、天地萬物，皆吾心內事而已，不可以分心內心外之殊，宇宙間也只有一個心而已。進而創了一套不事俗物、專注涵養身心的修養工夫論。陸九淵反對朱子那種對經典反復涵詠誦讀、逐字逐句的訓詁文義的格物窮理的學問方式，認為朱子求學於外，非是求學於內，非是正道，是為末學。陸九淵提倡

「尊德性」也，學者須是將工夫放在對「心」的涵養上，孟子所謂「求其放心」，陸九淵也深以為是，朱子所謂「道問學」終是淺陋至極，所謂格物者，也只是須格去吾心之雜念，去除雜念、物欲，吾心複歸清明。陸九淵之後的南宋心學，最具代表性的當屬「甬上四先生」，其中楊簡作為陸九淵高徒自然被視為象山心學的主要傳承者。楊簡自然延續了象山一直以來的超悟的為學之風。四庫館臣評價楊簡的心學特質指出：「宋儒之學，至陸九淵始以超悟為宗，最號得傳者，莫如楊簡。然推闡九淵之說，變本加厲，遂至全入於禪，所著《慈湖遺書》，以『心之精神是謂聖』一語，為道之主宰，而以不起意，使此心虛明洞照，為學之工夫。其極至於斥《大學》非聖言，而謂子思、孟子同一病源，開後來心學之宗，至於瞀？恍惚，以為獨得真傳，其蔽實成於簡。」其所說楊簡心學的特徵即是把陸九淵超悟的學風加以推演、深化，使其走向禪學，雖非是如此，但從「心之精神是謂聖」一語可以看出楊簡心學注重明覺的存養工夫，楊簡把心學推向極致的一個重要標誌就是他與陸九淵的扇訟之問答，經歷扇訟之問的楊簡「忽省此心之無始末，忽省此心之無所不通。」此心即是道也，即是天地、乾坤、陰陽、四時也，此心古今一貫，聖愚一貫，除此心外，再無別事。所以學者治學的首要任務就是明此心本有的清明洞照之性而已，順其心而行則仁義禮智自在我心，自然能忠信至極、孝悌至極、篤敬至極。同時，學者治學的同時，更須時時提防「意」的侵害，本心雖是萬善畢備、清明自然，但若是意念一起，人心就會失衡，人心一旦有失，學者越是用力於道則離道越遠。長此以往，聖人之學盡失而已。所以楊簡深信學者必以孔子所言「毋意」為功，本心即是大道，日用平常即是道的所在，學者毋求之於高遠、艱澀支離之路。

第一節　孟子心性思想

　　孟子對心、性之說的集中論述在〈盡心〉篇章中，〈盡心上〉開篇曰：「盡其心者，知其性也。知其性，則知天矣。存其心，養其性，所以事天也。殀壽不二，修身以俟之，所以立命也。」[2]心與性作為關聯概念一併出現，進而提出存心養性一說，心作為能動器官不是被動的，而是能動的，以心之思慮而能把握人的本性，進而能夠修養人的身心，以此來順應天命，把修養心性與事天建立連接。朱熹對這一段的解釋是：「心者，人之神明，所以具眾理而應萬事者也。性則心之所具之理，而天又理之所從以出者也。人又是心，莫非全體，然不窮理，則有所蔽而無以近乎此心之量。故能極其心之全體而無不盡者，必其能窮夫理而無不知者也。既知其理，則其所從出，亦不外是矣。以《大學》之序言之，知性則物格之謂，盡心則知至之謂也。」[3]朱子之注解雖是由其理學立場出發，強調格物窮理之功，但我們仍可以從其詮釋中看出孟子所言心的特質。孟子之言心也肯定有其「神明」之思，心是感性知覺和理性思維的器官，已經超越了一般的生理性器官存在的意義，是保證人的主動性和自覺的主宰性存在的關鍵。可知孟子論「心」是有其「神明」或者「精神」的意義在的，「心之官則思」是有人類所獨有的，非是其他動物所能比擬的。「心」為人之獨有，所以能思、能動、能為善、能存仁義。孟子主張性善，在性善的基礎上認為要保其赤子之心。「盡其心者，知其性也。」孟子存心養性的修養論思想主要由此為開端，人皆有惻隱之心、羞惡之心、辭讓之心、是非之心為開始言人性善，人皆有不忍人之心，因此見孺子將入井必當施以援手，人自孩提之童時無不知愛其親，人皆有此善

2　金良年譯注：《孟子譯注》（上海市：上海書店出版社，2003年7月），頁193。
3　〔宋〕朱熹注：《孟子集注》（上海市：上海古籍出版社，1987年3月），頁101。

心，由內向外推演，人皆之敬長也，皆知忠君也，皆知愛人也，皆知仁民而愛物也。孟子認為仁義禮智皆我之本有，不須外求，仁義之根於人心，由此仁義而行，自是可以存心養性而事天也。儒家之論性，孔子有言「性相近，習相遠也」[4]。性與習相對而言，性言其天然或者人與生俱來的本性、本能，更多的是人的個體先天獨特性；習則是更多的指向人在成長環境過程中所受的家庭、社會等環境影響形成的個體行為習慣，多強調後天習染變化。孔子所言也就是說人的先天本性是差不多的，所以言「性相近」，但是人與人之間後天形成的行為習慣則有很大的差距。孔子談人性並沒有明確的善抑或不善的結論，而更強調人通過自身的努力以追求君子之行，以「用力於仁」為德性境界追求。孟子則創立了心性學說，以「四端之心」為始直截的當提出了「性善」之說，以此為基石展開其修養工夫論。孟子所言「存其心」即是保存其本有之善，不喪失本心，不為外物所誘惑。從而遺失人之本心，所以孟子又言「從其大體」，「大體者」即是人皆有之善性，從之則無有不利。順本心而行自是無有不善，自是能有「養其性」也，即是涵養其本善之性。順著人的善性而為之，護養而是其充而大，不失其為耳、目、口、鼻等感官欲望所驅使蒙蔽，而禍害其善性。人之能運用其主體性和道德自覺性，以保其本心、涵養善性，則能於事無違，則能事天，則能立明，則無有憂懼、無有錯失。

一 四端之心

首先，人皆有「四端之心」。孟子的人性思想是從「四端之心」為起點的，所謂「四端之心」，就是人本有的四種德性之心：惻隱之心、羞惡之心、辭讓之心、是非之心，這四種德性人人皆有，是為人

---

4 〔清〕劉寶楠：《論語正義》（北京市：中華書局，1957年9月），頁367。

性之端也。孟子談四端之心由「人皆有不忍人之心」出發,〈公孫丑上〉篇曰:「所以謂人皆有不忍人之心者,今人乍見孺子將入於井,皆有怵惕惻隱之心,非所以內交於孺子之父母也,非所以要譽於鄉黨朋友也,非惡其聲而然也。由是觀之,無惻隱之心,非人也;無羞惡之心,非人也;無辭讓之心,非人也;無是非之心,非人也。惻隱之心,仁之端也;羞惡之心,義之端也;辭讓之心,禮之端也;是非之心,智之端也。人之有四端也,猶其有四體也。有是四端而自謂不能者,自賊者也;謂其君不能者,賊其君者也。凡有四端於我者,知皆擴而充之矣,若火之始然,泉之始達。苟能充之,足以保四海;苟不充之,不足以事父母。」[5]朱熹注曰:「惻隱、羞惡、辭讓、是非,情也。仁、義、禮、智,性也。心,統性情者也。端,緒也。因其情之發,而性之本然可得而見,猶有物在中而緒見於外也。此章所論人之性情,心之體用,本然全具,而各有條理如此。學者於此,反求默識而擴充之,則天之所以與我者,可以無不盡矣。」[6]由此可見,「四端之心」為我之所有,反求默識則可以擴充其心之大,則可以盡其性、持其心也。端,有開端,萌芽、開始之意。孟子也是以其四端之心為人性之本有,人皆有不忍人之心也,以此不忍人之心而行,非是為聲名、物欲、財利之誘惑。而人無惻隱、羞惡、辭讓、是非之心者,皆是非人之為,人有此四端之心猶如人必有之四肢,非如此則不能成人之全也。人有此四端之心而說不能行者,是因為自為賊也。四端之心雖人皆有之,然只有君子能盡其心,不能盡其心者,皆是自棄罷了,並且能否盡心皆在人之自身,不假外求。此四端之心在我,人能明此並擴而充之,則如火苗之始燃,湧泉之始到達。充此心也,則能孝親、事君,即是修身齊家治國平天下之謂也。孟子所言人皆有之也,

---

[5] 金良年譯注:《孟子譯注》(上海市:上海書店出版社,2003年7月),頁48。
[6] 〔宋〕朱熹注:《孟子集注》(上海市:古籍出版社,1987年3月),頁25。

意在說明「四端之心」之在我是先天存在的,即是「生而有之」。但此「四端之心」又要在後天的日常生活中存在,需要人不斷的去充實、去擴大,由此則能仁也、義也、禮也、智也。

其次,反駁告子的人性論。告子以自然來描述人性,更突出人性的自然流露,這種自然流淌的人性中是無謂善惡的,更不要說仁義之論了。反之,孟子論人性則強調以心為主體的主觀能動性,心之能思、能動是一種理性自然,性善本身就是對心的一種超越性的定位。所以孟子與告子在性善問題上爭論的焦點是人性自然中是否包含善、仁義等內涵。《孟子》一書中,有〈告子上〉篇作為孟子於告子關於人性的討論:「告子曰:『性,猶杞柳也;義猶桮棬也。以人性為仁義,猶以杞柳為桮棬。』孟子曰:『子能順杞柳之性而以為桮棬乎?將戕賊杞柳而後以為桮棬也?如將戕賊杞柳而以為桮棬,則亦將戕賊人以為仁義與?率天下之人而禍仁義者,必子之言夫!』」[7]告子以杞柳言性,意為人性自然而未有仁義之質,告子又以桮棬為義,義為人之所人偽也。可知告子之言性無有善或者不善之分,而人能行義也,則必待以人為而成之。孟子認為若以告子之意認為人之順杞柳之性則難以為桮棬,必是反其杞柳之性才能有桮棬,若人性如此,則人之為仁義則也是反人之本性而為之,那麼天下人性都是違背仁義的。所以孟子認為告子之言實為荒謬。〈告子上〉曰:「性猶湍水也,決諸東方則東流,決諸西方則西流。人性之無分於善不善也,猶水之無分於東西也。孟子曰:「水信無分於東西,無分於上下乎?人性之善也,猶水之就下也。人無有不善,水無有不下。今夫水,搏而躍之,可使過顙;激而行之,可使在山。是豈水之性哉?其勢則然也。人之可使為不善,其性亦猶是也。」[8]告子在此又說人性像流水樣,東邊有缺口

7　金良年譯注:《孟子譯注》(上海市:上海書店出版社,2003年7月),頁156。
8　金良年譯注:《孟子譯注》(上海市:上海書店出版社,2003年7月),頁156。

則往東流,西邊有缺口則往西邊流,此段言論又是在說人性是不分善與不善的,就像水的流向一樣本來是不分方向的。孟子不以為然,水之流動雖不分東西,然而能不分上下嗎?人性之善,就像水流之向下也。人性沒有不善的,就像水沒有不向下流的。人以手搏水,則水能跳躍,激流而行之,可使其流於山間。孟子認為人可以有不善之舉動,但不是說人性是不善的,並不能因此就否定人性之本善。告子又辯論稱「生之謂性」,指人之初生以來就有的本能就是人性。孟子用「然則犬之性猶牛之性,牛之性猶人之性與?」[9]反駁其觀點。若以「生之謂性」的謬論,則人之性與牛之性、狗之性是一樣的,沒有區別。然而人之性怎能與其他動物之性是一樣的呢?人之有仁義禮智之心也,能知覺、能思慮,自然是萬物之靈。所以告子曰:「食色,性也。仁,內也,非外也。義,外也,非內也。」[10]告子以人之耳目口鼻之欲為人之性自然,此語固然沒錯,然而其又言仁為內、義為外,此語即是謬誤。孟子曰:「何以謂仁內義外也?」[11]孟子認為告子以人之常情為性,以仁為內,以義為外,其言甚是魯莽。孟子批評告子之言,孟子曰:「乃若其情,則可以為善矣,乃所謂善也。若夫為不善,非才之罪也。惻隱之心,人皆有之;羞惡之心,人皆有之;恭敬之心,人皆有之,是非之心,人皆有之。惻隱之心,仁也;羞惡之心,義也;恭敬之心,禮也;是非之心,智也。仁義禮智,非由外鑠我也,我固有之也,弗思耳矣。故曰:『求則得之,舍則失之。』」[12]孟子並沒有否認告子所謂「食色,性也」的言論,因其確實符合人性之自然,但孟子主張的是在人的自然資質「情」之上的可擴充性、可塑性。「四端之心」皆是人所固有,而不是外界賦予我的,那麼這就

---

[9] 金良年譯注:《孟子譯注》(上海市:上海書店出版社,2003年7月),頁157。
[10] 金良年譯注:《孟子譯注》(上海市:上海書店出版社,2003年7月),頁157。
[11] 金良年譯注:《孟子譯注》(上海市:上海書店出版社,2003年7月),頁157。
[12] 金良年譯注:《孟子譯注》(上海市:上海書店出版社,2003年7月),頁159-160。

是孟子所強調的人性善的基礎。人由此善端而行,自能擴充其心,得其心之本善之性,人若不依此善端而行則失其善性。所以孟子總結曰:「故曰:口之於味也,有同耆焉;耳之於聲也,有同聽焉;目之於色也,有同美焉。至於心,獨無所同然乎?心之所同然者何也?謂理也,義也。聖人先得我心之所同然耳。故理義之悅我心,猶芻豢之悅我口。」[13]人皆有口同味者、聲同聽者、色同美者,自是人之口腹之自然生理之性。然而仁義禮智之心,難道就沒有相同之類嗎?孟子認為此心之所同者是理、是義。人心無有不喜悅理、義之在的,但只有聖人能先知人心同然之善,所以孟子說理義能使人身心愉悅。就像口腹之欲能使我們滿足一樣。可見善亦是人性自然的重要元素,善是紮根於人性之中的。

再次,為仁由己。孟子在反駁了告子分仁義為內外的觀點,認為人性善自是內在的,不是外在的,仁義為人自身所固有,由此也確定了德性之在我的道德主體性,人而能盡仁義之道,則是其道德主體性的體現。關於仁、義的施行,〈盡心下〉篇中孟子曰:「人皆有所不忍,達之於其所忍,仁也;人皆有所不為,達之於其所為,義也。人能充無欲害人之心,而人不可勝用也。人能充無穿踰之心,而義不可勝用也。人能充無受爾汝之實,無所往而不為義也。士未可以言而言,是以言餂之也;可以言而不言,是以不言餂之也,是皆穿踰之類也。」[14]朱熹注曰:「惻隱羞惡之心,人皆有之,故莫不有所不忍、不為,此仁義之端也。然以氣質之偏、物欲之蔽,則於他事或有不能者。但推所能,達之於所不能,則無非仁義矣。能推所不忍,以達於所忍,則能滿其無欲害人之心,而無不仁矣。能推其所不為,達於其所為,則能滿其物穿踰之心,而無不義矣。」[15]孟子稱為「四端之

---

13 金良年譯注:《孟子譯注》(上海市:上海書店出版社,2003年7月),頁161。
14 金良年譯注:《孟子譯注》(上海市:上海書店出版社,2003年7月),頁211。
15 〔宋〕朱熹注:《孟子集注》(上海市:上海古籍出版社,1987年3月),頁114。

心」或「不忍人之心」也,是為「仁之端」也。人皆有是心,是為仁義之端,人依此善端,推己及人,故能愛人也。孟子又以「達之於其所忍」為仁,可見由「不忍」道「其所忍」是一個仁心不斷修養的過程。同樣的,由「有所不為」到「其所為」也是人性善不斷豐盈的過程。仁義的初始是因人有所不忍、有所不為,其完善和擴充是其所忍、其所為,以此孟子認為人對仁義的道德修養才能日漸臻化。所以孟子又曰:「仁,人心也;義,人路也。舍其路而弗由,放其心而不知求,哀哉!人有雞犬放,則知求之;有放心,而不知求。學問之道無他,求其放心而已矣。」[16]孟子以仁為人心,言其心本善、本仁,以義為人行之路。孟子斥責舍仁義而行的行徑,以其為違道。人有雞犬之類丟失,尚且知道去尋回,然而有仁心之遺失,卻不知尋。孟子直指學者求學之道並無其他路徑可由,只是求其遺失之本心而已。若能達此之功用,則其心清明,仁義禮智自是顯明昭著。不然,則行有放逸,最終是為昏為昧。

二 心、性關係

在孟子的人性思想中,心與性的關係是不可忽視的重要問題,孟子認為性與心是不可分割的,因此孟子的人性學說又被稱為心性論,可見心與性的聯繫非常緊密,儒家心性合一的思想也由此開啟。孟子談人性善問題以「四端之心」為理論基石,又有「存心盡性」、「求其放心」之說。可知孟子所言心與性是統一的,心之為「大體」,能知善知惡、能居仁由義,已經超越了心作為器官的生理性層面的存在意義,其更是具有超越性的主體能動性和自覺性的存在。

首先,孟子所謂「良知良能」。「良知」的概念是由孟子最先明確

---

[16] 金良年譯注:《孟子譯注》(上海市:上海書店出版社,2003年7月),頁165。

提出來的，這一思想對後世儒學尤其是宋明理學的發展起到了極大的影響作用。宋代心學大師陸九淵就依此提出了「心即理」的心學發展之路，後又經楊簡又把「心即理」的主旨加以闡發推向了極致，提出了「人心即道」的心學觀點。可見孟子「良知」說的影響深遠，對「良知」的學習和解讀就顯得十分重要。孟子曰：「人之所不學而能者，其良能也；所不慮而知者，其良知也。孩提之童，無不知愛其親者；及其長也，無不知敬其兄也。親親，仁也；敬長，義也。無他，達之天下也。」[17]朱熹注良知為人之本然之善，朱子又引程子之言曰：「良知良能，皆無所由，乃出於天，不系於人。」良知確為仁本然善心，所以說人不能學而能、不慮而知，是以為良知良能。良知良能是一種先天的、先驗的存在，但良知良能的推演和實現卻需要人在後天的經驗生活中一點一滴的去顯現。良知與良能是從不同層面上來展現此心的全面性，良能是從人之道德能力層面上來說，良知是從其智識和學習能力上來說，此二者是密不可分的，可見孟子所言良知良能的本心兼具理性思維和道德情感的雙重善性。孟子以孩提之童為例，孩提之童無不知愛其父母、敬其兄長。人之愛親之心是為仁也，人之敬長之心是為義也。人之心自然是仁義自足，不需外求，這是人生來就具有的本能道德情感。孩提之童的心是最純粹、澄澈的，因其本心還未收到任何物欲、聲名之利的誘惑，所以其心之發現自然是純孝至善的，以此親親、敬長之心而行，仁義自然能施化於人，以此仁義之心推廣於四海，則自能達之於天下人心之所同然者。

其次，心之官則思。人性的善端是由其能動的理性自覺體現出來的，區別於動物的本能。能思能動則能仁義也，則性善可見。人皆有耳、目、口、鼻之知覺器官的存在，是其人性自然之發，是生來具有的生理本能，是不需要經過教習就能學會的，但這些生理本能不能稱

---

17 金良年譯注：《孟子譯注》（上海市：上海書店出版社，2003年7月），頁189。

得上良知良能，因其沒有「思」，也就是沒有理性思維，不能進行思慮，不能反求諸己。而人之能思也，因其有「心」。心不僅是生理性器官，是保證人之血氣存在的關鍵，而且是決定人超越於其他動物的理性思維的重要器官。〈告子上〉公都子問曰：「鈞是人也，或為大人，或為小人，何也？」孟子曰：「從其大體者為大人，從其小體者為小人。」曰：「鈞是人也，或從其大體，或從其小體，何也？」曰：「耳目之官不思，而蔽於物，物交物，則引之而已矣。心之官則思，思則得之，不思則不得也。此天之所與我者，先立乎其大者，則其小者弗能奪也。此為大人而已矣。」[18]公都子問孟子世間之人為何會有大人與小人的區別？孟子以「大體」和「小體」之分為答，從其大體者為大人，從其小體者為小人。孟子認為，耳之能聽，目之能視，鼻之能臭，口之能食，心之能思，此幾者皆是天之所賦予我。耳目之類之能感物但因其不能思，所以有物蔽的障礙，所以稱為「小體」，唯有此心具有不學而能、不慮而知的良知良能，所以稱為「大體」。人之能得此大體之用者，自然可以成之為大人者；人從其耳目口鼻之小體之用者，自然是謂小人也，非能成其大也。孟子認為大人與小人的關鍵在於思與不思，心之能思、能動，則能得其大體，則能感應萬物而能使萬物為我所用而能存養本心之善、擴充其心之大；心之不思，則自然是束於四肢、體膚之欲，而不能突破人之生理障礙，不能以此心之良知良能也統攝人之感性欲望，自然是不能得其大體。並且，孟子認為此心之官能思，是上天所賦予我也，是人先天就具有的，或者說與生俱來的，但還需要人有智識和理智去展開和擴充它，人先立其心之大體，則自能自作主宰而不動搖，不失其人之為人的根本性，才能稱得上是為大人，而不為小人也。

再次，心性合一。孟子認為人之性善為人之所自有，不是由外來

---

18 金良年譯注：《孟子譯注》（上海市：上海書店出版社，2003年7月），頁167。

的，是內在於心的，所以由人性本善所發之仁、義、禮、智等道德理性也是根於心的，性由心發，心才是人性善的根本。孟子曰：「君子所性，仁、義、禮、智根於心。」[19]孟子在此有言君子之性就是仁、義、禮、智，而這四種德性不在人之身外，就是於人之本心，所以孟子言「根於心」。孟子所言人性有兩個層次，一是口腹之欲，屬人的自然之性，是一種生物本能；二是區別於動物的文明之質，是道德自覺，是仁義禮智的呈現。可以得知，仁、義、禮、智之性，雖是人之自然之性，但其根本是蘊含在心之中的，其從本有到顯現以達到擴充於天地萬物之間，都需要心的主觀能動性去實現，所以孟子此言可以看出心與性之不可分割。所以孟子曰：「口之於味也，目之於色也，耳之於聲也，鼻之於臭也，四肢之與安佚也，性也。有命焉，君子不謂性也。仁之於父子也，義之於君臣也，禮至於賓主也，智之於賢者也，聖人之於天道也，命也。有性焉，君子不謂命也。」[20]朱子引用程子的言論注解說：「五者之欲，性也。然有分，不能皆如其願，則是命也。不可謂我性之所有，而求必得之也。」[21]又曰：「仁、義、禮、智、天道，在人則賦予命者，所稟有厚薄清濁。然而性善可學而盡，故不謂之命也。」[22]程子所說的「五者之欲」即是孟子所言口、目、耳、鼻、四肢者五種感官的自然生理欲望。所說「性也」，即是言這些生理欲望是人所自有的、或者說生來就有的，是人性之自然。然孟子認為人的欲望的實現又有天命的節制，人之所欲求不可逾越天命的限制，所以說此五者之欲望雖人性自然之欲，但又有天命的節制，不可妄求，不可逾越。是以孟子言「不謂性」仁、義、禮、智、天道，是植根於人心的「大體」，是大人、聖人之用，是天命所賦予

---

19 金良年譯注：《孟子譯注》（上海市：上海書店出版社，2003年7月），頁190-191。
20 金良年譯注：《孟子譯注》（上海市：上海書店出版社，2003年7月），頁208。
21 〔宋〕朱熹注：《孟子集注》（上海市：上海古籍出版社，1987年3月），頁113。
22 〔宋〕朱熹注：《孟子集注》（上海市：上海古籍出版社，1987年3月），頁113。

人的道德屬性，是區分人與其他動物的「幾希」，是決定人之為人的根本屬性。並且，這幾種道德屬性的實行、推演、擴充，要依靠人的「心之官則思」的良知良能的主體自覺性和和能動性，是以人的理性思維和道德追求的合一。所以，孟子又言「不謂命」。陳來先生認為：「孟子並不是只看到人有道德屬性的『性善』，而是也指出人有與生俱來的感性欲望，在人性中也有所謂『幽暗意識』的方面。但是孟子把人之所以為人者，即人之區別於其他動物類的，屬人之『大體』的道德屬性，作為人的本質屬性。」[23]孟子從不否認人的自然生理之欲，認為這些欲望都有其合理性，但人之為人的關鍵並不在這些方面上，人還須從人之為人的人性上去做區分、做主宰，人能有仁義禮智之性，能有盡心養性的自覺道德修養意識，所以孟子極力提倡「存心養性」、「立其大者」之說。

三　存心養性

　　孟子的人性論思想，確立了人性善的基礎，為人之德性的存養提供了合理的前提並且為人的存養工夫指出了一條明確的道路，也首次昌明了心內、心外之說。仁義在吾身之中，自然發散則盡善，人當於此自心上去尋，所以人之求善也必是向內求的，求之於心，非是求之於外、求之於物。如此才能「養吾浩然之氣」，並使其廣於四海、達於天下。

　　首先，由仁義行。〈離婁下〉孟子曰：「人之所以異於禽獸者幾希，庶民去之，君子存之。舜明於庶物，察於人倫，由仁義行，非行仁義也。」[24]幾希者，即是決定人之為人的根本性，人有仁義也，有

---

[23] 陳來、王志民主編：《《孟子》七篇解讀》（濟南市：齊魯書社，2018年3月），〈盡心篇〉，頁922。

[24] 金良年譯注：《孟子譯注》（上海市：上海書店出版社，2003年7月），頁117。

善端也,有此善性也。孟子認為人之所以能與禽獸之類相異的本來就很少,而普通百姓不能存此仁義之性,君子則能存養其心,盡其善性。孟子又以舜能明察庶物、人倫為例,認為聖人自是能由此仁義之路行也,非是行仁義也。行仁義者,意即是仁義為外在,不在己身,此言是為大謬。仁義之在我,非是外物可賦予也,君子所順行仁義,是人之所自有。〈盡心下〉:「仁也者,人也。合而言之,道也。」[25]仁者,就是人之所以為人的根本,仁與人是合二而一的,人之為仁,則為道,《中庸》所謂「率性之謂道是也」即是此。《中庸》所謂率性之謂道,率此仁也,率此義也,君子由仁義而行,即是道。仁即是人之本性也,人而能仁則能成為大人、聖人,人能行仁義之道自然是道德至盛,不違道也。這也正合了孟子在〈告子上〉所說的「仁,人心也;義,人路也。」人心有此仁,是人之為人的根本規定性和屬性,也正契合了孟子所言的人性善的思想。人性善,所以人心自是能仁,自是能仁民愛物,自是道德日厚,踐行大道。君子自能仁,由此本心而行自然是仁民而愛物也,親親而能兼愛。孟子總結曰:「君子之於物也,愛之而弗仁;於民也,仁之而弗親。親親而仁民,仁民而愛物。」[26]對待民眾以仁愛之心,對待事物以愛惜之心。籠統說,都是以仁愛之心對待世間萬物,分而論之則又有親疏遠近、物類之分。仁民而愛物,是以儒家所說的親親、孝悌為始,由內向外、由人及物不斷推演的一個仁的境界不斷展開、深化的過程。由人心之所同然,以己推人,仁民愛物而萬善畢備。人性善之根本基石,仁是為良知良能的心所推動。孟子有言「萬物皆備於我」則真是人之主體性思維的展現,此心之仁,莫不化育萬物而盡得其性。

其次,求其放心,反身而誠。孟子認為人皆有此仁心、皆有此善性,然人有所不為者,縱使此心放逸、流失而不得尋,仁義之心自然

---

[25] 金良年譯注:《孟子譯注》(上海市:上海書店出版社,2003年7月),頁205。
[26] 金良年譯注:《孟子譯注》(上海市:上海書店出版社,2003年7月),頁199。

被物欲蒙蔽，所以孟子言「君子之道無他，求其放心而已矣。」人心一有放失，則知尋之、求之，求己心之複歸、複明，君子自然能存養本心，善養人性。〈盡心上〉孟子曰：「求則得之，舍則失之，是求有益於得也，求在我者也。求之有道，得之有命，是求無益於得也，求在外者也。」[27]仁義禮智之在我也，不在外也。人能知此則能發此心之道德自覺性，求仁則仁自在我，捨棄仁則仁自是流失，人之求也是求之於我，非是借助於外在的物事而為。〈離婁下〉孟子曰：「天下之言性也，則故而已矣。故者以利為本。」[28]朱熹注：「故者，其已然之跡，若所謂天下之故者也。利，猶順也，語其自然之勢也。」則性之本是善的，利本則是言其順其善性而為而已。人之由仁義而行自是循其本有之善性而為之。孟子又舉例曰：「堯、舜，性者也；湯、武，反之也。動容周旋中禮者，盛德之至也。哭死而哀，非為生者也。經德不回，非以干祿也；言語必信，非以正行也。君子行法，以俟命而已矣。」[29]性者，人得全於天，並無污染朽壞，不需要假借外力而能至聖人之境。孟子曰：「堯、舜，性之也；湯、武，身之也，五霸假之也。」[30]此兩處意蘊相同，孟子認為堯、舜「性者也」是其本性自善，自然而然的行仁義之路。湯、武「反之也」是之其通過修為涵養德性以複其本性之善，以行仁義之路。這兩者是不同的路徑，但都是成聖之追求也。像堯、舜、湯、武之能言語行動、應酬往來之間都能尊禮而行，自然是有盛大的德性。經德不回、言語必信，皆是修養自身的道德，提高自身的涵養境界，而不是為了追求利祿、炫耀自身，君子依從禮義法度而自我約束、自我規範其言行，是為了修身以待天命而已，非是為私、為己。朱子認為「反之」之語是為複性之為，君

---

27 金良年譯注：《孟子譯注》（上海市：上海書店出版社，2003年7月），頁185。
28 金良年譯注：《孟子譯注》（上海市：上海書店出版社，2003年7月），頁121。
29 金良年譯注：《孟子譯注》（上海市：上海書店出版社，2003年7月），頁211。
30 金良年譯注：《孟子譯注》（上海市：上海書店出版社，2003年7月），頁194。

子能反身內省以複其善性,則而至於聖人之境界。程子以為「性之反之」為孟子始發的言論,目的是為了強調人之能反身而誠也。所以〈盡心上〉孟子曰:「萬物皆備於我矣。反身而誠,樂莫大焉。強恕而行,求仁莫近焉。」[31]萬物皆為我所具備,通過人自身的躬行實踐而能得道,善心自現,人能盡力實現這種仁人之境並推己及人,則仁莫不近也。所謂反者,相對於人之求仁義於外而言,「反」言人之能知仁之在我,而不復遠求於外,所以言反,有返回、回復之意,仁義之近在我自身,不須求之於外。而學者能明此道者少,所以聖言諄諄則告誡曰:「言近而指遠者,善言也;守約而施博者,善道也。君子之言也,不下帶而道存焉。君子之守,修其身而天下平。」[32]孟子所謂言近、守約之類,皆是君子善修身也,不捨近求遠,近在己身,操存己心,自是能達到修身平天下的效果。君子之為言也,以淺顯通俗之言語而論之,然其意旨卻能通達、深遠;君子之為道也,所能不越乎其眼前之日用之事,於一點一滴上涵養自身德性操守,其行自然能弘揚、廣施。君子應該反身而誠,自是能施行仁義,中道而行。〈離婁下〉孟子曰:「君子所以異於人者,以其存心也。君子以仁存心,以禮存心。仁者愛人,有禮者敬人。愛人者人恒愛之,敬人者人恒敬之。有人於此,其待我以橫逆,則君子必自反也;我必不仁也,必無禮也,此物奚宜至哉?其自反而仁矣,自反而有禮矣,其橫逆由是也,君子曰:『此亦妄人也已矣。如此,則於禽獸奚擇哉?於禽獸又何難焉?』故君子有終身之憂,無一朝之患也。」[33]君子能存此仁心,愛人、敬人,自是無有違禮之處。其行有不得者,君子自能反身自問,反求諸己也,而不苟責與人。常存此反省之心,故君子能常有謹慎、恭敬之心。

---

31 金良年譯注:《孟子譯注》(上海市:上海書店出版社,2003年7月),頁186。
32 金良年譯注:《孟子譯注》(上海市:上海書店出版社,2003年7月),頁211。
33 金良年譯注:《孟子譯注》(上海市:上海書店出版社,2003年7月),頁122。

再次,養其大者。孟子常有大人、聖人之言,言其德厚之謂也,大人者、聖人者皆能保其赤子之心而涵養其善性,自然能德性完滿。〈離婁下〉孟子曰:「大人者,不失其赤子之心者也。」朱熹認為「大人之心,通達萬變。赤子之心,則純一無偽而已。然大人之所以為大人,正以其不為物誘,而有以全其純一無偽之本然。是以擴而充之,則無所不知,無所不能。而極其大也。」朱子之言甚是中肯,人之能為大人者,自是能通達萬物萬理之機,是所謂理性思維之靈動也。赤子之心者,純粹精一而沒有絲毫的物欲雜染、沒有絲毫的人偽之力以變混雜其性純真。人之所以能成其為大人,以其能不為口目、體膚之欲的誘惑而迷失本心,從而能保全其赤子之心的純粹至真、沒有人偽的本然之善。順此性而為之,由此而擴充其心,則能無所不知、不所不能,所以能成其大也。〈告子上〉孟子曰:「體有貴賤,有小大。無以小害大,無以賤害貴。養其小者為小人,養其大者為大人。」孟子認為人之愛其體膚無有偏差,是為兼愛、兼養也,然而若要考察人之善與不善之分,也別無他處,考之與己身而已。所謂賤、小者,是為飲食口腹之欲;貴、大者,是為立身之根本,仁也、善。然而,何以養能其貴、大?孟子認為人應該不貴口腹之欲,不為財物貨利迷失其心,君子應該求其仁心也,求義之在我也,涵養身心,居仁行義。〈盡心下〉孟子曰:「養心莫善於寡欲。其為人也寡欲,雖有不存焉者,寡矣;其為人也多欲,雖有存焉者,寡矣。」[34]孟子把「養心」與「寡欲」連接起來,人之陷溺於耳目口鼻之欲,必然會有所失,其生理欲望多,其道德操守就會少,其本心的存有也會減少。二者是一個此消彼長的關係,人若要存養其本心、持守善性,必要克制、減少其口腹之欲的膨脹。「寡欲」則能存有本心,雖有失漏之處,但其失也不會多。〈盡心上〉孟子曰:「形色,天性也。惟聖人,

---

34 金良年譯注:《孟子譯注》(上海市:上海書店出版社,2003年7月),頁212。

然後可以踐形。」[35]人之形色容貌是天生的，各有其自然之理，然而只有聖人能夠通過身體來踐行天道，擴充天性。朱熹注曰：「程子曰：『此言聖人盡得人道而能充其形也。蓋人得天地之正氣而生，與萬物不同。既為人，須盡得人理，然後稱其名。眾人有之而不知，賢人踐之而未盡，能充其形，惟聖人也。』」[36]可以看出，儒家一直以來的成聖追求，聖人是道德境界、理性思維的雙重結合體。人之持守本心、養浩然之氣也，須是能有持久之功，能不間斷、不失其志。〈盡心下〉孟子謂高子曰：「山徑之蹊間，介然用之而成路。為間不用，則茅塞之矣。今茅塞子之心矣。」[37]朱熹注：「言理義之心，不可少有間斷也。」孟子批評高子之學不能有一貫之心，不能專心致志，所以其學自是半途而廢，就想山間的小路，經常行走自然能成為寬闊大道，而稍有時間的荒廢，就會被雜草阻塞了原來的路徑。高子之學有間斷，不能恒常，所以其心自是被蒙蔽不明。可知孟子之言人之為學、為仁，亦是如此，不能有須臾之離心離道之偏失，為學、為道自當是始終如一的，如此才能保其心之常明而不昏。「養其大者」，是孟子「存心養性」修養工夫的關鍵，以心為道德的出發點和歸宿。其道德形式和實踐的最終目的都是指向本心的不斷自證和圓融。

第二節　陸九淵心即理思想

孟子之後，儒學發展到宋明時期，逐漸分化為理學派和心學派，其對儒家思想的繼承與發展呈現出兩種不同的理論趨勢，出現了以陸九淵、楊簡、王陽明為代表的心學家。以朱熹為代表的理學派主張格物窮理，提出「存天理，滅人欲」對聖賢之著作和言論多加以學習，

---

[35] 金良年譯注：《孟子譯注》（上海市：上海書店出版社，2003年7月），頁197。
[36] 〔宋〕朱熹注：《孟子集注》（上海市：上海古籍出版社，1987年3月），頁108。
[37] 金良年譯注：《孟子譯注》（上海市：上海書店出版社，2003年7月），頁206。

並以此為自身為學、立身、弘揚道統的致知之路。以陸九淵為代表的心學派提倡涵養身心的明悟工夫，提出「心即理」的概念，反對朱子提倡的格致之工夫，認為朱子之學是末學，非是聖人之學也。陸九淵和朱熹一樣，也是以「理」為宇宙間的最高本體，所以陸九淵有言「塞宇宙，一理耳。」此理既是天地之準則，是天理，也是人倫道德準則是，是人之仁義禮智等的總和，是宇宙、天地、自然、人倫之大道。不同的是，朱熹認為此理是高高懸掛的，是不受人力所干涉的，與人欲是相對的，所以朱子又言「存天理、滅人欲」。陸九淵卻認為此理融於人心之中，理不應該是外在的義理制度，而應該是與心互通、互融而同一的，所以陸九淵言曰：「蓋心，一心也；理，一理也，至當歸一，精義無二，此心此理，實不容有二。」[38]以此可知陸象山心學的宗旨：本心是超驗的、先天具有的，是宇宙萬物的最高本體，是兼具形上與形下的存在融，是能有道德自覺，又能通於天理，因此陸九淵也贊同孟子所言人皆可以為堯舜。然而普通人不能成為本心純明至善的人，因為普通人的本心受到陷溺、蒙蔽、壅蔽等等的緣故。

　　陸九淵之學源於孟子，其論「本心」的思想亦是受到孟子思想的極大影響。孟子以「四端之心」為其人性論的初始，原本指先天的人性善，是人與生俱來的。同時，孟子又提出「心之官則思」，認為心是思維的器官，能有主體自覺性。陸九淵則依「本心」概念啟發，首創「發明本心」。陸九淵曰：「萬物森然於方寸之間，滿心而發，充塞宇宙，無非此理。孟子就四端上指示人，豈是人心只有這四端而已？又就乍見孺子入井皆有怵惕惻隱之心一端指示人，又得此心昭然，但能充此心足矣。」[39]萬物森然，言指宇宙間萬事萬物之理；方寸之

---

38 〔宋〕陸九淵著，鐘哲點校：《陸九淵集》（北京市：中華書局，1980年1月），〈與曾宅之〉，頁4-5。

39 〔宋〕陸九淵著，鐘哲點校：《陸九淵集》（北京市：中華書局，1980年1月），〈語錄上〉，頁423。

間，即是言人心也。天理之存在於人心之間，人心而能仁義禮智皆足，此心不是個體之器官或者主觀意識之發，而是人之為人的普遍德性所具有的人倫之道。萬物森然皆發於心，此心豐盈自是充塞宇宙。孟子以「四端」來指示人心之本善也，以啟發人之存心養性之功，陸九淵認為人心之能充塞宇宙、虛容廣大之性，非是僅僅只有「四端之心」而已，孟子之言實是以其端緒之顯現來啟發此心昭然之善，由此而行，自是能擴充其善心。所以陸九淵又言「誠者自成也，而道自道也。誠者物之終始，云云。天地之道，可一言而盡也。」[40]所謂誠者，自是能明也，能無物欲之遮蔽也，人能誠實以順心而行，則其心自能成也。天地之大道，可以以此心之能盡其全也。陸九淵之學受孟子影響深遠，這一點從其言論、著述中都能看的出來，〈語錄〉載曰：「某嘗問：『先生之學亦有所受乎？』曰：『因讀《孟子》而自得之。』」[41]陸九淵又有言曰：「孟氏沒，吾道不得其傳。而老氏之學始於週末，盛於漢，迨晉而衰矣。老氏衰而佛氏之學出焉，佛氏始於亮達磨，盛於唐，至今而衰矣。有大賢者出，吾道其興矣夫！」[42]陸九淵認為，自孟子之後，儒學道統的傳續受到阻滯，而在這期間，老氏之學興盛於漢之際，老氏之學衰而後又有佛氏之學盛於唐也，至宋代，佛學始衰。陸九淵哀歎儒學之不傳，然以弘揚儒家思想為己任，以興道統。陸九淵認為其心學是從《孟子》中悟得，自然對孟子的思想多有褒獎。

---

40 〔宋〕陸九淵著，鐘哲點校：《陸九淵集》（北京市：中華書局，1980年1月），〈語錄上〉，頁423。

41 〔宋〕陸九淵著，鐘哲點校：《陸九淵集》（北京市：中華書局，1980年1月），〈語錄下〉，頁471。

42 〔宋〕陸九淵著，鐘哲點校：《陸九淵集》（北京市：中華書局，1980年1月），〈語錄下〉，頁473。

一　本心論

　　陸九淵心學的核心內容是以「心」為宇宙間的形上本體，是一種超驗性的道德存在，目的強調人對主體自覺性的不斷體認和擴充，已達到人能自覺實現其德性修養的不斷提高，所以陸九淵在為學格物的方法上主張是格本心也，不是格身外之事物、事理之類。

　　首先，心即理，以心為大。陸九淵曰：「人非木石，安得無心？心於五官最尊大。《洪範》曰：『思曰睿，睿則聖。』孟子曰：『心之官則思，思則得之，不思則不得也。』又曰：『存乎人者，豈無仁義之心哉？』又曰：『至於心，獨無所同然乎？』又曰：『君子之所以異於人者，以其存心也。』又曰：『非獨聖賢者有是心也，人皆有之，賢者能勿喪耳。』又曰：『人之所以異於禽獸者幾希，庶民去之，君子存之。』去之者，去此心也，故曰：『此之謂失其本心。』存之者，存其心也，故曰：『大人者，不失其赤子之心』。四端者，即此心也。『天之所以與我者』，即此心也；人皆有是心，心皆具是理，心即理也，故曰『理義之悅我心，猶芻豢之悅我口』。所以貴乎學者，為其欲窮此理，盡此心也。」[43]人皆有心也，心之於五官為首，因其能思也、能感通萬物也。孟子亦有此言也，此心之存在於人身，不可無仁義也。此心之善，人皆共有，但君子能存養本心，有存心養性之功，聖賢能不失本心而已。陸九淵認為孟子所言「人之異於禽獸者幾希」的關鍵，就是本心也，能為大人者，不失本心也。孟子所言四端者，亦是此心也，此心乃天所與我，人皆有之，心具是理也，是謂理義之在我，人之貴學之功，是窮此理也，盡此心德之全也。人皆有是心，心皆具是理，天理人欲實為一體也，合歸於心。在陸九淵的心學世界

---

[43] 〔宋〕陸九淵著，鐘哲點校：《陸九淵集》（北京市：中華書局，1980年1月），〈與李宰二〉，頁149。

中,「心」作為超驗性的道德主體是普遍存在於每個人身上的,是以謂人皆有之,並非是聖賢獨有的,聖賢超越於常人的地方在於能夠存此本心,不喪其心之至善、至誠,立其心之大者,能為大人。在人人都能具有的德性之善的基礎上,聖賢與愚鄙並沒有差別,所以陸九淵就由此為基石確定了其「心即理」的思想主張。從上述言論也可以看出,陸九淵的心學思想是對孟子心論思想的傳承和擴充。孟子論心以其良知良能的心為道德主體,陸九淵把心放到了本體的高度,以心為宇宙萬物的法則和主宰,是以天理也是在吾心中,人之體認天理,須從本心上下工夫。

其次,心與性皆為血脈。陸九淵在論心與性的關係上認為性、心、情者,只是有不同名辭罷了,學者不應沉溺於章句之學,在字義上去求其同異的差別,應當從本心上去體認而已。〈象山語錄〉曰:「伯敏云:『如何是盡心?性、才、心、情如何分別?』先生云:『如吾友此言,又是枝葉。雖然,此非吾友之過,蓋舉世之蔽。今之學者讀書,只是解字,更不求血脈。且如情、性、心、才,都只是一般物事,言偶不同耳。』伯敏云:『莫是同出而異名否?』先生曰:『不須得說,說著便不是,將來只是騰口說,為人不為己。若理會得自家實處,他日自明。若必欲說時,則在天者為性,在人者為心。此蓋隨吾友而言,其實不須如此。只是要盡去為心之累者,如吾友適意時,即今便是。『牛山之木』一段,血脈只是在仁義上。』」[44]在這一點上,陸九淵不同於孟子對心與性的關係作條分縷析的解釋,而是認為章句、訓詁字義之學是為枝葉之學,非是根本。概今時學者多有壅蔽,並非是個人的過失,而因其社會整體學風如此,個人難以超越時代的局限性,難以突破當時的思想情境。學者求學於末道,只求解字之功

---

[44] 〔宋〕陸九淵著,鐘哲點校:《陸九淵集》(北京市:中華書局,1980年1月),〈語錄下〉,頁444。

用也,而不能悟得其間血脈之根本,自然不能於「心」上體會先儒之思想精義。所以陸九淵認為此心、此理須人於實處上去體會,若只是以口舌之言為依憑,則失其本、失其實。陸九淵所言「在天者為性,在人者為心」,皆是不得已而言之,非是事實上有此之分。人只要盡除累其心之贅疣,則無不是能明其血脈也。陸九淵所言「血脈」,是其本心也,以「血脈」為言是明人人皆如此也,皆有此血脈,皆有此心也。伯敏又問養血氣一段,先生云:「此尤當求血脈,只要理會『我善養吾浩然之氣』。當吾友適意時,別事不理會時,便是『浩然』。『養而無害,則塞乎天地之間』,『是集義所生者,非義襲而取之也』,蓋孟子當時與告子說。」[45]此一段意在「血脈」,有此血脈,則有是心,則仁義自足而浩然之氣自現,若要存心養性,養吾心之浩然之起便是根本,而不必於其他枝葉上去探求物理方法。孟子最重視人的道德主體地位,主張人要涵養心性,認為人的仁、義、禮、智皆根於心,陸九淵也繼承了孟子的這種思想,以此四端之心為吾心之所固有,能充塞宇宙:「此天之所以予我者,非由外鑠我也;思則得之,得此者也;先立乎其大者,立此者也,積善者,積此者也;集義者,集此者也;知德者,知此者也;進德者,進此者也。」[46]可見,孟子的思想對陸九淵「心即理」的思想形成過程非常重要。孟子明確的指出四端之心是決定人之為人的決定性因素,並以此展開其人性學說。人皆有此善端,並且有道德主體的自覺性,人之為善是本能,孟子稱之為良知良能。陸九淵以此為基,主張「先立乎其大者」,並展開來說人之善、義、德皆是此大也,皆是本心所固有。所以陸九淵總結說,此心是人生來就有的,先天就是良知具存、沒有絲毫雜染。人之

---

45 〔宋〕陸九淵著,鐘哲點校:《陸九淵集》(北京市:中華書局,1980年1月),〈語錄下〉,頁445。

46 〔宋〕陸九淵著,鐘哲點校:《陸九淵集》(北京市:中華書局,1980年1月),〈與邵叔誼〉,頁1。

心與性是同一的，這一點無須去糾結，人性之善是人生而有之，若能不陷溺於物欲、聲利等誘惑，自能無害其心，此心良知自明。所以謂「見到《孟子》道性善處，方是見得盡。」

再次，「誠明」也。陸九淵認為孟子所言「求其放心」之論是人求學問的關鍵所在，是以陸九淵在教學者時引導學生以此為要務，並且指引學生把「誠明」的涵養工夫用於體認本心上。陸九淵言：「須思量天之所以與我者是甚底？為複是要做人否？理會得這個明白，然後方可謂之學問。故孟子云：『學問之道，求其放心而已矣。』如博學、審問、明辨、慎思、篤行，亦謂此也。此須是有志方可。孔子曰：『吾十五而志於學。』是這個志。」[47]學問之道不在心外，更不在身外，人若要學得此心，須要摒棄逐於一物一事之理。志於學得第一步就是要悟得「天之所以與我者」，即是悟得人固有之本心也，明此本心才能成其大。明悟本心是學者求學、立身、行事的根本。並且，只有如此人才可以有博學、審問、明辨、慎思、篤行的用力之功，才可以行事得當，才能學而不失其大道。陸九淵曰：「吾之學問於諸處異者，只是在我全無杜撰，雖千言萬語，只是覺得他底在我不曾添一些。近有議吾者云：「除了『先立乎其大者』一句，全無伎倆。」吾聞之曰：『誠然。』」[48]陸九淵為學之方與朱熹則大不相同，他認為朱子的道問學捨近而求遠，做無用工夫而已，所以它不是學者求學問道的正確道路。若要求得本心，須以尊德性為先，人要是不知尊德性，不知涵養其心性，自然只能於知識上添寫皮毛之學，非是為大道之學。「立其大者」，即是不以物欲役形，更不會以物欲役心，如此才可以使其德性不失，使其心不陷溺於物：「學者先須不可陷溺其心，又

---

47 〔宋〕陸九淵著，鐘哲點校：《陸九淵集》（北京市：中華書局，1980年1月），〈語錄下〉，頁438。

48 〔宋〕陸九淵著，鐘哲點校：《陸九淵集》（北京市：中華書局，1980年1月），〈語錄上〉，頁400。

不當以學問誇人。誇人者，必為人所攻。只當如常人，見人不是，必推惻隱之心，委曲勸諭之，不可則止。若說道我底學問如此，你底不是，必為人所攻。兼且所謂學問者，自承當不住。」[49]陸九淵以朱子所謂「學問」之事為枝葉末梢，認為學者不可陷溺其心，只以學問為判斷彼此是非、高低的標準。可見象山之對待學問的態度，必以心為考量，以己心度人之情，不可單以學問上的是與不是為真理的標杆。以此而行，學者才可以常有本心之明，所以陸九淵又言：「『誠則明，明則誠』，此非有次第也，其理自如此。「可欲之謂善」，「知至而意誠」亦同。有志於道者，當造次必於是，顛沛必於是。凡動容周旋，應事接物，讀書考古，或動或靜，莫不在時。此理塞宇宙，所謂道外無事，事外無道。舍此而別有商量，別有趨向，別有規模，別有形跡，別有行業，別有事功，則與道不相干，則是異端，則是利欲為之陷溺，為之窠臼。說即是邪說，見即是邪見。」[50]誠則明也，明則誠，明、誠實為一體無二，非有先後次第之分，理固如此。人能有志於道者，自是能誠明，不為外界環境的變化而遷移本心之固善，此理之充塞宇宙之間，周流遍覆、無有不在。人若舍本心而行，則是異端，則是陷溺於利欲，是學者之桎梏，所以為邪見、邪說，自當為誠明之士不取。

二　心、理關係

　　陸九淵心與理是合一、同一的。此心自然就擺脫了感官的束縛，而提升到了形上本體的高度，不以人的主觀意志為轉移，作為普遍性

49　〔宋〕陸九淵著，鐘哲點校：《陸九淵集》（北京市：中華書局，1980年1月），〈語錄下〉，頁439。

50　〔宋〕陸九淵著，鐘哲點校：《陸九淵集》（北京市：中華書局，1980年1月），〈語錄下〉，頁474。

的倫理道德之本心而存在:「仁即此心也,此理也。求則得之,得此理也;先知者,知此理也;先覺者,覺此理也;愛其親者,此理也;敬其兄也;此理也;見孺子入井而有怵惕惻隱之心者,此理也;可羞之事則羞之,可惡之事則惡之者,此理也。」[51]人之本心即是理,人能體認本心,覺此心之仁,即是覺理也。人能敬愛其親,能有惻隱之心,能知羞知惡,即是能體認本心、天理也。

首先,天理、人欲之辨。陸九淵曰:「天理人欲之言,亦自不是至論。若天是理,人是欲,則是天人不同矣。此其原蓋出於老氏。〈樂記〉:『人生而靜,天之性也;感於物而動,性之欲也。物至知知,而後好惡形焉。不能反躬,天理滅矣。』天理人欲之言蓋出於此〈樂記〉之言根於老氏。且如專言靜是天性,則動獨不是天性耶?《書》云:『人心惟危,道心惟微。』解者多指人心為人欲,道心為天理,此說非是。心一也,人安有二心?自人而言,則曰惟危;自道而言,則曰惟微。罔念作狂,克念作聖,非危乎?無聲無臭,無形無體,非微乎?因言莊子云:『眇乎小哉!以屬諸人;謷乎大哉!獨游於天。』又曰:『天道之與人道也相遠矣。』是分明裂天人為二也。」[52]陸九淵論理是從本心上說,以其心能感通萬物而發育之,此心自具仁義禮智,能自足其性,即是天理之謂也。所謂天理人欲之論,非是謂天理與人欲分裂而為二者,此言是分裂天人之不同也,然陸九淵認為天之一致也、三才一道也,非是有分裂之論。天人之不同的說法,是老氏所出,然而人之初生,其本心自靜,不動於物欲所惑,人之能不動心所以能感物而動,是其本性自然之欲。萬物皆為我所有,所以人自是能知,知然後能有好惡之形狀,以此而能反躬自省

---

51 〔宋〕陸九淵著,鐘哲點校:《陸九淵集》(北京市:中華書局,1980年1月),〈與曾宅之〉,頁5。

52 〔宋〕陸九淵著,鐘哲點校:《陸九淵集》(北京市:中華書局,1980年1月),〈語錄上〉,頁395-396。

其不足,不能反躬者,天理不存,本性遮蔽不顯。老氏特以靜為天之性,以人性多欲是謂動,以靜言天之性,則是以動不是天性,以動為人欲人心,亦道心之寂然不動為天理,此言非是也。陸九淵認為人心何嘗不是一呢?所謂「危」與「微」也,是從其不同方面言其心之動與敬也,何嘗有道心、人心為二之言。人之念慮多發、意欲多生,此心何嘗不危?然此心無聲無臭、無形無體,其存在也,何嘗不是微呢?能明此者,便不會以天理、人欲為分殊。由此也可知,陸九淵以為朱熹天理人欲之言,是分裂之論,分裂天人為二,然而天人何嘗有二?天地間此心是一也,非是有二心也,道心精微至一,而人心多有危漏,多有所遮蔽,所以自以為天道與人道相去甚遠。

其次,格物窮理之論。陸九淵格物之論自然與朱熹格物窮理之論大有不同。朱熹主張格致之功,格物以窮盡物理,窮理則能盡性,則能知致也,自是能體認天理也。陸九淵不以為然,認為朱熹之學是於末事上用功:「天下之理無窮,若以吾平生所經歷者言之,真所謂伐南山之竹,不足以受我辭。然其會歸,總在於此。顏子為人最有精神,然用力甚難。仲弓精神不及顏子,然用力卻易。顏子當初仰高鑽堅,瞻前忽後,博文約禮,遍求力索,既竭其力,方如有所立卓爾。逮至問仁之時,夫子語之,猶下克己兒子,曰:『克己復禮為仁』。又髮露其旨,曰:『一日克己復禮,天下歸仁焉。』既又複告之曰:『為仁由己,而由人乎哉?』吾嘗謂此三節,乃三鞭也。至於仲弓之為人,則或人嘗謂『雍也仁而不佞』。仁者靜;不佞,無口才也。想其為人,沖靜寡思,日用之間,自然合道。至其問仁,夫子但答以:『出門如見大賓,使民如承大祭,己所不欲,勿施於人。』只此便是也。然顏子精神高,既磨礲得就,實則非仲弓所能及也。」[53] 陸九淵

---

53 〔宋〕陸九淵著,鐘哲點校:《陸九淵集》(北京市:中華書局,1980年1月),〈語錄上〉,頁397。

認為以朱熹之言論，天下之萬事萬理無有窮盡，人要窮盡天下之物理則猶如伐南山之竹，無有窮盡之日，反累我之精神。人之精神高者，自能為仁，精神低者，當有用力之功，人之能沖靜寡思，自能知格物非是格物身外之物，窮理也只是窮此理，非是此心之外複有一心、一理也。如此則能日用之間合道。所以陸九淵又說學者格物實為格心，在俯仰之間，日用之中，盡此心而已。除此之外，所謂「格物」之輪都是末學工夫。是以，學者當於此本心上用力於仁，為仁由己，而非由人、非由外，人能於終食之間不違仁，至於日至、月至之間，更需學者能有格此心之物欲，而不是走朱子所言格物之末學的歧路。陸九淵常與友人有問答之論思：「有學者問如何窮理盡性以至於命？象山答曰：『吾友是泛然問，老夫卻不是泛然答。老夫凡今所與吾友說，皆是理也。窮理是窮這個理，盡性是盡這個性，至命是至這個命。』」[54]此段對答也能看看出陸九淵對窮理的對象問題的看法，人心不過方寸之間，卻至德圓滿，學者能明通此心豐盈而自通此理。窮理是從本心上說，盡性亦是從本心上說，至命亦是從本心上說，非是有二也。可知，象山重的是於本心上的修行與涵養，而不是外致之功，格此心是為本之學，格物是微末之學，本與末，不可顛倒。

　　再次，尊德性與道問學之辯。陸九淵與朱熹關於心與理爭論十分重要的一環是尊德性與道問學誰為先的問題。朱熹之學強調天理主宰人欲，自然主張以道問學為先，以格物致知而能有進德也，而能有盡性、知命之境界。朱熹主張的是一條知識的路徑，以近知識而化德性，而能知，提倡人的主題理性之思，以知識為客體。陸九淵提倡的是一條自省的路徑，以格心為關鍵，向內而化，不以外在客觀的事物為學習對象，反駁朱子的天理人欲之論。陸九淵之為學，以尊德性為

---

[54] 〔宋〕陸九淵著，鐘哲點校：《陸九淵集》（北京市：中華書局，1980年1月），〈語錄上〉，頁428。

貴,人要先能有德性,知本心之思,才能有博學之力,有知至。朱熹之學以道問學為長,陸九淵專以尊德性為首務,且陸九淵認為人為學之基、進德之序必以尊德性為先,人不能尊德性,則必不能道問學,所以又言曰:「或謂:『先生之學,是道德、性命,形而上學;晦翁之學,是名物、度數,形而下者。學者當兼二先生之學。』先生云:『足下如此說晦翁,晦翁未伏。晦翁之學,自謂一貫,但其見道不明,終不足以一貫耳。吾嘗與晦翁書云:『揣量模寫之工,依放假借之似,其條畫足以自信,其節目足以自安。』此言切中晦翁之膏肓。』」[55]人之讀書、求學、問道之功自是不可廢棄,所以朱子主張人要有格致之功,陸九淵認為朱子之學見道不明,因其未能守其大端,為學、為道首要是能提人本心之為大道。陸九淵不以朱子之道問學為人求學問道的正確道路,尊德性是為先、為首頁,人不知尊德性,不知涵養其心性也,自是只能於知識上添寫皮毛之學,非是為大道之學,進學為道只是要「先立乎其大者」。

三　發明本心

　　陸九淵主張學者當在德性修養上提倡發明本心的涵養工夫,當以反躬自省內求於己的方式,發明本心的固有之善。同時,陸九淵又言人心容易為物欲、聲名、偏見等蒙蔽,就需要人能夠有去除這種弊病的方法。所以,陸九淵教人必以本心出發,使人能夠有「剝落」之工夫,只要能去除人的物欲,就能夠複得本心之清明,本心清明自是能立其大。

　　首先,明此理充塞宇宙。陸九淵以此心為本體,此體廣大而無所

---

[55]〔宋〕陸九淵著,鐘哲點校:《陸九淵集》(北京市:中華書局,1980年1月),〈語錄上〉,頁4 419-420。

不通、清明而無所不知,此心即是天理,天理即是吾心固有之理,此心理義具存,宇宙間也只有一個心,也只有一個理,陸九淵曰:「此理塞宇宙,誰能逃之?順之則吉,違之則凶,其蒙蔽則為昏愚,通徹則為明知。昏愚者不見是理,故多逆以致凶;明知者見是理,故能順以致吉。說《易》者謂陽貴而陰賤,則剛明而柔暗,是固然矣。」[56] 此心充塞宇宙之間,無所不在,萬事萬物萬理都盡在此心之中,人亦在其中,天人一致而已。此心,在天是謂天理,在人是謂人道,順此理、此道則人倫物事莫不吉順而無所禍殃,違此理、此道者則為凶為禍,人受物欲蒙蔽則會昏愚而此心不清明,人能通明本心洞照之性則為明為知。昏愚之人自是逆此心而行,災禍隨之而來;明知之人能見此理為我心所有,所以能順心而行,行事莫不吉也。是以陸九淵又言:「道外無道,事外無道。」[57]以此明學者修養工夫當以修養本心之清明為首要任務,不可以己私而遮蔽本心之明而違道。若陷溺於物欲不可自除者,則會染習深重而本心不能持其潔淨之本,人不可不明、不可不察,是以需要解除蒙蔽。此理存乎宇宙間,無所不在、感通萬物而無所障礙,人因私欲而起異端之心則自為蒙蔽,陷溺物欲而不可自拔,更不可知此理之高遠,是以要人破除私欲、不陷溺才能複有清明之相。人順本心而為,非是由有私意人偽之力,如此才可明悟此心之為天下大本:「道在天下,加之不可,損之不可,取之不可,舍之不可,要人自理會。」[58]道無處不在,充塞宇宙,無所不包,但道又是不增不減、不可取之據為己有、不可捨棄的,道在萬物之中。

其次,關於讀書的態度。陸九淵認為學者之為學當時以尊德性為

---

56 〔宋〕陸九淵著,鐘哲點校:《陸九淵集》(北京市:中華書局,1980年1月),〈語錄上〉,頁418-419。

57 〔宋〕陸九淵著,鐘哲點校:《陸九淵集》(北京市:中華書局,1980年1月),〈語錄上〉,頁395。

58 〔宋〕陸九淵著,鐘哲點校:《陸九淵集》(北京市:中華書局,1980年1月),〈語錄上〉,頁434。

先，讀書的目的是為了發明本心、涵養德性，自然不以讀書窮理為根本之學，今之學者多以讀書明理為聖賢之學，以有經義之學增添人之本，此不是真正為學之道。人之學當於心上有所減，減此心之欲、之私，能持守此心之輕清、洞明之性。〈象山語錄〉載：「王遇子合問：『學問之道何先？』曰：『親師友，去己之不美也。人資質有美惡，得師友琢磨，知己之不美而改之。』」[59]去己之不美即是能夠去己之有蒙蔽之陋習、有私欲之為小者。本心雖是德性自足，但人之資質有美有惡、有善有惡、有足有不足之類，所以人要能尊師親有而能改其過處。以此，人心能有所明，再讀書則能有所得：「後生看經書，須著看注疏及先儒解釋，不然，執己見議論，恐入自是之域，便輕視古人。至漢唐間名臣議論，反之吾心，有甚悖道處，亦須自家有「征諸庶民而不謬底道理，然後別白言之。」[60]象山對閱讀經典之態度，不可陷入自我解釋的境遇，以己意輕視往聖先哲的思想。漢唐間學者多有議論非議先聖之書者，是違反本心、悖道之舉。並且，陸九淵認為學者讀書應從其簡易之處著手，以此逐漸有思也、有反觀也，是以陸九淵先生云：「學者讀書，先於易曉處沉涵熟複，切己致思，則他難曉者渙然冰釋矣。若先看難曉處，終不能達。」[61]意在讀書知理當於簡易處入手，以自身體悟反復思量，不斷反躬自省，則艱難晦澀之處亦能恍然大悟。若反之從艱難處苦費心機，終不能達到。陸九淵關於讀書的看法，當於物理上得其所以然，有所悟、有所思。人在讀書的過程中不必極力求索，書中所論隨著時間的推移，人自然能明白。並且，雖能讀百家書，然其理還需自明，若以己見為結論，於自身無

---

59 〔宋〕陸九淵著，鐘哲點校：《陸九淵集》（北京市：中華書局，1980年1月），〈語錄下〉，頁470。

60 〔宋〕陸九淵著，鐘哲點校：《陸九淵集》（北京市：中華書局，1980年1月），〈語錄下〉，頁431。

61 〔宋〕陸九淵著，鐘哲點校：《陸九淵集》（北京市：中華書局，1980年1月），〈語錄上〉，頁407。

益。讀書以通意旨為最終目的，不可以曉文義為學者大務。曉文義仍只是孩提之學，非學者大人之學。此可以看出象山對尊德性與道問學的態度，格物之學只是一種途徑，不是德性追求。讀書的要義在於明德，在於志，在於個人德性涵養的提升。學者不可陷溺其心，只以學問為判斷彼此是非、高低的標準。可見象山之對待學問的態度，必以心為考量，以己之心度人之情，不可單以學識上的是與不是為己之標杆。所以陸九淵在著書立論上的態度是不著書立作，而主「六經注我」之旨。

再次，收拾精神，自作主宰。讀書為學能增添人的知識見聞，然而這終究是外在的輔助，人更須有向內的反思之功。陸九淵曰：「讀書親師友是學，思則在己。問與辨，皆須即人。自古聖人亦因往哲之言，師友之言，乃能有進，況非聖人，豈有任私智而能進學者？然往哲之言，因時乘理，其指不一。方冊所載，又有正偽、純疵，若不能擇，則是泛觀。欲取決於師友，師友之言又不一，又有是非、當否，若不能擇，則是泛從。泛觀泛從，何所至止？」[62]此為學與思之辯，學可以從讀書、師友處來，即便是以往聖哲亦是多學從典籍、師友之言論，然若只是學而不思、學而不問、學而不辨，不能辨明其中正偽、純疵、是非、當否，則是泛觀泛從，則是不思。而思是最根本的，是不能通過學得到的，須由己來完成。當於精神上剔除蒙蔽之思而複明其本心，是以謂「剝落」。此理充塞宇宙之間，未嘗有弊病之陋，人因其才稟不同，所以才有病端之發，然自古以來之聖人，能消除人之弊病，不損壞道。陸九淵曰：「人之精爽，負於血氣，其髮露於五官者安得皆正？不得明師良友剖剝，如何得去其浮偽，而歸於真實？又如何得能自省、自覺、自剝落？」[63]又有顯仲問云：「某何故多

---

62 〔宋〕陸九淵著，鐘哲點校：《陸九淵集》（北京市：中華書局，1980年1月），〈語錄上〉，頁411-412。
63 〔宋〕陸九淵著，鐘哲點校：《陸九淵集》（北京市：中華書局，1980年1月），〈語錄下〉，頁464。

昏？」先生曰：「任其稟清濁不同，只自完養，不逐物，即隨清明，才逐一物，便昏眩了。顯仲好懸斷，都是妄意。人心有病，須是剝落。剝落得一番，即一番清明，後隨起來，又剝落，又清明，須是剝落得淨盡方是。」[64]人之精神有血脈之義在，然其因髮露於五官體膚之欲，所以有習染不盡，若不能得名師良友的指點幫助，則難以去其人偽之浮，不能見其本心，自然不能自省、自己、自剝落，所以陸九淵認為人心之有病，人自當於此上用此剝落之功，是以能有清明之性，一起妄意之弊病，則剝落之，自是能常保其心之洞明無礙。陸九淵認為「人精神在外，至死也勞攘，須收拾作主宰。收得精神在內時，當惻隱即惻隱，當羞惡即羞惡，誰欺得你？誰瞞得你？見得端的後，常涵養，是甚次第！」[65]人之精神實為內在、為心，若以精神為外在之勞力，則不能有此主宰之功，若能收得精神於心內，則本心之仁義自能顯現，人能常涵養此精神，則有修養之次第。人自當「收拾精神，自作主宰」，萬物皆備於我，此心未有欠缺，無所不通，所以能「當惻隱處自惻隱，當羞惡，當辭遜，是非在前，自能辯之。」[66]

最後，懲忿窒欲。陸九淵認為：「志道、據德、依仁，學者之大端。」[67]人能有志於道、據守德性、依於仁心，則是能持守學者之大端。陸九淵針砭今時學者之弊病，止步不前，固步自封，所以未能有前世學者之覺悟境界，對於修道來說也是偶有昏明、偶有出入，未能始終如一的從道。道為大、為公、為廣，人為小、為私、為狹，道自是圓融無礙的，而自有病，所以才會對道產生疏離、誤解，使病在心

---

64 〔宋〕陸九淵著，鐘哲點校：《陸九淵集》（北京市：中華書局，1980年1月），〈語錄下〉，頁458。

65 〔宋〕陸九淵著，鐘哲點校：《陸九淵集》（北京市：中華書局，1980年1月），〈語錄下〉，頁454。。

66 〔宋〕陸九淵著，鐘哲點校：《陸九淵集》（北京市：中華書局，1980年1月），〈語錄上〉，頁396。

67 〔宋〕陸九淵著，鐘哲點校：《陸九淵集》（北京市：中華書局，1980年1月），〈語錄下〉，頁434。

上,困頓不已,所以才會覺得道難學。而若道一旦能夠實實在在的、真實的存於人心之中,不為病困,那所有的虛妄皆會破碎。所以言曰:「人當先理會所以為人,深思痛省,枉自汩沒虛過日月。朋友講學,未說到這裡。若不知人之所以為人,而與之講學,遺其大而言其細,便是放飯流歠而問無齒決。若能知其大,雖輕,自然返輕歸厚。因舉一人恣情縱欲,一知尊德樂道,便明潔白直。」[68]是以陸九淵又以「懲忿窒欲」明示學者:「江泰之問:『某每懲忿窒欲,求其放心,然能暫而不能久。請教。』答曰:『但懲忿窒欲,未是學問事。便懲窒得全無後,也未是學。學者須是明理,須是知學,然後說得懲窒。知學後懲窒,與常人懲窒不同。常人懲窒只是就事就末。』」[69]陸九淵認為今世學者學習孟子「求其放心」之道而不能長久堅持,原因在於懲忿窒欲並不是以學問上說,所以其欲、忿看似消除盡了,然而卻非是真學也,非是真正的消除。學者須是顯明此「理」也,須是先知學也,然後才能有懲窒之說。學問格物之事,非是吾身外只是,此理也非是吾身外之理也,萬物皆備於我,則萬事萬理盡歸於矣也,盡歸於吾心也。學者之學,在於自身,人心即是大體,知此心即是理也,格物者,也是格此心也,懲忿窒欲之關鍵是在此也,學者能知此,自然其學與常人不同,其克己復禮之功自然也異於常人。常人不明此理之在我,不明格物之在吾心之中,其懲窒之力也只是就一物一事上論,是為未學也,非是尊德性也。

---

[68] 〔宋〕陸九淵著,鐘哲點校:《陸九淵集》(北京市:中華書局,1980年1月),〈語錄下〉,頁451。

[69] 〔宋〕陸九淵著,鐘哲點校:《陸九淵集》(北京市:中華書局,1980年1月),〈語錄下〉,頁461。

第三節　楊簡本心論

　　南宋後期，在心學的發展過程中，楊簡是推動心學走向的重要人物。楊簡在傳承陸九淵「本心」思想體系的基礎上又擺脫了「理」的束縛，消除了陸九淵心學的「沿襲之累」，建立了一套以心為本體的心學思想理論，「本心」的概念和地位由此得到證實和實踐，此「心」即是道，人心即是道，或者說是道心。除此之外，別無其他，此心融合了形上本體的至高無上性，又兼有道德自覺性，無體無方而無所不在，即是宇宙法則，又是人倫道德。陸九淵以人心有所遮蔽，所以才會有人心雖然本善，人卻有惡的原因，進而提出「收拾精神，自作主宰」、「剝落」等修養方法。楊簡卻認為陸九淵所謂修養工夫之類也是人求本心與外，非但不能求得本心，反而愈求愈遠，愈為支離。楊簡認為人心自善、自正、自明，因意動而昏，楊簡釋「意」為本心之外的意念活動，人之起意無論目的是作好還是作惡，都是惡的，都是對「本心」的遮蔽。所以楊簡以「不起意」或者「毋意」為修養方法，不起意則能持守本心寂然不動、澄明無礙的本然狀態。

一　「心」之意涵

　　作為陸九淵的高徒，楊簡的心學思想自然以陸九淵的思想為尊，陸九淵在「扇訟」之答對中便以「本心」啟發楊簡：「與文安公（陸九淵）夜集雙明閣，數提『本心』二字，因從容問曰：『何為本心？』適平旦嘗聽扇訟，公即揚聲答曰：『且彼扇訟者，必有一是，有一非，若見得孰是孰非，即決定謂某甲是，某乙非矣。非本心而何？』先生聞之，忽覺此心澄然清明，亟問曰：『止如斯邪？』公竦然端屬，複揚聲曰：『更有何也！』先生不暇他語，即揖而歸拱達

旦。」[70]〈祖象山先生辭〉又曰:「壬辰之歲,富春之簿廨雙明閣之下,某問本心,先生舉凌晨之扇訟是非之答,實觸某機,此四方之所知。至於即扇訟之是非乃有澄然之清、瑩然之明,匪思匪為,某實有之,無今昔之間,無須臾之離,簡易和平,變化云為,不疾而速,不行而至,莫知其鄉,莫窮其涯,此豈惟獨某獨有之?舉天下之人皆有之。」[71]本心是澄然清明、匪思匪為的,不假任何人為干涉,此心人皆有之,實存而無形體,其變化云為、周流遍覆而無始無終,人莫能執其始終,莫能執其形體,宇宙間萬事萬物萬理莫不是此心之分殊變化,此心發散而為天地、陰陽、鬼神、四時之變,天地之變化皆為道心之變化,人順此道心而行則自是仁義禮智皆能中節,應酬往來莫不忠信、篤敬。本心清明,有何是非不明,更有何是非?「扇訟」之對後,楊簡又得大悟,本心渾融一片、聖愚一體、古今一貫。楊簡曰:「人心誠實無他,本體清明,本用神明,剛健中正,純粹精一,乾元在斯,坤元在斯,有感有應,無不通矣。」[72]由此可知,楊簡所論「本心」有兩種內涵:一是形上的超物質性存在,以乾、坤二者言此心之廣大超越性,非是人之肉體感官可以達到的;二是「本心」自用不離乎人的日用平常之間,此心人人皆有,人心之誠實無詐偽、清明無雜染,純粹精一,自是中正不二。

首先,本心無體無方而至德完滿。楊簡曰:「孔子曰:『仁者天地之心』又曰:『心之精神是謂聖』。孟子亦每道性善,又曰:『仁,人心也。』大哉斯言,啟萬世人心所自有之靈。人孰不愛敬其親,有不愛敬其親者非人也;人殊不知徐行後長,有不後於長者非人也。此心

---

70 〔宋〕楊簡著,董平點校:《楊簡全集》(杭州市:浙江大學出版社,2015年),《慈湖先生遺書》,頁2267。

71 〔宋〕楊簡著,董平點校:《楊簡全集》(杭州市:浙江大學出版社,2015年),《慈湖先生遺書》,頁1896。

72 〔宋〕楊簡著,董平點校:《楊簡全集》(杭州市:浙江大學出版社,2015年),《慈湖先生遺書》,頁1879。

人所自有也，不學而能也，不慮而知也。心之精神是謂聖，果如吾聖人之言也，其有不然者，非其心之罪也。惟民生原因物有遷，感萬物而昏也。心之精神，無方無體，至靜而虛明，有變化而無營為。」[73] 楊簡引用孔子之言「心之精神是謂聖」以明此心純粹精一、無所不通的特質。又引孟子以仁言人心之本善，明此心人人皆有，皆能不學而能、不慮而知。人之具此精神特質，若有不善之類者，非此心之錯失，而實因物有遷所以昏也。可知此心是自善完滿而不加人為的。所以楊簡又有言曰：「道心大同，人自區別。人心自善，人心自靈，人心自明。人心即神，人心即道。安睹乖殊，聖賢非有餘，愚鄙非不足。何以證其然？人皆有惻隱之心，皆有羞惡之心，皆有恭敬之心，皆有是非之心。惻隱仁，羞惡義，恭敬禮，是非知；仁義禮智，愚夫愚婦兼有之，奚獨聖人有之？人人皆與堯、舜、禹、湯、文、武、周公、孔子同，人人皆與天地同。又何以證其然？人心非氣血，非形體，廣大無際，變化無方，倏焉而視，又倏焉而聽，倏焉而言，又倏焉而動，倏焉而至千里之外，又倏焉而窮九霄之上。不疾而速，不行而至，非神乎？不與天地同乎？學者當知夫舉天下萬古之人心皆如此也。孔子之心如此，七十子之心如此，子思、孟子之心如此，複齊之心如此、象山先生之心如此，……學者當自信，毋自棄，毋自疑。意慮倏起，天地懸隔。不識不知，匪合匪離，直心而往，自備萬善，自絕百非，雖無思為，昭明弗遺。」[74] 道心人人皆有，人人皆同，沒有聖賢與愚鄙的差異，人心都是自善、自明的，其變化自是神妙莫測而無所不通，此心能範圍天地、發育萬物，即是道之所在。人同此心，聖賢非是具此心多於眾人，楊簡以孟子「四端之心」為證明人皆有此

---

73 〔宋〕楊簡著，董平點校：《楊簡全集》（杭州市：浙江大學出版社，2015年），《慈湖先生遺書》，頁1851。

74 〔宋〕楊簡著，董平點校：《楊簡全集》（杭州市：浙江大學出版社，2015年），《慈湖先生遺書》，頁1683-1684。

本善之心。人人皆有仁義禮智，此心人人皆有。楊簡又進一步說人心非是氣血、形體的存在，乃是一種超驗性的形上存在。因此心無形體，所以能廣大而無邊際，其變化也不可捉摸，其動焉能通於古今、上下，非是「神」而不能言其變化莫測之特性，其心存在無始終，與天地同，而學者當明此心天下萬古人心皆是如此。今之學者當自信其心自善，自正，不可有片刻、絲毫的懷疑和鄙棄，一旦起意慮之為，則不能體此道心之妙。此心不識不知，非有人為干涉，人若直心而往，自然萬善自備，不染是非，不以意加之，則此心昭明顯著。

其次，本心自是中、正。楊簡認為「本心」、「道心」之稱者，皆是強為之名，本心之無有形體，不可以言盡，人為之言，皆是虛名：「道心無體，始立虛名，曰美曰中，亦皆虛名。微起意，則意有倚，倚則偏，非黃中矣；微起意，則意已動，已在外，非其中矣。中心無他，惟誠惟實。非意，自中自正，自卑自恭，自由粹然溫然之容。暢於四支，發於事業，自有黃裳之實矣。夫然後為美之至也。作意則偽，是故古之論禮者曰『著誠去偽』。卑恭不出於中誠者，終不足以致吉免咎。」[75]、「道心無體，神用無方，文、明、健、中、正、應，非實有此六者之殊，形容君子之正道有此六者之言，其實一也。」[76]如前所言，「本心」無體無方不可捉摸，不可以形飾，不可以命名。而人對它的描摹都是便宜為之，強、中、正是「本心」的特徵，代表著剛健而又柔美，混融一片而又明徹萬理。人設虛名以描摹道心之面貌，而名之曰美、曰中者，皆是言其德性至純至美、其行至中無私。人之作意而為惡，非是道心之中，道心之中惟有誠實而已。不作意，其中粹然溫然，當中正時自是中正，當卑恭時自是卑恭，其發散流

---

75 〔宋〕楊簡著，董平點校：《楊簡全集》（杭州市：浙江大學出版社，2015年），《楊氏易傳》，頁48。

76 〔宋〕楊簡著，董平點校：《楊簡全集》（杭州市：浙江大學出版社，2015年），《楊氏易傳》，頁101。

行，自然為美，自然能順、能吉。並且，楊簡認為言道心之中正者，非是有其實體也，所以又言：「中無實體，賢者智者未能忘意，不意乎彼則意乎此，……中者，無思無慮、無偏無倚之虛名，非訓詁之所道。曰『光大者』，乃言其道心光明，如日月之光，無所思為而萬物畢照。道心無我，虛明洞照。萬理苟未至於如日月之光明，必有私有意，有我必，有蔽意。唯日中而不曰正者，中正雖無二道，而世之秉正者，未必能中虛無我也。」[77]「中」又是指本心之無思無慮、不偏不倚之特性，非是有一實體謂中正。楊簡又言此心光明遍照萬物而不加私意為之，「無我」即是沒有人的主觀意識的干擾，此心才能虛明洞照。世間萬事萬物萬理若不能由此光明之象，則必是私意擾之。是以楊簡說中者、正者，皆是道之異名。

再次，本心日用而無所不在。楊簡論「本心」非是於高遠艱深處談論，而於人之日用庸常之間論道，人之事親、敬長、友賓，以至於事君，其間無不是道心流形變化，人之愛親之心即是敬長之心，即是交友之心，即是事君之心，此心一以貫之，非是此心之外又有二心也，亦非是日用之外又複有道心也。道一以貫之，在日用平直之間，所以楊簡經常教學者於日用之間去體會道心：「道無二道也。百姓日用無二也。」[78]、「學者率捨常而求奇，捨近而求遠，故日用其道而不自知。」、「道不離於日用，惟無邪而已矣。」[79]、「人皆有是心，是心皆虛明無體，無體則無際畔，天地萬物盡在吾虛明無體之中，變化萬狀，而吾虛明無體者常一也。百姓日用此虛明無體之妙，而不自知

---

77 〔宋〕楊簡著，董平點校：《楊簡全集》（杭州市：浙江大學出版社，2015年），《楊氏易傳》，頁94。
78 〔宋〕楊簡著，董平點校：《楊簡全集》（杭州市：浙江大學出版社，2015年），《慈湖詩傳》，頁893。
79 〔宋〕楊簡著，董平點校：《楊簡全集》（杭州市：浙江大學出版社，2015年），《慈湖詩傳》，頁447。

也。」[80]陸九淵以宇宙事為吾之心內事，以此心統貫萬事萬物。楊簡則進一步的發揮本心的本體性作用，此心之外再無其他，天地、陰陽、鬼神之類皆是我心之散殊變化，名異而實同，所以天地人之道為一，道無二道，百姓日用之間即是道心顯現，人日用其道而不自知，因其捨常而求奇，捨近而求遠，是以不明道之在我。道心之在我，而不在外，此心雖虛明無體、無際畔，但人皆有此靈明之性，人日用其妙而不自知，所以楊簡又言：「人心無體，至善，至神，至明，至廣大，其曰『範圍天地，發育萬物』，非聖人獨有之而眾人無之也，聖人先覺我心之所同然耳。」[81]、「人心即道，神明廣大，無所不通。日、月、星辰皆光明，無思無為而無有不照，即此心之虛明，光宅天下。山以象靜止不動而發生庶物，龍以象變化不測而霈澤博施。」[82]人皆有是心，自善、自明、自神，然人不知己之心，是謂遮蔽。堯舜之心，即是己心，此心放之四海皆同、古今往來皆同。學者能明此心之本性，則是明己心之無所不在之妙用，道心至簡至易。楊簡言：「此心常見於日用飲食之間、造次顛沛之間，而人不自省也。孔子曰：『造次必於是，顛沛必於是。』子思曰：『道也者，不可須臾離也，可離非道也。』當曰『道也者，未始須臾離也』。非曰造次間為之、顛沛間為之，無須臾而不為也。是心本一也，無二也，無當斷而複續也，無向也不如是而今如是也。無向也如是而今不如是也。晝夜一也，古今一也。」[83]此心之至簡至易常見於日用飲食、造次顛沛之

---

[80] 〔宋〕楊簡著，董平點校：《楊簡全集》（杭州市：浙江大學出版社，2015年），《慈湖先生遺書》，頁1880。

[81] 〔宋〕楊簡著，董平點校：《楊簡全集》（杭州市：浙江大學出版社，2015年），《楊氏易傳》，頁51。

[82] 〔宋〕楊簡著，董平點校：《楊簡全集》（杭州市：浙江大學出版社，2015年），《慈湖先生遺書》，頁2014。

[83] 〔宋〕楊簡著，董平點校：《楊簡全集》（杭州市：浙江大學出版社，2015年），《慈湖先生遺書》，頁1979。

間,而人通常不能省的此心。道心之恒常在人,不可有片刻的遠離,人一離道,則無有所歸,此心本一無二,是以不可有斷離之分裂。

總結來說,楊簡的心學主要包含這幾個方面:一是道心大同;二是人心自善,聖愚一致萬古人心如此,所以人當自信而不疑,自知、自信、而本心自清明,雖無思慮而善自備;三是人心非是血氣、形體可以囊括的,廣大無際、無形五方、變化云為、不知始終,不可以具象,而所有的言辭都是強為之名;四是意慮為惡,一旦起思慮則弊病生,昭明的前提是「毋意」。

二　「心」本體建構

《易》之為書,能範圍天地,包羅萬象,天、地、人三才盡在其中。在楊簡看來,易道是「一」、「己」、「心」,從根本上來說道是一貫的,古今皆同。所謂「一」、「己」、「心」者,只是名言的不同,道無二道,所以稱之為「一」;道在人身而非外,易道所說的變化都是「我」的變化,所以稱之為「己」;道不僅僅是肉體的、主觀的,更是超越的、客觀的,所以又稱之為「道心」或者「本心」。可知,楊簡所把「本心」從以往的二元對立中超越出來,統一主客觀世界,消弭掉內外、物我之分,物化世界的一切呈現都是「本心」的具象化表達。《己易》篇曰:「萬物者,吾心之散殊。一物也。一物而數名,謂之心,亦謂之道,亦謂之易。聖人諄諄言之者,欲使紛紛者約而歸乎此也。」[84] 由此可知,楊簡的心學宗旨以「心」為萬物之本體,「心」既是高高懸設的形上本體,又是無所不在的道德本體,心既是不思不為的又是無所不通的,除此心外,再無其他,此心即是天理、即是人

---

[84] 〔宋〕楊簡著,董平點校:《楊簡全集》(杭州市:浙江大學出版社,2015年),《慈湖先生遺書》,頁1990。

心、即是道心。天地萬物皆是吾心之發散流行，萬物雖形態各異、名言紛紛，然歸根結底是一物也，即是道心也，一物而數名。人可以名之曰心、亦可以名之曰道、亦可以明之曰易。聖人言萬物紛紛然者，目的在於明此心之為一。本心之自然：人之自然、天地之自然、禮治之自然。

首先，此心能範圍天地，發育萬物。論《孟子》中載：「孔子曰：『春秋冬夏，風雨霜露，無非教也；神氣風霆，風霆流形，庶物露生，無非教也。』或曰天地，或曰神氣，或曰氣志，或曰人物，一物也，一物而殊稱也。或曰孝悌，亦是物也；或曰道義，亦是物也；或曰禮樂，亦是物也。故曰：『夫孝，天之經，地之義。』又曰：『明則有禮樂，幽則有鬼神。』範圍天地者，此也；發育萬物者，此也。」[85]楊簡引用孔子和論孟子的話是以說明天地間風雨霜露、神氣風霆、萬物消長之類，皆是此心之變化。人名之神氣、氣志、人物者，都是此心之變殊。人倫大道之行，孝悌、道義、禮樂者，也都是此心是變殊。而人生天地之間，亦是在此變化之中，亦是此心之發散。可知此心自是能廣大也，天地人皆在其中，謂之天道可也，謂之地道可也，謂之人道亦是可也。所以楊簡又言：「天人之道，一也。異乎天，無以為人。人心即天道，人自不明，意起欲興，人心始昏，始與天異。意消欲泯，本清本明，云為變化，動者天之動也，靜者天之靜也，反復天之反復也。如是則全體天道，寂然而感通，無干時之禍，無作意之咎。」[86]、「而曰『天之道』者，明其不加人為，不流入於人。心至動至變，無思無為，是謂天性之妙，是謂天之道也，是謂道心。道心人人所自有，人之本心即道，自是至動至變，自是無思無

---

85 〔宋〕楊簡著，董平點校：《楊簡全集》（杭州市：浙江大學出版社，2015年），《慈湖先生遺書》，頁2168。

86 〔宋〕楊簡著，董平點校：《楊簡全集》（杭州市：浙江大學出版社，2015年），《楊氏易傳》，頁157。

為,自大亨而不失正。而人自知自信者寡。果自知自信,則《易》道在我矣;……說順剛中而應之道,即大亨以正之道。故聖人通而言之。孔子如四時之錯行,如日月之代明,五十而學《易》,七十而從心所欲不逾矩,是大亨以正之妙。此誠非學者窮思竭慮之所能到。門弟子蓋力索之而不獲,力為之而不至,孔子嘗歎曰:『莫我知也夫!』又曰:『知我者其天乎!』夫是之謂天之道也。」[87]道無二道,心無二心,人心即是天道,天人之道一也,以人道異於天道則是無以成人。人因意起欲興而昏亂由此滋生,是以清明有所遮蔽。人之不動意,則能清明在我,動靜皆能條理有序而順而吉,如此則能天道寂然澄明而感通萬物、無所不在,不加人為干擾,則無意慮紛擾之困。聖人以「天道」明不流入人為,天性之妙,其至動至變卻有無思無為,所以能發育萬物而不為私。人人皆有此心,而自知、自信者少,非力索而能至。

　　其次,人依此心自能反觀,則明道心在我。楊簡悟得本心之在我,識得此心之在我,而不在外:「某自弱冠而聞先訓,啟道德之端,自是靜思力索者十餘年,至三十有二而聞象山先生之言,忽省此心之清明神用變化,不可度思!始信此心之即道。深念人多外馳,不一反觀。一反觀,忽識此心,即道在我矣。」[88]楊簡受教於陸九淵而省此心之清明神用變化,知此心之在我,而不在外。「本心」自得,人不能自覺,若以窮力求之,則反道而行。楊簡自述可知,道心或者本心即是人之平常心,無邪思即是正,不起意即能清明。《己易》曰:「人推吾之始,名之曰元,又曰仁;言吾之通,名之曰亨,又曰禮;言吾之利,名之曰利,又曰義;言吾之正,名之曰貞,又曰

---

87 〔宋〕楊簡著,董平點校:《楊簡全集》(杭州市:浙江大學出版社,2015年),《楊氏易傳》,頁132。

88 〔宋〕楊簡著,董平點校:《楊簡全集》(杭州市:浙江大學出版社,2015年),《楊氏易傳》,頁89。

固。……以吾之照臨為日月，以吾之變通為四時，以吾之散殊於清濁之兩間者為萬物，以吾之視為目，以吾之聽為耳，以吾之噬為口，以吾之嗅為鼻，以吾之握為手、行為足，以吾之思慮為心。言吾之變化云為、深不可測謂之曰神，言吾心之本曰性，言性之妙不可致詰、不可以人為加焉曰命。得此謂之德，由此謂之道，其覺謂之仁，其宜謂之義，其履謂之禮，其明謂之智，其昏謂之愚，其不實謂之偽，其得謂之吉，其失謂之凶，其補過謂之無咎，其忻然謂之喜，其慘然謂之尤。悔其非謂之悔，嗇而小謂之吝。其不偏不過謂之中，其非邪謂之正，其盡焉謂之聖，其未盡焉謂之賢。言乎其變謂之易，言乎其無所不通謂之道，言乎無二謂之一，今謂之己。謂之己者，亦非離乎六尺而複有妙己也，一也。二之者，私也，梏也。」[89]楊簡以元亨利正、仁義禮智而明人之始，可知道心在我自是中正的，得此清明廣大之本性，吾之照臨萬物可以為日月，吾之變化通達可以為四時，吾之清濁之氣散殊則可以為萬物，吾之目能視、吾之口能食、吾之鼻能臭、吾之手足能我，吾之心自是能思慮。吾之變化自是神妙莫測，吾心之本善也自是不可一一盡言，不可窮盡。然聖人之大旨，意在明此心之萬變之機盡在此心之一貫之中，有為二者，是分裂也，是私意也，是桎梏道心。能明此心者，自是可以稱其為大人、聖人，是以又言：「人心即大《易》之道，自神自明，私欲蔽之，始昏始亂。『獨行願』者，自行其心也。孔子曰『心之精神之謂聖』，深明此心之即道也。明此心也，自寂然，自變化，自無外慕。」[90]道心在我，人何須深思力索外求，人能於此反觀自省，自然明見我與天地萬物、萬事萬理澄然一片，混融而無分。人之見聞宇宙間森羅萬象、紛紛擾擾者，皆是

---

[89]〔宋〕楊簡著，董平點校：《楊簡全集》（杭州市：浙江大學出版社，2015年），《慈湖先生遺書》，頁1975。

[90]〔宋〕楊簡著，董平點校：《楊簡全集》（杭州市：浙江大學出版社，2015年），《楊氏易傳》，頁87。

此心一以貫之，無有間斷，其理是一。楊簡又以《易傳》複卦言「複自道」，即是反觀也，即是自省、自明也，人則能省得道心在我。

最後，以聖言心無所不通。道心本是自澄明、自廣大無際畔、自無所不通。「本心」在我是聖人啟明學者人人皆有道心，人能自覺道心在我，則自知人之日用平常即是道心神妙之用，其道心未嘗有所動搖。楊簡曰：「人皆有此心，此心未嘗不聖，未嘗不精神，無體質，無際畔，無所不在，無所不通。《易》曰『範圍天地』，果足以範圍之也；《中庸》曰『發育萬物』，果皆心之所發育也。百姓日用此心之妙而不自知，孩提之童無不知愛其親，及長無不知敬其兄，愛親曰孝，敬兄曰弟，以此心事君曰忠，以此心事長曰順，以此心與朋友交曰信。其敬曰禮，其和曰樂，其覺曰知，故曰『知及之』。所覺至於純明曰仁，言此心直而不支離曰德，其間有義所當行不可移奪曰義。名謂紛紛，如耳目口鼻手足之不同，而一人也；如根幹枝葉華實之不同，而一木也。」[91]楊簡多言聖人，以聖人為無所不明的象徵，人心有私意困擾，但聖人能先覺、先明。人初始之心未嘗有差別，而聖人能區別與常人因其能覺、能明、能改過，更重要的是，聖人能以此設教明示學者：「人多不自覺，故聖人設法以教之，使先觀人，而後觀己也。『天地養萬物』，天地之養，即人之養，知天地則知己矣。理人養民，乃先養賢，養賢則可以養民矣。君不用賢而能養民者，自古無之。聖人養賢以及萬民，疑異乎天地之養萬物，而孔子不以為異，故比爾言之。何獨聖人之養與天地同？雖天下人，其養皆與天地同。何以明之？三才一體也。人自昏也，知其一，則不昏矣。不昏，則人與天誠未見其有間也。」[92]聖人能通察天意，其行為無一不是天道的自

---

91 〔宋〕楊簡著，董平點校：《楊簡全集》（杭州市：浙江大學出版社，2015年），《慈湖先生遺書》，頁2014。

92 〔宋〕楊簡著，董平點校：《楊簡全集》（杭州市：浙江大學出版社，2015年），《楊氏易傳》，頁173。

然變化，無絲毫人為干擾。所謂天倫、天命、天討者等等無不是天道，選賢任能以代表天，無為而治、無思無為。

三 小結

宋明時期，儒家心性論的發展逐漸開闢出一條心學化的路徑，陸九淵、楊簡、王陽明為代表的心學思想家，把自孟子以來的心性論不斷推演擴大，形成了以心為本體、以注重個體道德自覺性、提倡向內反觀的修養工夫論為主的心學流派。在陸九淵之後的心學發展歷程中，楊簡是南宋後期不可忽視的一位重要的心學家，其心學主張不僅傳承了陸九淵的「心」本論，並且加以擴充，是「心」的內涵和外延都得到了前所未有的提高，使「心」擺脫了「理」和血氣形體的束縛，此心就是天理，此心就是人道，人心即是大道。此心之發散就是天地、日月、鬼神、四時，並且，此心古今一貫、聖愚一致，無始終、不可窮盡：「日月之明，先生之明也；四時之變化，先生之變化也；天地之廣大，先生之廣大也；鬼神之不可測，先生之不可測也。欲盡言之，雖窮萬古不可得而盡也。雖然，先生之心，與萬古之人心一貫無二致，學者不可自棄。」[93]楊簡以道心為源，所以說「一」，是宇宙萬物的根本，又以道心散殊而生人物有別，形態萬殊、各行其道，然萬物有則有根，根於「本心」，則於禮，所以自然人倫秩序井然。

---

[93] 〔宋〕楊簡著，董平點校：《楊簡全集》（杭州市：浙江大學出版社，2015年），《慈湖先生遺書》，頁1911。

第三章
楊簡心學工夫論

　　楊簡的「本心」思想是以儒家傳統的天人合一思想為基的，宇宙間萬象變化本是縱橫交錯、變幻莫測的，人力難以捉摸。楊簡以「本心」為中心，建立起一套完整的宇宙系統，其間的人、社會、自然變化都在「本心」之中，都是「本心」的意志和精神的轉化。由此，楊簡覺悟到「心之精神是謂聖」一語的精妙無窮，進而能夠悟透心在本體上的絕對性和超越性，同時又無處不在、須臾不離的普遍性。在這一前提下，對於怎樣來修養「本心」，楊簡又論證了自己的工夫論。人心既然是至純至善的，那麼現實中的「惡」又是如何發生的呢？孔子將之歸結為「習相遠」，孟子認為是人「不能盡其才」，陸九淵則認為是人「有所蔽」。可見，先聖們都把「惡」的產生歸於外在的物欲、情勢等等原因。楊簡認為這種解釋是把人心割裂為心內與心外，造成了一個內外對立的世界，這與其主張心的本體性、唯一性是背道而馳的。所以，楊簡用「意」來解釋現實中「惡」的由來，他認為「意」是對道心的支離與割裂，是對「心」的遮蔽，凡是意，皆是其所發不順心之自然。

　　關於楊簡之「不起意」精義，王畿曰：「知慈湖『不起意』之義，則知良知矣。意者本心自然之用，如水鑒之應物，變化云為，萬物畢照，未嘗有所動也。惟離心而起意則為妄，千過萬惡，皆從意生。不起意是塞其過惡之原，所謂防未萌之欲也。不起意則本心自清自明，不假思為，虛靈變化之妙用，固自若也。空洞無體，廣大無際，天地萬物有像有形，皆在吾無體無際之中，範圍發育之妙用，固自若也。其覺為仁，其裁制為義，其節文為禮，其是非為知，即視聽

言動，即事親從兄，即喜怒哀樂之未發，隨感而應，未始不妙，固自若也。而實不離於本心自然之用，未嘗有所起也。」[1]意本來是由心而發，然意起離心則惡由此而生，既然意起生惡，那麼阻止惡的產生自然就需要遏止意，也就是楊簡所說的「毋意」或「不起意」。所謂「不起意」者，即是從源頭上阻斷意的萌發，防患於未然，楊簡認為人心初始時直覺而出的，沒有任何心靈上的變化，把握本心也不需要任何的外力干擾，人天生直接就能認識本心。意不起，則本心自是清明無礙、虛靈變化無有束縛，此心自是寂然不動。此心之洞明無體、廣大無際，天地萬物於其間皆能有像有體，發育萬物、範圍天地，皆是此心自有之妙用無窮。以「不起意」的方法能阻止惡的發生，若要從根本上體悟本心，還需要進一步的修養工夫。是以，楊簡又提出了反觀自明的修養工夫論。不起意則本心至純，依至純之心不斷的反思則能得到覺悟。本心一旦覺到清明則我有仁，其裁制合宜則有義，其發用禮義制度則有禮，其是是非非之斷則是有知，人之視聽言動、喜怒哀樂、感應萬物，此心自是無不神妙之極。本心如此，皆是其自然之用而無所起意之故。〈深明閣記〉言曰：「漢司馬太史記董先生之言，為孔子之作《春秋》也，曰：『我欲載之空言，不如見之於行事之深切著明也。』某又嘗觀孔子論國語，《詩》、《書》、《樂》、《易》、《禮》、《春秋》之教，而曰：『天有四時，春秋冬夏，風雨霜露，無非教也；地載神氣，神氣風霆，風霆流形庶物露生，無非教也。』大哉聖言！孔子既因魯《春秋》二百四十二年之行事而筆之削之，自謂深切著明，不知學者謂夫深切著明者何道也？學者深思力索，為說汗牛充棟，與夫春秋冬夏、風雨霜露無非教，神氣風霆、庶物露生無非教之大旨，果合矣乎？有不合焉，雖多亦奚以為？然則何謂春秋冬夏、風雨霜露、神氣風霆、庶物露生之教？烏乎！先聖既載諸《春

---

[1] 〔宋〕楊簡著，董平點校：《楊簡全集》（杭州市：浙江大學出版社，2015年），《慈湖先生遺書》，頁2587。

秋》，由啟明其道如右，其為深切著明也滋甚，何庸贅！雖然，亦尚有可言者。出則事公卿，居處執事，語默揖遜，即四時風雨霜露也，即神氣風霆、庶物露生也。」[2]楊簡認為聖人之為言，實為真言，因其實有真知，因其能不起意，更因其能覺，因其能仁，因其自是能範圍天地、發育萬物而不思不為，所謂著書立說的用力於仁實為無知之知、無思之思，不加人偽，所以聖人之心亦能周流遍覆而無所不通。這一切都是因為聖人能得全道心，所以才能明此澄明無礙、寂然不動本心的妙用。而普通人容易為意欲遮蔽本心，不知其心至善至明，所以其求道也是力不足也，過而不能改，更不能自覺其明，更不要說能正確的體認本心。而世間所謂詩書禮樂之化、風庭雨露之行、四時陰陽之動，無非本心之用，皆是吾所自有，無須旁求。聖人之言列舉天下萬世之視聽言動、四時風霜雨露、神氣流形，都是道心之的變化流行，可見道心的廣大，百姓日用其間而不知其神秘莫測。然而，人多有意蔽之患，所以聖人常言「不起意」、「毋意」以止絕學者之蔽，以啟人心之明。是以，楊簡的修養工夫是以「不起意」為出原點。以此「不起意」為修養工夫，人能得清明之性，再通過不斷得反觀自省，人才能悟得本心，才能從容於道而無悖逆，才能自知、自明、自覺其本心，才能改過而止，才能達到「知及之、仁守之」的覺明之境界。

第一節　解「意」

一　心、意關係

關於「心」之神妙無窮的內涵，楊簡在著述言談中多有提及，每每必贊其自神、自靈、自明、自廣大、自中正、自無所不通。〈絕四

---

2 〔宋〕楊簡著，董平點校：《楊簡全集》（杭州市：浙江大學出版社，2015年），《慈湖先生遺書》，頁1869-1870。

記〉中開篇即言:「人心自明,人心自靈,意起我立,必固礙塞,始喪其明,始失其靈。」[3]在此,楊簡提出了兩個比較重要的概念問題和觀點:「心」與「意」。楊簡認為,「心」與「意」是兩個內涵相矛盾的概念,作為本體的「心」是自靈明的,無需外物的加持,自然而然的就具有清虛靈明的屬性。而「意」的升起必然會阻塞「道心」的發明,是對本心的一種遮蔽和妨礙,所以導致本心喪失其靈明通達的作用。關於意的定義和描述,楊簡在〈絕四記〉中有言曰:「何謂意?微起焉皆謂之意,微止焉皆謂之意,意之為狀不可勝窮,有利有害,有是有非,有進有退,有虛有實,有多有寡,有散有合,有依有違,有前有後,有上有下,有體有用,有本有末,有此有彼,有動有靜,有今有古。若此之類,雖窮日之力,窮年之力,縱說橫說,廣說備說,不可得而盡。然則心與意奚辨?是二者未始不一,蔽者自不一;一則為心,二則為意;直則為心,支則為意;通則為心,阻則為意。」[4]由此可知,微起與微止皆是意之所發,微動乎意皆是支離、皆是分裂、皆是對立。意之所發變化形態不可一一論述,楊簡在此列舉了利害、是非、進退、虛實、多寡、散合、依違、前後、上下、體用、本末、此彼、動靜、今古等一些相對立的概念來說明意與心是對立的、矛盾的、割裂的,如此等等,不勝枚舉。楊簡說「意」並未以善惡為論斷,而是用這些相對的概念旨在說明凡意起必是矛盾、對立,必會滋生無窮的禍患,學者自明「意」之為惡。由此也可知,楊簡所言心是渾然一體的,心自是一、自是直、自是通,心自澄明無礙、自是與物為一而非二,由心而發自然是仁,意雖然也是由心所起,但違背了本心之仁,自然淪為支離,是對本心澄明的遮蔽和損

---

[3] 〔宋〕楊簡著,董平點校:《楊簡全集》(杭州市:浙江大學出版社,2015年),《慈湖先生遺書》,頁1856。

[4] 〔宋〕楊簡著,董平點校:《楊簡全集》(杭州市:浙江大學出版社,2015年),《慈湖先生遺書》,頁1856。

害。道心自是中、正、容、柔、明、光、大，雖人人都有自神自靈自明的澄明道心，但並不是人人都能自然而然的持守道心，凡眾多為意所遮蔽，不見其本心之正、之清明，見意之為害甚矣。但探究意的來處，楊簡又言「是二者未始不一」，心與意歸本溯源其實都是一於心而已，一、直、通是心，二、支、阻是意。所以楊簡又言：「然則心與意奚辯？是二者未始不一，蔽者自是不一。一則為心，二則為意；直則為心，支則為意；通則為心，阻則為意。直心直用，不識不知，變化云為，豈支豈離，感通無窮，匪思匪為。孟子明心，孔子毋意，意毋則此心明矣。心不必言亦不可言，不得已而有言。孔子不言心，唯絕學者之意猶曰：子欲無言。則知言亦病，言亦起意，故曰：毋意。」[5] 此心自是一、自是直、自是無所不通，然意是二、是支、是阻。直心而往，自是變化云為、感通萬物而匪思匪為；起意而行，自是支離本心、無所施行。孟子所謂「明心」，孔子所謂「毋意」，皆是教人於本心上體悟。本心之名不必以言辭論說，亦不可以言辭修飾，聖人不得已而有所論，旨在教誨學者止絕意害，除此之外無需多言。而常人難有此境界，言論一旦發生，意亦難防，所以聖人以「毋意」為訓，後世學者須是謹記。

由此也可知，楊簡所言心是渾然一體的，心自是一、自是直、自是通，心自澄明無礙、自是與物為一而非二，由心而發自然是仁，意雖然也是由心所起，但違背了本心之仁，自然淪為支離，是對本心澄明的遮蔽和損害。並且，楊簡認為「動意焉，則支則離，則放逸，則怠荒，則為則欺。不動乎意，則日用平庸，以此事親，事親純白；以此事君，事君純白。利害愈明，是非愈白。大哉聖言！」[6] 人皆有至

---

[5] 〔宋〕楊簡著，董平點校：《楊簡全集》（杭州市：浙江大學出版社，2015年），《慈湖先生遺書》，頁1857。

[6] 〔宋〕楊簡著，董平點校：《楊簡全集》（杭州市：浙江大學出版社，2015年），《慈湖先生遺書》，頁1854頁。

靈至明、廣大聖智之性,這是不假外求的,不由外得,吾心自本自根,自神自明。稍生意念,就會遮蔽本心,意對心的支離,乃是人心不明的根源。不起意慮,則人心自是正直、至善,以此而往則日用平庸即是大道,無須勞力外求,事親、事君自是忠信篤敬。聖言坦易,利害分明、是非自白,學者自當明此至道。人心即道,道心人人皆具,就連聖人也不能有一絲一毫的增加或損毀,聖人之教誨也只是使人去其蔽陋,所以楊簡又說「聖人不能以道與人,能去人之蔽爾。」人心初始之時猶如太虛之氣清明澄澈,而意起則猶如云氣遮蔽太虛一般,掩蓋了人心的純粹精一。

二 意的定位

由上文可知,楊簡對「意」有很清晰的定義,所以在對待「意」的態度上,楊簡認為世人要防於未「起」時。對心與意有很清晰明白的劃:「此心本無過,動於意斯有過。意動於聲色固有過,意動於貨利故有過,意動於物我固有過,千失萬過皆意動而生。故孔子每每戒學者『毋意,毋必,毋固,毋我』。」[7]道心本是寂然不動,至善至明,然而人或動於聲色名利之惑,一旦意動則本心就有過失。楊簡認為意之動是外物所惑,聲色、貨利之類因其人之意欲滋生,所以人之過實為意之過。意是私,是心的對立面,楊簡言曰:「亂生於意,意生紛然。意如云氣,能障虛之清明,能蔽日月之光明。舜曰道心,明心即道,動乎意則為人心。孔子曰:心之精神是謂聖,而每戒學者毋意毋必毋固毋我。意態萬殊而大概無踰斯四者,聖人深知意之害道也。」[8]

---

7 〔宋〕楊簡著,董平點校:《楊簡全集》(杭州市:浙江大學出版社,2015年),《慈湖先生遺書》,頁1861。

8 〔宋〕楊簡著,董平點校:《楊簡全集》(杭州市:浙江大學出版社,2015年),《慈湖先生遺書》,頁1871。

人心之亂的根源都是意在作祟，意慮一起紛紛擾擾、雜而無章，其對本心的遮蔽猶如云氣之瘴天空之清明，本心雖有日月之光輝而人不能見此明。先聖說道心是為了闡明人之本心就是道，人心若摻雜著意欲，變得混沌不清、支離，所以需要解人心之蔽，清其禍亂之首。聖人知意之害道甚重，所以每每教誨學者戒意之四態。

按照楊簡的意思，稍思稍慮之起即是意，意之難防難克在於微起與微止之間。也可知，楊簡認為聖人能夠在一絲一毫之間做到不起意之難能可貴，正是學者學問修養之時所需要時時刻刻戒謹戒慎的地方，正合了先儒「無終食之間違仁」的德性境界。所以，楊簡又言：「意態萬狀，不可勝窮。故孔子每每止絕群弟子之意，亦不一而足。他日記著欲記，則不勝其記，故總而記之曰：子絕四，毋意、毋必、毋固、毋我。必如此必不如此。固滯不通者。行我行。坐我堂。衣我衣。飲食我飲食。儼然有我存者。凡此皆意中之變態。」[9]意之發散千變萬化，形態萬殊，不可窮盡，所以孔子每每要止絕弟子之意，也不盡相同，欲要盡記其言，也終不勝其記。此亦可見意之難防，所以孔子以「意、必、固、我」四類以總結意之變態。楊簡認為世間凡「必如此必不如此」、「固滯不通」、「儼然有我」之類，俱都是意之化生顯現，但以表現形態而言分為意、必、固、我四類，所以楊簡又言「必亦意之必」、「固亦意之固」、「我亦意之我」，其三者實質皆是意之不同表現形態，名異而實同，這也再次說明了「意之為狀不可勝窮」。人心與意相對立，意雖由心所發，但意是違背心之自然的，是惡的，心則為全善的。人心之靈自有其發散流行，自是包容含蓄、遍照萬物，而意起之後，人心之靈被意所遮蔽，不見其靈明之性。所以，慈湖每每引孔子「止絕學者之病」之言：「人心自明，人性自

---

[9] 〔宋〕楊簡著，董平點校：《楊簡全集》（杭州市：浙江大學出版社，2015年），《慈湖先生遺書》，頁2159-2160。

靈，意起我立，必固礙塞，始喪其名，始失其靈。孔子曰與門弟子從容問答，其詩誇告誡，止絕學制之病，大略有四，曰意曰必曰固曰我。門弟子有一於此，聖人必止絕之，毋者止絕之辭。」[10]又曰：「人皆有明德，而自知者鮮。自知者已鮮，而能自昭而求無蔽者，又鮮。何謂自知？人心自神自明，自廣大，自無所不通，唯因物有遷，意動而昏。孔子所以每每止絕學者之意，他日門弟子總而記之曰：『子絕四。毋意，毋必，毋固，毋我。』」[11]楊簡特言「門弟子有一於此，聖人必止絕之，毋者止絕之辭」，以明止絕意之重要性。為意所昏者，不可窮盡，而自知自信者少之又少，更何況能自覺其靈明本心。楊簡深知「意起而昏」為眾多學者之弊病，所以屢屢以先聖之言以啟發學者本心之明。

　　人自有之道心未始不清明，此清明之性人自有之，而亂其清明者，是意之為害也，慈湖之意有二：道心為善，自有其清明之性，而不由外求之；意生自禍亂叢生、紛至遝來，遮蔽此心之清明，聖人舉意、必、固、我四種，然而意態之生萬狀萬殊，無不是此四類。〈絕四記〉載：「如太虛未始不清明，有云氣焉，故蔽之；去其云氣，則清明矣。夫清明之性，人之所自有，不求而獲，不取而得，故《中庸》曰：「誠者自成也，而道自道也。」孟子曰：「惻隱之心，人皆有之；羞惡之心，人皆有之；恭敬之心，人皆有之；是非之心，人皆有之。仁義禮智，非由外鑠，我固有之也。」[12]聖人特以此明示眾人，清明之性，人所自有，不求而能獲，不去而得，道心自是在我，而生意以求之，則昏亂自來，不見本心。《中庸》之言「誠者自成」是謂

---

10 〔宋〕楊簡著，董平點校：《楊簡全集》（杭州市：浙江大學出版社，2015年），《慈湖先生遺書》，頁1857。

11 〔宋〕楊簡著，董平點校：《楊簡全集》（杭州市：浙江大學出版社，2015年），《楊氏易傳》，頁213。

12 〔宋〕楊簡著，董平點校：《楊簡全集》（杭州市：浙江大學出版社，2015年），《慈湖先生遺書》，頁1856。

此也,道心人所自有,誠敬之士自是能持守道心;孟子所言四端之心亦是此也,仁義禮智乃吾道心自有,非由外取。楊簡認為,道心自是中、正、容、柔、明、光、大,雖人人都有自神自靈自明的澄明道心,但並不是人人都能自然而然的持守道心,凡眾多為意所遮蔽,不見其本心之正、之清明,見意之為害甚矣。關於意之危害處,楊簡曰:「人心即大道,意起而支離。」[13]、「蓋人心即道,作好焉,始失其道。作惡焉,始失其道;微起意焉,輒偏輒黨,是始為非道。所以明人心之本善,所以明起意之為害。」[14]意是對人心、道的支離,正所謂意起而支離。楊簡對意起而支的程度也做了說明,即「微起意焉,輒偏輒黨」,「微起」一詞甚是精妙,微已是在毫末、瞬息之間,更無再比這更精准的描述。楊簡特意指出,凡出於意者,無論是作好或作惡,皆是非道,皆是對道心的偏離,皆是私意:「動意焉,則支則離,則放逸,則怠荒,則偽則欺。」[15]因為人心本善,自是廣大、光明,無需做甚無用的工夫以徒增對人心的遮蔽。楊簡此語特以明學者「本心自善,起意之為害」的道理。

第二節　工夫論的生成

如前所述,楊簡認為在「本心」的持有上聖與凡同,聖人之心與凡眾之心並無不同的,之所以能產生聖人與凡眾的區分,關鍵在於能否「不起意」,能否做到先覺。楊簡一方面肯定了人人皆有道心;另一方面也指出了聖人超越凡眾的自信、自知而能夠覺悟此心之澄明光

---

13 〔宋〕楊簡著,董平點校:《楊簡全集》(杭州市:浙江大學出版社,2015年),《慈湖先生遺書》,頁1941。

14 〔宋〕楊簡著,董平點校:《楊簡全集》(杭州市:浙江大學出版社,2015年),《慈湖先生遺書》,頁2154-2155。

15 〔宋〕楊簡著,董平點校:《楊簡全集》(杭州市:浙江大學出版社,2015年),《慈湖先生遺書》,頁1941。

大，因能恪守本心之純然澄澈，是以能「不起意」，又能「先覺」。由「不起意」到「先覺」的修養工夫是聖人人格的自證、圓滿。楊簡的修養工夫重內修明覺之工夫，意慮不起，則本心清明，再經由內省，則能自知、自明、自覺，則能改過，進而大道知及仁守的聖人之境。與陸九淵一樣，楊簡也反對程朱那種格物窮理之為學之方，所以言之曰：「格物之論，論吾心中事耳。吾心本無物，忽有物焉，格去之可也。物格則吾心自瑩，塵去鑒自明，滓去則水自清矣。天高地下，物生之中，十百千萬，皆吾心耳，本無物也。天下同歸而殊途，一致而百慮，天下何思何慮？事物之紛紛，起於思慮之動耳。思慮不動，何者非一？何者非我？思慮不動，尚無一與我，孰為衣與食？必如此而後可以謂之格物。格物而動於思慮，是其為物愈紛紛耳，尚何以為格？若曰『今日格一物，明日又格一物，窮盡萬理乃能知至』，吾知其不可也。程氏自窮理有得，遂以為必窮理而後可，不知其不可以律天下也。」[16] 所謂格物者，也只是吾心中自有之事，吾心之寂然不動，本無物欲紛擾，一有物欲生之，遂能除去即可。可知慈湖所言格有消除、格去之義，意在盡除吾心之蔽，吾心自是澄明如鑒、清澈如水。天地之中，物之生意紛紛而無窮盡也，皆不過是吾心之中，何有外物之惑！此心之清明無體，天下萬物盡歸吾心所有，其至動至靜，何有思慮？人之格物之事必是由思慮而起，是因物欲紛然而起人偽，然物態千變萬化，格物窮理如何能盡也？程氏之理自然不可行也。所以楊簡又言曰：「格物不可以窮理言。文曰格耳，雖有至義，何為乎轉而為窮？文曰物耳，初無理字義，何為乎轉而為理？據經直說，格有去義，格去其物耳。程氏倡窮理之說，其意蓋謂物不必去，去物則反成偽，既以去物為不可，故不得不委曲遷就，而為窮理之說。不知

---

16 〔宋〕楊簡著，董平點校：《楊簡全集》（杭州市：浙江大學出版社，2015年），《慈湖先生遺書》，頁2098。

書不盡言，言不盡意，古人謂「欲致知者在乎格物」，深病學者之溺於物而此心不明，故不得已為是說。豈曰盡取事物屏而去之耶？豈曰去物而就無物耶？有去有取，猶未離乎物耶。」[17]若依程氏所言格有至之義，言其通達、盡物理之旨，然其「今日格一物，明日格一物」，何時能窮盡物理？程氏提倡窮理，大意為不必除去物欲，去物反而是人偽之力，所以加「窮理」二字，以明格物是為了通達物理之說。楊簡認為程氏之說仍舊是沉溺於物也，其格物也不離物而言窮理，是因其心仍是不明，不明道心之在我，自是澄明無物而無所不通，何須有格物窮理之功！不離物也皆是人偽，皆是意起之大蔽，所以慈湖提倡「不起意」的修養工夫，以明學者之思。

楊簡曰：「視聽言動者，道也；俯仰屈信者，道也。寐如此，寤如此，動如此，止如此。徒以學者起意，欲明道，反致昏塞。若不起意，妙不可言。若不起意，則變化云為，如四時之錯行，如日月之代明。故孔子每每戒學者毋意。」[18]人之本心自善、自正、自明，而不明者皆是意慮紛紛。總而說之，人之視聽言動莫不是吾心，動靜往來、四時往復，其心皆是如此，不假思為。而學者起意以為道心之不明也，其為道之功用反而自蔽自昏，愈為愈遠，道心愈是不明。可知起意之為大害。若能不起意也，則人之本心自現，自能風庭雨露、天地陰陽皆是條理有序。孔子之戒學者「毋意」之旨可知也。關於「不起意」的重要作用，楊簡在《楊氏易傳》中有言：「天人之道，一也。異乎天，無以為人。人心即天道，人自不明，意起欲興，人心始昏，始與天異。意消欲泯，本清本明，云為變化，動者天之動也，靜者天之靜也，反復天之反復也。如是則全體天道，寂然而感通，無干

---

17 〔宋〕楊簡著，董平點校：《楊簡全集》（杭州市：浙江大學出版社，2015年），《慈湖先生遺書》，頁2098。

18 〔宋〕楊簡著，董平點校：《楊簡全集》（杭州市：浙江大學出版社，2015年），《慈湖先生遺書》，頁2110。

時之禍,無作意之咎。」[19]楊簡認為,「道」是「一」而非「二」,天下也只有一個「道」,天道與人道是同一的,人道即天道,宇宙自然的一切動靜變化都是天的動靜變化,也即是人道的動靜變化。人心因意起而變得昏亂,不復清明,若能使人的意欲消泯,那麼天道也會自然而然產生變化,不受人事的攪擾。楊簡又以山下之澤為喻:「山下有澤,其山日損;人有忿欲,其德日損。之忿欲之害己,則之懲之窒之矣。學者好讀書而不懲忿窒欲,猶不讀也。喜窮究義理而不懲忿窒欲,不成義理也。雖已得道而不懲忿窒欲,是謂『智及之,仁不能守之,雖得之,必失之也。』」[20]可知止絕「意」的重要性,學者若只知格物窮理之用功而不知「意」之妨害人心,不從修養工夫上去體悟道心,就會失其大道。雖能以格致之功達於物理智識,終究不及「仁」之澄明寂然之境界。所以,楊簡認為若沒有內在仁、道心的堅守,而只知外尋格物之功,是不能從於道的。所謂「忿」、「欲」都是意動而昏的表現,都是學者應該摒棄的。

一　毋意

　　如前文所言,意之為害流毒甚遠,人之學道不可不止絕意必固我的意態之起。所以楊簡又提出「改過」、「時齊」、「知止」之論,明示學者如何在意起時能改、能止。人之日用平常之間即是道也,然其意之萌發也是多由此,學者不知其支離,則過失尤多,離道日遠。聖人之啟發後學以其能改過也,教學者能與日用之間而無違道之行。楊簡嘗言:「《易》曰:『風雷,益。君子以見善則遷,有過則改。』」見善

---

[19]〔宋〕楊簡著,董平點校:《楊簡全集》(杭州市:浙江大學出版社,2015年),《楊氏易傳》,頁157。

[20]〔宋〕楊簡著,董平點校:《楊簡全集》(杭州市:浙江大學出版社,2015年),《楊氏易傳》,頁241。

即遷,當如風雷之疾;有過即改,當如風雷之疾。如此則獲益。人誰無好善之心?往往多自謂已不能為而止;人誰無改過之心?往往多自以難改而止。凡此二患,皆始於意。意本於我。道心無體,何者為我?清明在躬,中虛無物,何者為我?雖有神用,變化云為,其實無體。知我之本無體,則聲色甘芳之美,毀譽榮辱之變,死生之大變,如太虛中國之云氣,水鑒中之萬象,如四時之變化,其無體,無所加損,何善之難遷?何過之難改?舜聞一善言,見一善行,若決江河,沛然莫之能禦者,以舜之胸中洞然一無所有,故無所阻滯也。」[21]楊簡認為好善之心人皆有之,而不為者以其不能為而停止;改過之心人皆有之,人以其難改而停止。有善而不為、有過而不改,皆是意之萌發。楊簡強調「意本於我」,道心無體,無有形質的桎梏,清明、中虛,其變化、神用,皆無實體可執。所謂「我」也,是寂然無方而周流遍覆的,所以人知「我」之本無體,則知其無所損益可言也。「我」自是自善、自明的,何有不善難遷?何有過難改?其善言善行皆是吾心之自然流淌,而人力莫能干擾阻滯。所以學者須是謹記聖人之言「毋意」之重要性。然而,今之學者學道也,不失在此處,即失在彼處,其不能長久於道,所以楊簡曰:「蓋有學者茲以為意必固我兼無,而未免乎行我行,坐我坐,則何以能範圍天地,發育萬物?非聖人獨能範圍,而學者不能也;非聖人獨能發育,而學者不能也。聖人能得我心之同然爾。聖人先覺,學者後覺爾。一日覺之,此心無體,清明無際,本與天地同範圍,無內外,發育無疆界。學者喜動喜進,喜作喜有,不墮於意則墮於必,不墮於固則墮於我。墮此四者之中,不勝其多,故先聖隨其所墮而正救之,止絕之,其誨亦隨以多,

---

[21]〔宋〕楊簡著,董平點校:《楊簡全集》(杭州市:浙江大學出版社,2015年),《慈湖先生遺書》,頁1992。

他日門弟子欲記其事，每事而書則不勝其書，總而記於此。」[22]楊簡認為學者之喜進喜動，喜作喜有，每每必是墮於意必固我其中一種弊害，或者更多，其失道之處不勝其多，意態滋生，荊棘滋植，阻塞學者之道心，先生止絕之言正是明示以救其弊病。此道心存乎天下萬世人之道心之中，非是聖人獨有，非是古人獨有，聖人能自覺其本明之道心，能改過遷善如斯，能時時反躬自省之故也。

首先，過而能改。楊簡引孔子與汲古的一段對話曰：「先生曰：『聖人不貴無過，貴改過。』汲古對云：『故夫子曰：已矣乎！吾未見能見其過而內自訟。』先生曰：『世之學者，多溺於空寂，以自訟為非道，豈聖人以非道教人？』汲古遂蒙先生書七言以示誨云：『能見其過，內自訟誰？知此，是天然勇。多少禪流妄訑詞，不知此勇不曾動。』」[23]楊簡認為今時之學者多沉溺於格致窮理之空寂之學，而往往忽略內訟，其有過也而不自知、不自覺。聖人之道坦蕩無疑，聖人非是無有過失錯漏，而在於聖人能於過失錯漏之時反躬自省，求之於本心，而非是求諸於外物。聖人以此「內自訟」教誨學者，而後世之人從道者鮮少，不知、不覺之故。楊簡曰：「此心之虛明廣大，無所不通如此，而孔子曰『學而時習之』，謂其時時而習，又曰『思而不學則殆』，何也？此心本無過，動於意斯有過，意動於聲色故有過，意動於貨利故有過，意動於物我故有過。千失萬過，皆由意動而生。故孔子每每戒學者『毋意，毋必，毋固，毋我』。意態無越斯四者，故每每止絕學者。」[24]人之本心雖有廣大清明、無所不通之性，然人之不自知蔽其清明，所以孔子又教學者「學而時習之」，以其時時能

22　〔宋〕楊簡著，董平點校：《楊簡全集》（杭州市：浙江大學出版社，2015年），《慈湖先生遺書》，頁1856。

23　〔宋〕楊簡著，董平點校：《楊簡全集》（杭州市：浙江大學出版社，2015年），《慈湖先生遺書》，頁1990。

24　〔宋〕楊簡著，董平點校：《楊簡全集》（杭州市：浙江大學出版社，2015年），《慈湖先生遺書》，頁1861。

有自訟之功也，人之學道需向內求，求吾心之純粹精一、不起思慮，一起意欲則能自覺其過失，而能輒過輒改。學者若能時時皆能由此反躬之功，其為道也自是中正無私而無私。所以楊簡又言：「君子不以過為諱，而以不能改過為恥。人心即道，自靈自明，過失蔽之，始昏始亂。觀過，則知仁矣。無過，則此心清明廣大如故矣。云氣散釋，而太空澄碧矣。」[25]君子之行事，不以過失為忌諱、為恥，而以不能改過為恥。人心之靈應過失而有遮蔽，導致人心之昏亂。君子之知過、改過，則能仁也。人心之過既改，則又複其清明廣大之性。

其次，時齊之。楊簡在解《論語》是以多言「時」之言：「時者，道之異名。道不可思，不可名，舜曰『若不在時』，此『時』即後世所謂『道』，而不曰『道』。後世於心之外，複求道，不知此心虛明，廣大無際畔，範圍天地，發育萬物，即道也。孔子生於衰世，不得不隨世而言，而曰『改而止』，謂改過即止，無庸他求，又曰『心之精神是謂聖』。學者起意他求，則戒之曰『毋意』，又曰『哀樂相生』。不可見，不可聞，而可意可求乎？季和求其名，書『時齊』二字畀之。」[26]孔子之為言「時齊」也是為方便後學之從道也，目的也是啟發學者改過之心，改過而意止，意止則道心自現。楊簡以「時」為道之異名，道之不可思、不可名也，因其虛明、廣大而能範圍天地、發育萬物。所以楊簡又言：「子曰：『學而時習之，不亦說乎？』知學之道者，以時習而說；不知學之道者，以時習為勞苦。勞苦則安能時習？時習不必勞苦。今學者欲造無時不習之妙，斷不可有毫釐勞苦之狀，當知夫學問之道無他，求其放心而已矣。但夫放逸則勞他求，他求則成放，他求則成勞。是心有安有說，無勞無苦。是心初無

---

[25] 〔宋〕楊簡著，董平點校：《楊簡全集》（杭州市：浙江大學出版社，2015年），《慈湖先生遺書》，頁2080。

[26] 〔宋〕楊簡著，董平點校：《楊簡全集》（杭州市：浙江大學出版社，2015年），《慈湖先生遺書》，頁1873。

奇巧，是心即吾目視耳聽、手持足行、口語心思之心。此心非物，無形無限量，無終始，無古今，無時不然。故曰：無時不習。時習之習，非智非力。用智，智有時而竭；用力，力有時而息。不竭不息，至樂之域。」[27]時習而說，是為學道者而言，未能從道者，以時習為勞苦。學者欲得此無時不習之妙，則不可放逸此心，一放逸也，則有勞苦之狀，則有過失，則有遮蔽。此心即是人之視聽言動之心，非是實物可執形，因其無形所以無可限量、無終始、無古今、無時不是如此，所以孔子言之無時不習。人之時習非是用智識之功用、非用力之可為，用智、用力，都會有枯竭停息的時候，然此心之時習自是周流不息。慈湖反對用力於道的行為：「學道安得有力足與不與？足與不足，皆人心自作。此見道初不如此。不作足不足之見，則人心之靈，未始不一貫。冉有乃自畫。」[28]道之初始未有足與不足之分殊，人心亦是一貫而已。所謂足與不足之分裂者，是學者自畫也，學道未嘗有足與不足，一明即是道也。所謂用力者，皆是意必固我之力，自然有不足，愈為愈是不足，用力者實是不識得聖人不知不為之力。學者之解意必固我之意態也，自當於本心上用力，而非是用力於外。

最後，知安止。〈安止記〉曰：「禹告舜曰：『安女止。』謂舜本靜止不動，安之無動乎意。孔子曰：『心之精神是謂聖。』人皆有是心，心未嘗不聖。虛明無所不照，如日月之光，無思無為而萬物畢照，視聽言動皆變化，而未嘗動乎意。其有不安焉者。……安非意也，不動之謂安。孔子曰『時習』者，安也；曰『用力於仁者』，安也。安非思非為，是謂真為。舜曰『惟精惟一』者，常精明不昏，純

---

27 〔宋〕楊簡著，董平點校：《楊簡全集》（杭州市：浙江大學出版社，2015年），《慈湖先生遺書》，頁2075-2076。

28 〔宋〕楊簡著，董平點校：《楊簡全集》（杭州市：浙江大學出版社，2015年），《慈湖先生遺書》，頁2109。

一而無間,即安也。」²⁹聖人本心是靜止不動的、安之而不動乎意。孔子所言「心之精神是謂聖」,人皆有靜止不動、安之若素之心,此心未嘗不通達萬物萬理。此心之照如日月之光無所不在,不假思為而萬物畢現,舉天下之視聽言動皆是此心之流變而不動乎人為意慮,未有不安於此心者。「安」非是意能為也,此心之不動於意欲謂之為安。孔子所言「時習」之意,也是要安此心也;所謂「用力於仁」,也是安此心也。楊簡認為「安」是忠於本心之常靜、常明,非是人之意起而有思為之功,是真為,是道心之發。此心純粹精一而不昏亂於意欲之紛擾,可以說安。此止、此安也,非是聖人獨有也,舉天下古今人人皆有此心,所以孔子有言「於止知其所止」,即是言知其本止之心,則無所不通達也。《大學》有「知止而後有定,定而後能靜,靜而後能安。」楊簡認為此語非是聖人之言,是學者之意為之,以止、定、靜、安四者有先後順序,以此謂學者進德之過程,是大錯特錯也。人不起意欲,本心自是融明澄一而無所謂進德先後之序也,更無有此分殊之意為,人皆有此靜止之心,只是不自知罷了。聖人未嘗有此分裂之言,後之學者臆測而已。學者之學道往往於心外用力,求諸於物事之理,於是愈發支離,楊簡屢屢言說心之廣大虛明而無體質,以解學者痼見之蔽,以明本心之即道。人心本明,不必勞神勞力自是能群照萬物,其間物理自現,其知自明。若學者勞心勞力於心外之事者,即使悉數悉察萬理萬機,終究是為意,非是道心,雖聖人教之,亦難以明學者之心。動意則昏亂,不動則能安也。所以楊簡又曰:「知仁者鮮,好仁尤鮮。既知而後可以言好,不知則安所好?仁,人心也,何知之難?求仁於心外故難,求仁於心內亦難。心無實體,安有內外?微起意象,輒昏輒迷。意實非意,象實非象;直心直

---

29 〔宋〕楊簡著,董平點校:《楊簡全集》(杭州市:浙江大學出版社,2015年),《慈湖先生遺書》,頁2095。

意，實無內外；變化萬狀，實無作止。知者知之，故得動中之妙，無所似之，託言樂水；仁者不惟知之，又能好之。斯好非意，斯好非為，常靜常明，山或似之。好仁故鮮，知不仁而惡之者亦鮮。何以明之？人既難知，則不仁亦未易知。不仁之粗者易知，不仁之微者難知。意象微起，即為不仁；意象微止，亦為不仁。此類無窮，不可備述。孔子絕四，止絕學者四病：意、必、固、我，無越四者。病本不去，禍流無窮，眾蔽百惡，皆自此出。盡知不仁之病，則不仁漸除，仁道漸著矣。」[30]仁之為善、為美，人即是人心，然然今世之人知之者甚少，知仁而又能好仁者少之又少。慈湖確言學者仁為人人自有，未有難知之推辭，人之謂難知，因其求仁以心內、心外而分裂也。心無實體，更無內外之分殊。人起意而分內外，分內外則有意象之執，則有昏迷之惑。然意象實為聖人不得已而又言也，所以學者不可以固執於意、象之實有，而丟失其本心。直心直意則無往而不利，無善而不得，視聽言動皆此心之妙用，即可知仁。楊簡認為意象微起、微止，都是不仁，因其微起、微止，都是意欲作祟，非是直心而出。此類起與止也，不可一一盡舉，孔子惟有絕四之言，以止絕學者意必固我之四弊病。此四者盡除，其仁善之心莫不畢現。

二　覺悟工夫

楊簡認為「不起意」只是能保有本心，使之不淪落為混沌。但這只是學者修養本心的第一步，若要做到超越個體自我，大道與萬物為一體，進而使本心同於天地萬物之心，真正的實現天人合一的境界。若要進一步的替人本心，就要在不起意的基礎上，再做反觀，楊簡稱

30　〔宋〕楊簡著，董平點校：《楊簡全集》（杭州市：浙江大學出版社，2015年），《慈湖先生遺書》，頁2095。

之為自知、自明、自覺。〈論《論語》〉上曰:「人心自神,人心自靈,人心自備眾德,不學而能,不慮而知,自溫自良,自恭自儉,自溫自厲,自威而不猛,自恭而安。人不自知,因物有遷,故昏故失。自適道而上,則自知自信。」[31]楊簡說道必以日用平常、庸常之言,明道之平易坦蕩而無須求之高深、艱澀,而學者在求道的工夫上只需於心上用力即可,人心即是道也,人事即是天道。人若能自知、自明、自覺其本心,則可知道自是不遠人。所以楊簡曰:「道至近、至易、至簡,人事即天道。魯君雖至昏庸,孔子每啟之以大道,以道即事,事即道,不必深求而遠索。」[32]在為道的方法上,慈湖亦延續了陸象山那種簡易直截的修養工夫。陸象山深信學問之道不在求之於艱深晦澀的格物致知之道,不必於一物一事上窮就以體天理,而應回歸本心,證得此心即是天理,不用於此外做多餘工夫。到楊簡這裡,更是直接連天理都消弭掉了,只言「道心」,宇宙也只是一個心而已,此心涵攝一切。進而,楊簡認為,為道不應該求諸於高遠、冗繁、外物,而只需覺悟「本心」而已。

首先,楊簡認為此心當於日用平常中求得,「日用平常皆道」:「日用平常皆道,無需外求,而學者多舍近而求遠,舍易而逐難,故不得之。道在邇而求諸遠,事在易而求諸難,人心誠實,無他本體,清明本用,神明剛健中正,純粹精一……無不通矣。」[33]、「道無大小,何處非道?當於日用中求之。」[34]、「德彰之行平夷,大道之妙在

---

[31] 〔宋〕楊簡著,董平點校:《楊簡全集》(杭州市:浙江大學出版社,2015年),《慈湖先生遺書》,頁2081-2082。

[32] 〔宋〕楊簡著,董平點校:《楊簡全集》(杭州市:浙江大學出版社,2015年),《先聖大訓》,頁1667。

[33] 〔宋〕楊簡著,董平點校:《楊簡全集》(杭州市:浙江大學出版社,2015年),《慈湖先生遺書》,頁1870。

[34] 〔宋〕楊簡著,董平點校:《楊簡全集》(杭州市:浙江大學出版社,2015年),《慈湖先生遺書》,頁2261。

斯。百姓日用乎平常大道之中而不自知,顧舍之而慕奇。」[35]楊簡多次用「日用平常」一語來強調道是平易直接,可見道之遍覆萬物、無所不在。而所謂高深、幽遠、艱難、晦澀、繁雜之語皆是道的曲解,反去道甚遠,反害學者良多。楊簡認為道無大小、精粗、遠近、難易、彼此之分,百姓日用平常之道即是大道,當於日用平常中而求之,何須費心外求、遠求？日用平常之處皆是道的顯現、發用,無需於此外求道,而大多學者多事舍近而求遠、舍易而逐難,反而不得其道。所有楊簡又言:「聖人知學道者率求高深幽遠,特曰『中庸』」[36]引「中庸」一詞特以明學者「日用平常皆道」之旨,以啟發學者道心之明。

其次,楊簡也多次論述了「道不遠人」的觀點:「至道在心,奚必遠求？人心自善,自正,自無邪,自廣大,自神明,自無所不通。孔子曰:心之精神之謂聖。」[37]、「夫是以聖人之道,往往以平易見卑於高明之士,而異端空虛寂滅之論滿天下。」[38]、「《易》道不在遠,在乎人心不放逸而已矣。」[39]、「道不遠人,人心私意行之,故失。去其私意,則道在我矣。何遠之有！何難之有！」[40]楊簡在描述道的時候亦多言「平易」之語,這也可以看出楊簡延續了陸九淵重體悟的修

---

35 〔宋〕楊簡著,董平點校:《楊簡全集》(杭州市:浙江大學出版社,2015年),《慈湖先生遺書》,頁1916。

36 〔宋〕楊簡著,董平點校:《楊簡全集》(杭州市:浙江大學出版社,2015年),《慈湖先生遺書》,頁1916。

37 〔宋〕楊簡著,董平點校:《楊簡全集》(杭州市:浙江大學出版社,2015年),《慈湖詩傳》,頁437。

38 〔宋〕楊簡著,董平點校:《楊簡全集》(杭州市:浙江大學出版社,2015年),《慈湖先生遺書》,頁2106。

39 〔宋〕楊簡著,董平點校:《楊簡全集》(杭州市:浙江大學出版社,2015年),《楊氏易傳》,頁64。

40 〔宋〕楊簡著,董平點校:《楊簡全集》(杭州市:浙江大學出版社,2015年),《楊氏易傳》,頁70。

養工夫論，把對此靈明「道心」的體悟推到了極致。至道在心，不必遠求，這是楊簡的重要觀念，他認為人心自善、自正、自無邪、自廣大、自神明，自是無所不通的，所以孔子才會有「心之精神之謂聖」之言語。蓋言此心已經涵攝一切、萬象具足，此心的發用流行即是至道的發用流行，自是中正無私、光明無礙、通於萬物的聖人之道。這種平易至極的聖人之道在一些講求高明艱深的學者看來往往是過於疏陋和卑下了。楊簡認為，道不遠人，人之所以失道甚遠的原因有二：一是人心為私意所蔽，不見其自神自明自靈的清靜本心；二是人心放逸流失，此概是由於不與本心上去求道，反而求諸於幽遠高深。

最後，雖人皆有此靈明道心，但自知自信者寡，唯聖人能夠做到自覺其本心。道心遍覆，並不存在此一處多、別一處少的差別，也不會因人而異、有所偏私：「道心大同，人自區別。人心自善，人心自靈，人心自明，人心即神，人心即道，安暗乖殊，聖賢非有餘，愚鄙非不足。……人人皆與堯、舜、禹、湯、文、武、周公、孔子同，人人皆與天地同。」[41]由此可知，道心是無時無刻不是同一的、一致的，並不因人而異，道心自善、自神、自靈、自明，道心自是中正無私、無偏無陂的。人心即道，在這一點上來說，凡眾與堯、舜、禹、湯、文、武、周公、孔子並無不同，人心即道心，人心即天地之心。楊簡又言「非聖人獨立此見也」，可見，道心非獨聖人獨有。楊簡認為「凡眾之心，即聖智之心。」[42]可見，在持有至神至靈至明的本心上，並無聖愚之分。而之所以產生聖賢與凡愚的區別，關鍵在於人自身，而非道心有所偏失，從根本上來說，聖人之心與眾人之心無異，而之所以產生聖人和眾人的區別在於人能否自知、自覺。楊簡多次提

---

[41] 〔宋〕楊簡著，董平點校：《楊簡全集》（杭州市：浙江大學出版社，2015年），《慈湖先生遺書》，頁1863。

[42] 〔宋〕楊簡著，董平點校：《楊簡全集》（杭州市：浙江大學出版社，2015年），《楊氏易傳》，頁231。

到關於這一點的論述:「蓋人雖皆有道心,而自知者寡。」[43]、「人心皆有此妙,而自不省不信者,何止百人而九十九也!」[44]、「人皆有至靈至神至明之妙,即舜之所謂道心,而人不自知也。」[45]楊簡多言道心人人皆有,而自知其靈明本心的鮮有其人。人大多不自知、不自信、不自覺、不自省而不見其本心之靈明。所以才會為昏瞆、為外物牽累,遮蔽本心。可以看出,普通人是難以做到自知、自明其心的,這也說明了聖道之難以達成。

縱觀楊簡一生的涵養境界,蓋以「心之精神之謂聖」一言以括之。並且「聖人」這一概念與「道心」「覺」是緊密連接在一起的。只有聖人能夠持守道心,並體道、悟道,也只有聖人能夠達到「三才一體」的境界。他把聖人不外求其放心,而反求於己的觀點發揮到極致,聖人是自神自明、澄然無雜之心的落實者。而能做到持其自神自明的本心,唯有聖人可以達成。楊簡在〈泛論《易》〉篇中曰:「眾人見天下無非異,聖人見天下無非同。天地之間,萬物紛擾,萬事雜併,實一物也。」[46]楊簡指出了聖人之所以能持守道心的原因:聖人消除了「我執」的一面,把主觀性的我與客觀的宇宙萬物融為一體,這一點與張載的「民胞物與」有共通之處。不同的是張載的「民胞物與」是建立在其以氣為先的基礎上,是有一個客觀的基礎的;而楊簡把「天地人」的三才一貫之道歸之於具有靈明之性的形上本心。所以可知,楊簡的所有理論脈絡都是從反觀、體悟、覺中證得的,而不是

---

[43] 〔宋〕楊簡著,董平點校:《楊簡全集》(杭州市:浙江大學出版社,2015年),《楊氏易傳》,頁278。

[44] 〔宋〕楊簡著,董平點校:《楊簡全集》(杭州市:浙江大學出版社,2015年),《楊氏易傳》,頁193。

[45] 〔宋〕楊簡著,董平點校:《楊簡全集》(杭州市:浙江大學出版社,2015年),《慈湖先生遺書》,頁1871。

[46] 〔宋〕楊簡著,董平點校:《楊簡全集》(杭州市:浙江大學出版社,2015年),《慈湖先生遺書》,頁1989。

從格物致知的經驗知識中去獲得。在楊簡看來，聖人之境的達成並不需要借助於外物的知識獲得或經驗的積累，只要持守此澄明寂然的本心，即能悟得此心即道。而所謂的格物致知之學，皆是向外求、向遠求，與易簡之道愈離愈遠，愈知愈遠。

第三節　聖人之境

聖人之境向來是儒家學者孜孜以求的德性境界。聖人被看作無論是智識還是德行上都是至德完備的結合體，聖人是一種全知全能、高度自覺的境界。及至楊簡，他認為自孔子以降，道之不傳久矣，後之學者雖然能有知道者，然而能得道之全者未有其人，所以楊簡說聖人之語，必以堯、舜、文王、孔子為例。而楊簡提倡的以不起意為宗的修養工夫也事事以先聖王為標準，聖人之能覺也、守道之能永也，皆是庸眾深思力索而不能盡得。所以楊簡又提出「心之精神是謂聖」，證此心之純粹精一、變化云為而虛明涵容，以「聖」言其心之無所不通、周流遍覆之廣大之性。「心之精神是謂聖」一語出自《孔叢子》一書，關於《孔叢子》一書的真偽問題，歷代學者對此書作者、內容、年代的考證多有著述，一直是學界爭論不休的重要問題。此文意在探究楊簡對「心之精神是謂聖」的意旨問題，所以對《孔叢子》一書真偽問題不再贅述。楊簡一生都致力於對「本心」的追問，認為聖人是唯一能夠真正保有「本心」的人。

一　聖人先覺

如前所述，楊簡以聖為無所不通之謂，聖所代表的內涵即是道心之虛容廣大、澄明無礙、至柔至順。楊簡認為道心雖是人人皆有，沒有聖賢與愚鄙的差異乖殊，但人之知道有昏明的不同，因其聖人能覺

而愚眾之人不能也。聖人能自覺其心中正、澄明、虛容、無思不為、無所不至之性，而愚眾不知此心即是道也，往往用力於心外求道而離道日遠，道心日漸遮蔽漸重。慈湖常常告眾人日用庸常即是道也，道之初始無艱深、高遠之難，人之視聽言動、變化云為、平平常常即是道也。然而世人大道離心而求道、捨近而求遠，道之不遠人一，人之為道反而去道甚遠，尤為可惜也。眾人之千失萬過、悖道之行，都是因其離心而起意為之。故聖人言之「安汝止」、「過而改」、「時齊」、「時習」，皆是明人心即道也。聖人之學也即是天下萬世學道者之學，孔子所言吾心清明無體、變化云為者，亦是後世學道者之清明本心也，所以楊簡總結說：「而孔子曰學者，蓋道心初覺，雖縱心皆妙，而舊習未盡泯，日用萬變，微有轉移，皆足以蝕吾無思無為之本體，是故不可以不學，而學非思也。不學之學，非力之力，不可以有無言，不可以作輟言，不可以動靜言，不可以虛實言。」[47]聖人之學非是思為可盡、非是一日之功、非是以有無可言、非是虛實可言、非是虛實可言，學者聽此言也或有疑慮生髮，然悟得此心之為道也，則可知聖人之學自是在吾身也，非是有窮盡力索之寂滅之學。

楊簡多言人人皆具道心，聖人之道心並不比凡眾之道心高明或神聖，這也是其贊同孟子之所言「人人皆可以為堯舜」的意涵之所在。但慈湖同時又言人又有智愚和聖凡的區分，之所以產生這種分化的原因不僅在於對「意」的態度上，更為關鍵的是能否做到自覺。聖人之所以能夠成其為聖，不僅僅是其能夠止絕「意、必、固、我」等本能自覺之外的所有意慮之所發，更重要的一點是聖人能夠自覺、自知、自明其澄明本心。楊簡認為，凡眾多為意蔽而不自知自覺，而經過自身的「不起意」的工夫使本心顯現已是不易，而對於至簡、至明、至

---

47 〔宋〕楊簡著，董平點校：《楊簡全集》（杭州市：浙江大學出版社，2015年），《慈湖先生遺書》，頁2140。

易的大道而言，卻屬一般學者難以達到的境界。所以，在「不起意」的修養工夫之外，楊簡更進一步的推崇「聖人先覺我心之所同然爾」的聖人靈明自覺之境界。聖人先覺而凡眾不覺，這種聖凡之間的分化就不僅僅是意起與否的本能層面，而從更高的德性自覺層面對二者進行區分定義。

首先，楊簡認為唯聖人能夠盡中道：「中無大小，人有大小。賢人之中，無作好，無作惡，無偏無陂，無反無側，聖人之中，亦無以異於賢人之中，而剛健如天，文明如天，如日月之代明，如四時之錯行，變化正大，則非賢人之所及也，即剛健也。發諸文為，條理不亂，緝熙光明，物莫之蔽，即文明也。唯聖人盡之，賢者未盡，故大中之道，惟聖人可以當之。」[48]道無大小之分殊，宇宙萬事萬物皆只有一個道，惟此道心而已，除此之外，別無二道，這也是楊簡一以貫之的宗旨。但同時，楊簡又指出，人有聖賢、凡愚的區分，楊簡的這種區分並不是從一般的格致之功上對人做智識水平上的區分，而是從體道、覺悟的本心涵養之境界上來區分。在「無作好，無作惡，無偏無陂，無反無側」的經驗層面上來說，聖人與一般賢人並無區別，而一旦上升到「剛健」、「文明」的「大中之道」的境界上來，賢人則有不足之處，未能盡其道全。所以，楊簡又言：「聖人之大道，雖甚賢者未能盡也，雖高明之士已得大本，而物情事理委曲萬變，往往疏略不能皆盡。」[49]可知，雖高明賢能之士雖得道之大本，但由於物情事理曲折萬變不能盡其細微精妙之處而多有疏陋，猶未能盡聖人之道，對是一般學者而言，意蔽尚不能盡消，尚未進於賢能之列，更毋談聖人之境界了。

---

[48] 〔宋〕楊簡著，董平點校：《楊簡全集》（杭州市：浙江大學出版社，2015年），《楊氏易傳》，頁106。。
[49] 〔宋〕楊簡著，董平點校：《楊簡全集》（杭州市：浙江大學出版社，2015年），《慈湖先生遺書》，頁1987。

其次，楊簡認為「聖人先覺我心之所同然爾」。他在「中無大小，人有大小」的基礎上，進一步提出了「聖人先覺」的思想：「人心無體，至善，至神，至明，至廣大，其曰『範圍天地，發育萬物』非聖人獨有之而眾人無之也，聖人先覺我心之所同然爾。」[50]、「孔子曰『心之精神之謂聖』，聖人先覺，眾人不覺爾。」[51]、「非聖人獨能範圍而學者不能也，非獨聖人能發育而學者不能也。聖人獨得我心同然爾，聖人先覺學者後覺爾。一日覺此心無體，清明無際，本與天地同範圍，無內外發育，無疆界。」[52] 楊簡多次論證能夠範圍天地、發育萬物的本心是人人同有的，在這一點上並無聖賢與否的差別。不同的是，聖人能夠先覺此心之澄明無際、虛榮廣大、無所不通，而眾人因意動而昏，不覺其本心之靈明，所以未能達成大道、識得道心。所以，楊簡又言「心之精神之謂聖」，即是獨聖人先覺此心之發散萬殊、周流遍覆、無所不通之精妙之道，而普通人是沒有能力達到這種境界的。可見，在楊簡這裡，只有聖人能夠自覺此心是無體清明、與天地同範圍、無疆界的，也只有聖人能夠達到此心之澄明無雜、虛容廣大、同於天地的境界。

聖賢與愚鄙者多有不同，關鍵在於覺與不覺，覺者能通達此心之妙，知此心即是大、全之道，變化云為、四時往復皆由我也；不覺著自是有所遮蔽、有所失，起意慮之思為而蔽於意必固我之類，不見本心，不明大道，求道越是用力越是失道。慈湖多言：「聖人先覺，覺此心之自明、自正、自善也，人皆有至靈至神至明之妙，即舜之所謂道心，而人不自知也。孔子曰：『不逆詐，不億，不信』，抑亦先覺

---

50 〔宋〕楊簡著，董平點校：《楊簡全集》（杭州市：浙江大學出版社，2015年），《楊氏易傳》，頁51。

51 〔宋〕楊簡著，董平點校：《楊簡全集》（杭州市：浙江大學出版社，2015年），《楊氏易傳》，頁102。

52 〔宋〕楊簡著，董平點校：《楊簡全集》（杭州市：浙江大學出版社，2015年），《慈湖先生遺書》，頁1858。

者,是賢乎!夫彼之施詐於我,常情不作意以應,而作意每差,彼施詐不信於我,我無勞逆億,而此心之靈,亦能先覺,此眾人之所自有,不必聖人始有。而人率不自知,惜哉!此心先覺,乃人心自靈自明自神,不學而能,不慮而知,可謂賢矣。而人不自知其賢,故聖人特指其所懷之玉以告。此深中某心,故以名黃年家之西齊曰『賢覺』。[53]」楊簡以不逆詐、不億、不信為先覺者,覺此心之澄明寂然,不假人為,自知、自覺者不為意惑,其性自然清明。楊簡認為此心先覺,乃人心自靈自神自明,亦是孟子所言不學而能、不慮而知之良知良能也,可以謂之「賢覺」,聖人能知此覺也,而庸眾多不自知也。聖人之平居日用之間也,自是不逆詐、不億、不信,不知老之將至,聖人曰「無知也」,非是真無知也,是不起思為,所以無知即是知也,而所謂應酬往來之間、威儀三千,皆能不思而的、不勉而中。道心初無聖愚之分,因意之故,始有聖愚之分。聖人能覺也,自是通達無礙。

二 知及仁守

　　陸九淵深信聖人之道不在求之於艱深晦澀的格物致知之道,不必於一物一事上窮就以體天理,而應回歸本心,證得此心即是天理,不用於此外做多餘工夫。到楊簡這裡,更是直接連天理都消弭掉了,只言「本心」,宇宙也只是一個心而已,此心涵攝一切,那麼聖人之道也無須求諸於高遠、冗繁、外物,日用平常即是聖人之道所在。聖人之性與庸眾之性一般無二,人皆有中、正、大、全之本心,本心自神、自明、自妙,萬善畢備。然因人之通達與否而又聖賢、愚鄙之

---

[53] 〔宋〕楊簡著,董平點校:《楊簡全集》(杭州市:浙江大學出版社,2015年),《慈湖先生遺書》,頁1871。

分。聖人之道，誠實坦蕩至極而無詐偽之意，此道初始甚是平易而無艱澀。人之學道也，由此心而往莫不中正；其無思無為也，莫不是良知良能；其常覺常明也，莫不是純粹精一。順此心也，知道而能仁也。然而今時之人，雖有此純樸天資、確誠無偽之性而不能自知、自覺，終是多陷於意慮紛然之境，其求道也是離心而遠道。

楊簡在詮釋《論語》中對孔子之言論多有讚揚和推崇，以道心為精神性的道德本體，其純粹精一、變幻莫測、無所不通之性，只有至德完備的聖人能自覺、自知也，因聖人「無知也」，所以能無所不知也。聖人因其能常覺常明而純粹精一，進而能知仁，是以達到孔子所言「知及仁守」的聖人之境。〈憤樂記〉曰：「誦先聖之言者滿天下，領先聖之旨者有幾？先聖曰：『知及之，仁不能守之，雖得之，必失之。』知者，覺之始；仁者，覺之純。不覺不足以言知。覺雖非心思之所及，而猶未精一；精一，而後可以言仁。」[54]世人以先聖文章為志向，以此為聖學之要旨，世風如此，寂滅之極。學者學先聖之道必以己心為要，知先聖之言論而不能領會先聖之意旨，雖能有所增加智識，然而學道上猶有不足。知為覺之始，仁為覺之純。學者須是先自覺其道心自足，才能談得精一，精一可以稱得上是仁。「聖人先覺」是謂聖人之自覺、自知，然其自覺、自知之上還有「仁」之境界，慈湖認為孔子發憤忘食、樂以忘憂，是謂仁守：「憤，其猶有未精一歟？其樂有不可容言之妙。憤即樂，不知老之將至，無思無為，匪作匪輟，無始無終，何止於三月不違而已？比一二十年以來，覺者滋中，踰百人矣，吾道其亨乎！古未之見，天乎！子潛之覺，非空見，乃切於身脩，勉思先聖發憤之訓，故書『憤樂』二字畀之。」[55]楊簡

---

54 〔宋〕楊簡著，董平點校：《楊簡全集》（杭州市：浙江大學出版社，2015年），《慈湖先生遺書》，頁1876。

55 〔宋〕楊簡著，董平點校：《楊簡全集》（杭州市：浙江大學出版社，2015年），《慈湖先生遺書》，頁1876。

以「憒」為樂,言其無憂思、無作好作惡、無始終之超然寂靜,與日用庸常之間,言語形狀處處皆是中道,何有意慮之作!豈止於三月之期,道心恒常在我而常清常明。

首先,「知及之,仁守之」方能得於道。孔子曰:「知之者不如好之者,好之者不如樂之者。」孔子以此言樂善好學之進德之層次,知者可以謂之「知及之」,雖已經營過庸眾之厭學違道也,已經是在能知的層面了,然而孔子最為提倡學者之「樂之者」,由好之者而至於樂之者是為學之最。楊簡認為孔子所言「知之者不如好之者」言其學者能有日至、月至之功,而不至於初一知道即停止,知之者有怠惰之為,學道未純未精,不能有持久之常性。而若孔子則能好而樂之,其學道也自是晝如此、夜如此、日如此、月如此,以至於「為之不厭」,則道心自是神妙常覺。以知進而能好,以好進而能樂,孔子之教學者循序漸進,以此能有「仁能守之」之清明。知者,是謂知道者,只有知而沒有仁,還不足以盡道。道無二分之殊,但人之學道有盡、有不盡,所以世人有仁、知之名。孔子因此二名,合而言之「合知仁」,是以言人學道能夠精一純粹至於聖人之大化之境,道無有不盡之理。楊簡又言曰:「知曰知,不知曰不知,能曰能,不能曰不能,如此則誠實而已矣。誠實,至矣妙矣,無所不通,人皆有之而自不知也。知此謂之知道,不失此為謂之行道。要,猶至也。知道曰智,行道曰仁。仁智,聖人之道也,惡有尚不足者哉?」[56]楊簡教導學者以誠實無詐偽之本心,如此則能有知,如此則能無所不通,然人雖自有誠實之心,但自知者少。知與不知、能與不能者,皆此誠實之本心發散。知道可以稱得上是智,能行道者可以曰仁,聖人之道自是知與形合一的,仁智足以言道之全也。學者若能能覺悟,則能通達於道,然而雖有通達之功,還未能達至精一的境界,所以聖人諄諄教化

---

56 〔宋〕楊簡著,董平點校:《楊簡全集》(杭州市:浙江大學出版社,2015年),《先聖大訓》,頁1712。

學者以不厭學之功，以盡其道之全，學者若能知能仁則能盡道。楊簡之言「仁」也，以其能常覺常明之故也。楊簡認為孔子所言「力行近乎仁」，以其為知仁非是僅僅知道而已，仁智目視耳聽、鼻嗅口嘗、手執足運之類，日用平庸之間無不是大道之運用，而不能有一絲一毫的私意阻隔遮蔽，有私意焉，則人即會不覺此心之明、自然談不上仁了。楊簡認為所謂仁者也，是己心常清明常覺之顯現，並不是僅僅知道者可以言說。聖人之講學，必教學人以仁也，以此教誨學者知仁而能行也。

其次，「學而不厭」能有常覺也。〈默齊記〉曰：「孔子曰：『默而識之，學而不厭』，又曰：『予欲無言』，又曰：『吾有知乎哉？無知也。』聖語昭然，而學者領聖人之旨者，在孔門已甚無幾，而況於後學乎？比來覺者何其多也！覺非言語心思所及，季思已覺矣，汨於事而昏。孔子曰：『心之精神是謂聖。』謂季思之心已聖，何不信聖訓而複疑？比日不復致問，季思以默識矣。季思平平守此默默即聖，即不厭之學，即喜怒哀樂之妙，即天地四時變化之妙，即先聖默識之妙。」[57] 楊簡多言覺，教學者修養身心，反躬自省，時時能仁，方可從容中道。然而學者多有不通達者，不能自覺本心，所以又以孔子之言「默而識之，學而不厭」教學者有恆常之覺也。楊簡認為，人之能「默而識之」即是有覺也，言默者，即是此心之不可思議、不可言之妙用。孔子所謂用力於仁、時習，舜曰惟精惟一之言，都是此學之妙也。「默識」可以謂之「知及之」，「學而不厭」就可以謂之「仁能守之」。此心妙用之發不假思為、不慮不知，可以為仁也。有絲毫意欲之發，則放逸也，是意，是私。孔子之言「吾有知乎哉？無知也。」聖言昭昭，而學者能領悟聖人知意旨者寥寥無幾，後之學者能覺者更是少之又少。覺並非是言語心思所能達到，所以孔子言其「默」，人

---

57 〔宋〕楊簡著，董平點校：《楊簡全集》（杭州市：浙江大學出版社，2015年），《慈湖先生遺書》，頁1878。

之汲汲於事者則有昏亂。學者於日用平居之間有此默默即是聖也,即是能「學而不厭」,即是喜怒哀樂之妙,即是天地四時變化之妙,即先聖默識之妙。學者用力於道者,深思力索反而不能覺,能覺道者,必知道之在我而不必外求。孔子所言「心之精神是謂聖」,此心即是道也,直心而往,則能明道。覺此心之明則無所不通,可知良善之心我自有之。然有到此一層,人雖覺但還未能精一純粹,仍有舊習未能盡消,或者意念仍有微動之失,雖有知還不能稱得上仁。能仁者,須是舊習盡消,意念不動,常覺常明,稍起意欲則能覺、則能改,所以楊簡又言:「必無過而後謂之仁,過失未盡去,未可謂之仁也。」[58]學非外求,人皆能愛親、敬長,皆有惻隱之心,有過失也,則能改也,未嘗不清明。聖人以「時習」之言其時時刻刻能覺能知道心之在我。有所思、有所為,則能時也、止也,以複本心之澄明。

　　再次,用力於仁。楊簡言:「用力於仁,聖人深志;三月不違,亞聖之仁;日月至焉,諸子之仁。惟仁者為能靜。知者雖得乎動之妙,終不及也。惟仁者乃能壽,為其念慮閒靜,氣凝而意平,長年之道心。此固非徒知者所能到。學而不仁,非儒者也。」[59]楊簡認為「用力於仁」實為聖人之志,此仁之境也,非知道者能做到,知者雖能得動之妙,而終不及靜。仁者能有長久之氣象,因其念慮皆定皆為閒靜而不動。仁者能有云氣平凝、止意之恒常之道心,雖有動之妙用,然仁之為美,是儒者畢生所求。知者能以仁為美為利,則能好學道而能用力於仁也。仁者能有靜虛純明之境,如天地日月之各行其是而和樂融暢,此春風和氣之安定有序,唯知者能知,唯仁者能安此道。並且,「知仁者鮮,好仁尤鮮。既知而後可以言好,不知則安所

---

[58] 〔宋〕楊簡著,董平點校:《楊簡全集》(杭州市:浙江大學出版社,2015年),《慈湖先生遺書》,頁2141。

[59] 〔宋〕楊簡著,董平點校:《楊簡全集》(杭州市:浙江大學出版社,2015年),《慈湖先生遺書》,頁2141。

好?仁,人心也,何知之難?求仁於心外故難,求仁於心內亦難。心無實體,安有內外?微起意象,輒昏輒迷。意實非意,象實非象;直心直意,實無內外;變化萬狀,實無作止。知者知之,故得動中之妙,無所似之,託言樂水;仁者不惟知之,又能好之。斯好非意,斯好非為,常靜常明,山或似之。好仁故鮮,知不仁而惡之者亦鮮。何以明之?人既難知,則不仁亦未易知。不仁之粗者易知,不仁之微者難知。意象微起,即為不仁;意象微止,亦為不仁。此類無窮,不可備述。孔子絕四,止絕學者四病:意、必、固、我,無越四者。病本不去,禍流無窮,眾蔽百惡,皆自此出。盡知不仁之病,則不仁漸除,仁道漸著矣。」[60]仁之為美,知之者少,而能知仁好仁者又少之又少,學者須先知仁方能有好仁之可能。此心即是仁也,何難之有?不知此心即是仁,求仁於心外故有難為之意。人因意而昏亂,不知本心之仁,而知者能知此心之妙用,知此心之動也,所以托言以樂水,因水之流動不息。而能仁者不僅有知,更是好仁也,非意非為,常靜常明之不動之性也,以山有靜止之象,因而托言以仁者樂山表徵,是以楊簡曰:「子曰:『智者樂水,仁者樂山;知者動,仁者靜;知者樂,仁者壽。』聖人於此,無以形容其妙,惟曰知者所樂者水,託象以示學者,惟覺者自覺。」[61]自孔子之後,知道者已是不易,孔子勉學者「用力於仁」,因知學者雖有覺能改過,但舊習日久頑固難消,未能達到純粹、至一。只有純明無雜染,方能稱得上仁。知者能於造次顛沛之間覺此道心在我,已是難能可貴,至於能精一者,非有恆久常覺之性者不能至也。學者觀聖人之言「天下何思何慮」,以為至道之為至靜精一,其言可也,然未有盡道之全。所以學者求道大都求之

---

60 〔宋〕楊簡著,董平點校:《楊簡全集》(杭州市:浙江大學出版社,2015年),《慈湖先生遺書》,頁2095。

61 〔宋〕楊簡著,董平點校:《楊簡全集》(杭州市:浙江大學出版社,2015年),《慈湖先生遺書》,頁2112。

於止靜，往往陷溺於離動而求靜的誤區，於是愈求愈遠，而不知聖人未嘗陷溺於靜也，知動而能靜者，方能得道。是以楊簡曰：「知者雖得動中之妙，而未能常明常覺，事物汨之，間有轉移，未能如仁者之常覺、常明、常不動，故惟仁者可以言靜，靜即山。知者之動，即仁者之靜；動靜離，不足以言仁。知知者得動中之妙，豈不甚樂？仁者念慮常靜，則氣常和平，心火不炎，火常濟水，故多壽考。」[62]學者能知動中之妙，知此心之變化云為、周流不息之常動，但還不能做到「常」，所以不能持久，唯有仁者能守常明、常覺、常不動之本性，才可以言靜。仁者覺此心之動靜不離、動靜一體，仁者能至動而常靜，所以能虛容廣大、涵攝萬物而道心不為遷移。聖人見學者之求寂靜止定，多有支離之行狀，不能悟得變化云為、喜怒哀樂之妙，所以言動，又以水明之。然知者若能虛明澄然，於顛沛流離、死神往復之間不動其純粹精一之本心，則能日用常樂而常明。此常明也，可以謂之樂山，即是仁也。楊簡認為，學者之用力於仁是用其非思非為之禮，所以其用力也未嘗有不足之缺失，不同於常人所言遠行之力不足。知者之樂則是仁者之樂，不可以言說形容。仁者之恒久也，以無思無為之妙純然一片，所以能久也。

最後，修身以「永」。楊簡曰：「皋陶曰：『慎厥身，修思永。』永，久也。古者未有道之名，堯曰：『疇咨若時登庸。』時，是也，此也；若，順也；言乎能順是者，將登用之。舜亦曰：『惟時惟幾。』惟此為幾也。至舜授禹，始曰『道心』。皋陶曰：『永亦名夫永。』永，悠久，即所謂『時』，而實無名。道若大路然，舜特謂夫無所不通之心。至於動乎意，則倚矣，礙矣，窒矣，非通也，故曰『人心』。」[63]人皆有此虛明無體之心，天地萬物盡在吾虛明無體之

---

[62] 〔宋〕楊簡著，董平點校：《楊簡全集》（杭州市：浙江大學出版社，2015年），《慈湖先生遺書》，頁2113。

[63] 〔宋〕楊簡著，董平點校：《楊簡全集》（杭州市：浙江大學出版社，2015年），《慈

中,其間變化萬狀、四時交替、生死往復,都是吾心之常也。此虛明無體之心,動靜、晝夜、生死之間皆如此而變遷。而人不自知者,修身不能有此常一不變之力,不能永永如此,自是非道也。慈湖認為能日至者即得此永也,是有覺,然而未能勤勉、純熟,所以還不能說是精一,猶未至於仁。自舜禹大聖以來,皆以此精一之道誡勉其修身,更何況是後世學者有未覺、未精一之類。聖人言「永」,學者不可不深思自省。聖人之永不依賴思慮為之,無斷續,所以最終能純熟、精一。「永」即是言其久也。先聖之言「知及仁守」,又以「永」戒之,以明學者能知能覺能仁而時習止絕意欲之思為也。可知意之為害無時不在,人之從道必是時時刻刻以此常明常覺之心,不起意欲之思,稍起意也,即改之,複本心之清明。所以楊簡曰:「人有聖賢之異,道無聖賢之異。孔子曰:『心之精神之謂聖。』此心初無聖賢庸愚之間,百姓日用此心之妙而不自知。禹曰『安女止』,本之不動。文王『緝熙敬止』,即不動。孔子為之不厭,豈未覺而為哉?亦緝熙敬止。知及之後觀過,精微用力於仁守也,如鑒中象,交錯紛然,而虛明未嘗有動也。子是知及,有進於仁守兢兢,欽哉!」[64]人皆有此至靈至神、古今一貫之心,此心即是天地之道,即是禮樂之原,即是文武之德,此心即是堯、舜、禹、周、文王之心,即孔子之心,此心之至德盡備,而後世之不學、不知者多,是以道之不傳也由來已久。楊簡甚是推崇孔子之德性,所以其學道、教人必以孔子之言為戒訓。自孔子之後,人能自知者,千中無一、萬中無一,自知者已是鮮有人在,而至於常知常明者之類,則猶如鳳毛麟角。孔子謂自知者「知及之」,又謂常知常明者「仁能守之」。人能自知自明其德,能自知自明而又能常知常明,未嘗有昏亂擾之,則能稱之為仁。

　　湖先生遺書》,頁1880。
64 〔宋〕楊簡著,董平點校:《楊簡全集》(杭州市:浙江大學出版社,2015年),《慈湖先生遺書》,頁1868。

三 小結

　　楊簡的修養工夫皆是圍繞著「不起意」而為之，並不斷拓展其深度，在道心完善的基礎上，建立起一套完整的修養工夫思想框架。楊簡認為：「人皆有惻隱之心，皆有羞惡之心，皆有恭敬之心，皆有是非之心。惻隱仁，羞惡義，恭敬禮，是非知；仁義禮智，愚夫愚婦兼有之，奚獨聖人有之？人人皆與堯、舜、禹、湯、文、武、周公、孔子同，人人皆與天地同。又何以證其然？人心非氣血，非形體，廣大無際，變化無方，倏焉而視，又倏焉而聽，倏焉而言，又倏焉而動，倏焉而至千里之外，又倏焉而窮九霄之上。不疾而速，不行而至，非神乎？不與天地同乎？學者當知夫舉天下萬古之人心皆如此也。孔子之心如此，七十子之心如此，子思、孟子之心如此，複齊之心如此、象山先生之心如此，……學者當自信，毋自棄，毋自疑。意慮倏起，天地懸隔。不識不知，匪合匪離，直心而往，自備萬善，自絕百非，雖無思為，昭明弗遺。」[65]本心道德自備，道以言此心之通達無礙之妙，假以道路之名明示其無所不通之昌達，天地、萬物、陰陽、鬼神皆通此道。人心之善是謂德，德即是道。人心若不通達無礙，雖有德之在吾心之中而人猶不自知也。所以聖人以道明德之通達，非是道與德分裂有二道，非是德外複有德、道外複有道。人能自覺其道則能知也，然德有不善者，仍是不足以使眾人心悅誠服，所以須是常明常覺者，能久也，是謂「知及仁守」。

　　一直以來，對聖賢人格的追求都是儒家先哲們孜孜以求的目標。在孔子的論談中可知必是像堯、舜、禹、文王這樣兼具德性與善行的人格才能稱的上聖人，孟子答曹交問「人皆可以為堯舜，有諸？」時

---

[65]〔宋〕楊簡著，董平點校：《楊簡全集》（杭州市：浙江大學出版社，2015年），《慈湖先生遺書》，頁1683-1684。

也說「然。」[66]荀子又言「塗之人皆可以為禹」[67]，雖然在實現聖人人格的路徑上有不同，但成聖的標準是一樣的，聖人是德與知的雙重完善。時人以為「本心」飄忽難以捉摸而不能近，所以不能明，楊簡以先聖之言垂訓示範：「聖賢垂訓，蓋使人求之己也。」[68]所謂「求之己」者，即是求之於本心也，非是求之於他物。以教學者自知、自明本心，能明此道者，自然能達聖人之境。但「意」之難防在毫末之間，普通人難免為意慮所蔽，不見道心，只有聖人能夠持守道心，並體道、悟道，也只有聖人能夠達到「三才一體」的境界。楊簡把聖人境界的實現與「本心」、「不起意」、「覺」緊密連接在一起，把聖人不求其心於外，而反求於己的觀點發揮到極致，聖人是自神自明、澄然無雜之心的落實者。而能做到持其自神自明的本心，唯有聖人可以達成。〈泛論《易》〉篇曰：「眾人見天下無非異，聖人見天下無非同。天地之間，萬物紛擾，萬事雜併，實一物也。」[69]楊簡指出了聖人之所以能持守道心的原因：聖人消除了「意蔽」的危害，把主觀性的我與客觀的宇宙萬物融為一體，把天、地、人三才一貫之道歸之於具有靈明之性的形上本心。「本心」無所不通、不起私意、古今一貫，所以能稱的上聖，聖人自然代表著能覺此心通明無礙、純粹精一的澄明之境。楊簡以「本心」為聖，貫通天、地、人「三才一道」，並把對「本心」的明覺作為通聖的不二法門。所以在修養境界和成聖的路徑上直指「本心」，以道心自有為前提，以大道至簡、聖人之道不遠為依託，以「不起意」為工夫，構建了一個完善的心學修養工夫論和境界論。

---

66 楊伯峻編著：《孟子譯注》下冊（北京市，中華書局，1960年1月），〈告子章句下〉，頁276。
67 張覺：《荀子譯注》（上海市：上海古籍出版社，2012年），《性惡第二十三》，頁345。
68 〔宋〕楊簡著，董平點校：《楊簡全集》（杭州市：浙江大學出版社，2015年），《慈湖先生遺書》，頁2242。
69 〔宋〕楊簡著，董平點校：《楊簡全集》（杭州市：浙江大學出版社，2015年），《慈湖先生遺書》，頁1989。

第四章
楊簡心學詮釋學

　　中國哲學中的詮釋學問題，是學界一直持續關注與不斷爭論的問題，事實上中國哲學詮釋的傳統由來已久，周裕鍇先生認為：「只要面對語言與世界關係問題，就會有詮釋的現象發生；只要有文本需要閱讀和理解，就一定有相應的闡釋學理論，不論其理論形態如何。」[1]儘管詮釋學作為一種理論最初是由西方建立，但這並不能否認它在中國哲學中的存在。雖然沒有系統的中國哲學詮釋學理論或學科，但我們依然可以從中國哲學的發展中窺見中國哲學詮釋學的發展脈絡。劉笑敢先生認為：「王弼和郭象確立了以經文注釋為體例的哲學詮釋和體系創構的方式，他們是中國哲學詮釋傳統成熟的標誌。」[2]中國詮釋學的歷史由來已久，雖沒有稱為一門系統、獨立的學科，但詮釋學在中國學術界的應用與實踐是毋庸置疑的。

　　宋代理學與心學在經典詮釋路徑上呈現出鮮明的學術差異，這種差異根源於二者迥異的為學宗旨與方法論取向。理學家注重格物致知之功，其為學以窮理盡性為首要，故在經典詮釋上尤重訓詁考據之學。而心學一脈則另闢蹊徑，主張直指本心、明心見性。而心學一脈則開創性地提出「心即理」的命題，在經典詮釋上展現出截然不同的氣象。心學大師們提倡簡易直截的為學之道，強調心性體悟的直覺體驗，認為日用常行處即是大道至理，故視著述文章為贅餘，主張「不立文字」。陸九淵作為心學代表人物，提出「六經注我」的觀念，認

---

[1] 周裕鍇：《中國古代闡釋學研究》（上海市：上海人民出版社，2003年），頁1。
[2] 劉笑敢：《詮釋與定向——中國哲學研究方法之探究》（北京市：商務印書館，2009年），頁35。

為「六經皆我注腳」，反對本末倒置的訓詁之學。這種詮釋觀強調主體性的心性體悟，將經典研讀轉化為內在的精神昇華，在他看來，本心自能洞明萬物之理，故其生平極少著述，其思想主要通過講學語錄流傳後世。與之形成鮮明對比的是楊簡，作為陸九淵高足，楊簡卻勤於著述，在經典詮釋方面顯示出了獨特的學術風格。其解經專著包括《楊氏易傳》、《慈湖詩傳》、《慈湖春秋解》、《五誥解》等，另在《慈湖遺書》中還有〈論《大學》〉、〈論《論語》〉、〈論《孟子》〉、〈論《中庸》〉、〈論《孝經》〉、〈論《禮樂》〉、〈論《春秋》〉等大量解經篇章，形成了系統的心學經典詮釋體系。其《楊氏易傳》以心學視角重構易學詮釋，將「乾坤易簡」之理與心性論相貫通；《五誥解》則通過《尚書》詮釋闡發「道心惟微」的深意。特別值得注意的是，楊簡在《慈湖先生遺書》中構建了完整的心學經解體系，從〈論大學〉的「明明德」到〈論中庸〉的「致中和」，系統闡述了心學視域下的經典要義。這種既保持心學本色又重視經典詮釋的學術路徑，在宋明思想史上具有獨特的理論價值。我們可以從他對經典的詮釋中，窺見其心學思想的主旨。楊簡致力於解經的緣故在於「道之不明」：「孔子曰：『道之不行也，我知之矣。智者過之，愚者不及也。道之不明也我只知矣。賢者過之，不肖者不及也。人莫不飲食也，鮮能知味也。』子曰：『道其不行矣』，夫人心即道，本不假求，學者自昏，誤求之外。愚不肖罔然不自知，固未不及；賢者又加之意，故又過之。聖人曆觀天下，自古人心不失之不及，即失之過，故為之屢言再歎，而深念之也。愚不肖之不及，不足多論。賢智者之過，皆於清明無體無意中而加之意，或有動之意，或有靜之意，……意態萬狀，不可勝窮，故孔子每每止絕群弟子之意亦不一而足。」[3]、「此道可以默識而不可深思，可以略言而不可詳議，自省自信，則終日思為而未嘗或

3　〔宋〕楊簡著，董平點校：《楊簡全集》（杭州市：浙江大學出版社，2015年），《慈湖先生遺書》，頁2159。

動；未省未信，則終日靜默而未嘗少閑。」[4]孔子之言「道之不行也」，患學者多是「過之」、「不及」。「過之」之類，多是智者、賢者於心之外又加意，所以違道遠矣，而「不及」者，自是迷惘不自知其自有之道心，而失道矣。楊簡深以為然，慨歎世人學者多此之類，道心自有，本不假外求，學者自是昏亂，求之於外，故不得之。楊簡之解經也，為明學者之道心，闡幽發微，其心學之旨自現。

第一節　以「心」解《易》

　　南宋心學易學的發展過程中，楊簡對《周易》的心學詮釋具有承前啟後的重要意義。這一理論體系的建立，首先源於其師陸九淵的開創性工作。陸九淵突破傳統經學範式，首次以心學視角系統詮釋《周易》，通過創造性闡釋經典義理來構建心學體系，開創了「以心解《易》」的學術傳統。張善文先生評價道：「陸九淵的『心學』體系，是在與朱熹為代表的『理學』派的爭論中形成的。陸氏『心學』觀點在《易》學思想中的體現，多零星散見於他的〈語錄〉中。但真正有系統地應用『心學』以解說《周易》經傳義理的，當始於王宗傳及陸氏的大弟子楊簡。」[5]作為陸九淵最重要的傳人，楊簡不僅完整繼承了這一詮釋路徑，更將其發展為系統化的理論體系。這主要體現在三個方面：其一，在方法論上延續陸九淵「輕訓詁重義理」的詮釋特色；其二，在理論上深化「心即易」的核心命題；其三，在實踐上將心學思想與易學闡釋有機融合。《四庫總目提要》曰：「考自漢以來，以老莊說易，始於魏王弼。以心性說易，始王宗傳及簡。」提又曰：「簡之學出陸九淵，故其解《易》，惟以人心為主。」這一評價準確

---

[4] 〔宋〕楊簡著，董平點校：《楊簡全集》（杭州市：浙江大學出版社，2015年），《慈湖先生遺書》，頁2160。

[5] 張善文：《象數與義理》（瀋陽市：遼寧教育出版社，1995年6月），頁289。

揭示了楊簡易學的師承淵源與理論特質。具體而言，楊簡的易學思想主要呈現於《楊氏易傳》和《己易》兩部著作，其理論建構既吸收了程顥「生生之謂易」的宇宙觀，又繼承了陸九淵「義理充塞宇宙」的心學主張，最終形成「以易為心、以易為己、以易為一」的完整體系。這一體系的核心在於將「本心」提升為形而上的精神實體，主張「除此心外別無二道」，認為易道的變化本質上就是人心的變化，進而將天地、四時、陰陽等自然現象都理解為心體的外在顯現。

楊簡的心學易學包含雙重理論維度：在本體論層面，他提出「人心即易道」的命題，認為心體本自神明，私欲遮蔽導致昏亂；在工夫論層面，他強調通過研《易》反觀自心，達到「自明道心」的境界。這種詮釋路徑既是對《周易》「窮理盡性」傳統的創造性轉化，也是對陸九淵心學思想的深化發展。楊簡特別重視孔子「心之精神是謂聖」的命題，在《楊氏易傳》中反復論證「人心即大《易》之道」的觀點，將宇宙萬物的變化統一於心體的神明妙用。在他看來，《周易》卦爻的變化莫測，正是道心廣大無邊的體現；而私欲的干擾則會使人心喪失本明的狀態。這種以心統易的詮釋模式，不僅豐富了宋代心學的理論內涵，也為後世心學發展提供了重要的思想資源。就此而言，楊簡的心學易不僅是宋代詮釋學的重要理論成就，更是後世學者探索宋明心學發展路徑的關鍵環節。

一　心學易的本體詮釋

中國詮釋學植根於本土語境，以經典注疏為紐帶，形成了與西方詮釋學迥異的話語體系，呈現出其獨特的文化品格：「與西方比較，中國經典的經—傳、經—說、經—解的詮釋系統是開放性；中國經典詮釋的特徵是以人本位和以道德中心。」[6]中國詮釋學的這種風格對

6　郭齊勇：〈出土簡帛與經典詮釋的範式問題〉，《福建論壇》第5期（2001年）。

中國哲學的發展產生了深遠的影響。楊簡對經典的詮釋同樣遵循了以人為本和道德中心的傳統，並把「本心」的作用推演到極致。李承貴先生在其著作中就曾論證過楊簡在解《論語》和《易》的過程中所展現的以「道心」為核心的解釋路徑。[7]楊簡曾言：「少讀《易大傳》，深愛『無思也，無為也，寂然不動，感而遂通天下之故』，竊自念學道必造此妙。及他日讀《論語》，孔子哭顏淵至於慟，從者曰：『子慟矣！』曰：『有慟乎？』則孔子自不知其為慟。殆非所謂無思無為、寂然不動者，至於不自知，則又幾於不清明。懷疑於中，往往一二十年。及承教於象山陸先生，聞舉扇訟之是非，忽覺某心乃如此清明虛靈，妙用之應，無不可者。」[8]楊簡完全覺悟也不是一蹴而就的，楊簡少時讀《易》以「寂然不動，幹統天下」之境玄妙無比，認定學道必以此境為追求。然後來又讀《論語》又因「有慟」與否產生了新的困惑，天道無思無為與人面對現實人倫之間的裂隙，如何能夠彌補這種裂隙，這對年輕的楊簡來說是一種不小的挑戰。經由與陸九淵的「扇訟之對」，楊簡才得以撥云見日，頓悟道心在人，聖人與凡人在本質上來講並無區別。是以人在學道的過程中，不必可以求思，越是造作，越是偏離道心。道不遠人，人應當於日用之間自信、自覺、自知，聖人慟而不覺，正是破除意念的障蔽得真工夫的學道路徑。

首先，乾之「正德利用厚生」皆道心之用。楊簡解「乾」卦曰：「夫道，一而已矣。三才一，萬物一，萬事一，萬理一。唐虞之三事，曰正德，曰利用，曰厚生。厚生者，養生之事；利用者，器用於人為利。是二者皆有正德焉。故《大禹謨》曰『正德，利用，厚生，惟和。』和，同也。卜筮者，民之利用，聖人系之辭，因明人之道

---

[7] 李承貴：《儒家生命詮釋學》（南昌市：江西人民出版社，2021年11月），詳見於第四、五章。

[8] 〔宋〕楊簡著，董平點校：《楊簡全集》（杭州市：浙江大學出版社，2015年），《楊氏易傳》，頁359。

心,是謂正德。人心即道,故舜曰:『道心』。孔子曰:『夫《易》聖人所以崇德而廣業也。知崇禮卑,崇效天,卑法地,天地設位,而易行乎其中矣。』明三才皆易之道,崇廣效法,蓋以人心未能皆悟本一之妙,故因情立言,曰效法而進,至於果與天地相似無間,則自信其本一矣。此人心所同有,故《易》之道亦人所日用。」[9]楊簡講天地人三才一道,那麼天地之心,即是道,也是《易》;天地之心,也即是人之心;人之心發散即是萬物,萬事,萬理。事理茫茫,言說不可盡,研究之不能窮極,目視所視,耳之能聽,口之能言,手足之能動,仁義禮智之施行,古往今來之變化,何始何終?皆不過是吾心方寸之湧動,皆是道心之無窮妙用。聖人以正德、厚生之辭言蓍筮之事,是為了啟明人之道心,即是正德。天之高遠、地之博厚、易道之流行,皆是此道心之妙用,而人未能皆覺悟此心之靈明,所以聖人因其民情趨利避害之本能設卦辭以明人之道心自有,使人自信其三才之一本,人之日用之間即是《易》之道。楊簡釋「用九,見群龍無首,吉」時言:「能用九而不為九所用,故在下則能潛,不為陽剛所使,不為才智所使,而能勿用。能用九而不為九所用,故在三則乾乾能惕,故雖危厲而無咎。能用九而不為九所用,故在四或躍而不敢必於進。或之者,疑之也。淵者,退處之所也,故無咎。能用九而不為九所用,故在五則能飛,能使天下利見而致大人之德業。惟上九能用九二為九所用,為陽剛所使,故以貴高自居而不通下情,故動則有悔。」[10]「九」在《周易》中象徵著陽剛、高、大,於人就象徵著才智之大用,有大人之謂,孔子言「古之治天下者必聖人」即是此也,能用此剛正之道者必是聖人,因其心常覺常明、虛容廣大。所謂能

---

9 〔宋〕楊簡著,董平點校:《楊簡全集》(杭州市:浙江大學出版社,2015年),《楊氏易傳》,頁12-13。

10 〔宋〕楊簡著,董平點校:《楊簡全集》(杭州市:浙江大學出版社,2015年),《楊氏易傳》,頁15。

「用九不為九所用」，人之用物而不為困於物，即是不為陽剛、才智所役形，反受其害。若困於物，則是起意，則是不明，起意及其即是為私，有思為即是為私，障礙必起，不見道心。楊簡在解「天行健，君子以自強不息」時又說：「大道簡易，人心即道。人不自明其心，不明其心而外求焉，故失之。孔子曰：『為仁由己，而由人乎哉？』又曰：『克己復禮為仁。』能己複固有之禮，則仁矣，皆非求之外者。孔子又嘗告子思「心之精神是謂聖」，明乎此心未始不善，未始不神，未始或息，則乾道在我矣。不曰乾而曰健者，所以破人心之定見，使人知夫乾者特一時始為之名，而初未嘗有定名也，故又曰健。八卦皆然，六十四卦亦然，即一可以知百也。」[11]人皆有道心，日用平常即是道，不自明者求道於心外，是非道者為之。孔子言「仁」是為了告學者道心之在己，道心自是萬善畢備、純粹精一、周流不息，乾道自是在我而不在彼。聖人以「健」名道，是為了破除人心之故有偏見，使學道者明白所謂「乾」者也是初始之名，而不是道之定名，說乾說健，都是此道心之異名，乾卦之名，八卦之名也是如此，六十四卦之名也是如此。聖人設卦說爻辭者，都是以明人之道心，吾道一以貫之，六十四卦者，名殊而實一，無非道心流行的軌跡。

其次，坤之「含弘光大」亦道心之用。楊簡曰：「乾坤之道，一也。分陰陽而言之，則乾為天，為君，為父，為夫；坤為地，為臣，為母，為妻。傳曰：『明此以南面，堯之所以為君也；明此以北面，舜之所以為臣也。』天地一氣，乾坤一道，推本而言謂之元，即乾元也。而有『至哉』、『大哉』之異稱者，姑以此著君臣、夫婦之辨，其實一也。坤畫即乾畫之兩耳，未見其為異也。所謂乾之一畫，亦非乾果有此象。象也者，象也，姑以象夫易道混淪一貫之妙而已。所謂乾

---

[11] 〔宋〕楊簡著，董平點校：《楊簡全集》（杭州市：浙江大學出版社，2015年），《楊氏易傳》，頁19。

者如此，所謂坤者亦如此。『至哉』者，極至之稱，乾亦可以言至，坤亦可以言大。」[12]乾坤、陰陽、天地、君臣、夫子、夫婦之道皆為一，聖人設辭以辨明乾坤非是有兩用，以象類比道之混融大通之妙，乾道剛健中正，是謂大道，坤道柔順載物，亦是謂大道。曰剛健、曰柔順者，都是聖人設教以言之，目的是發神明之德，通萬物之情。楊簡解「六二：直方大，不習，無不利。」是也說：「直者，直而已，不曲而已，不必求之遠也。方者，如物之方，不可轉移而已，不必求之遠也。曰直曰方，皆所以形容道心之言，非有二理也。此道甚大，故曰『直方大』。此道乃人心之所自有，不假修習而得。人心之本，惟有虛名，初無實體，自神自明，自中自正，自直自方，自光自大。變化云為，隨處皆妙。」[13]道心自是不曲不折，不必求之遠；道心自是方正，不可轉移，亦不必求之遠。直、方之言，都是道心之自有，非是有二道。此道廣大無際畔，稱人心者，也只是虛名而已，非有實體桎梏，此心之妙廣大中正、自直自方，其用自是神妙變化、無處不在。坤之言道，是以明道之至順之名，非是說乾自有一道，坤自有一道，六十四卦非是各有一道，各行其是。《易》之為道一也，六十四卦之變化云為、動靜往來、風霜雨露之不同，合而言之，都是此易變之道。易道之中，自有剛柔、動靜，變化莫測。楊簡言「坤元無所不含藏，豈不甚弘，萬化萬生。光，言其如日月之光。凡光，雖及物而無所思為，此言坤德以明人心一貫之妙。」坤以言地之厚德載物，其無所不包、無所不藏，其涵容萬物甚是弘大，其載物也如日月之遍照而不思不為，聖人之所以言坤，是為了明人心虛容廣大而無所思為之妙。所以楊簡又說道心無體無方，無形體可執，是為至柔之極，人之

---

12 〔宋〕楊簡著，董平點校：《楊簡全集》（杭州市：浙江大學出版社，2015年），《楊氏易傳》，頁35-36。

13 〔宋〕楊簡著，董平點校：《楊簡全集》（杭州市：浙江大學出版社，2015年），《楊氏易傳》，頁39。

為己者,是私意作祟,非是道心,所以為己者自是不柔。道心因其無體,所以能隨體而著形,其如光遍覆萬物,是為坤道之至順。

再次,天人之道一也。楊簡解「複,其見天地之心乎!」卦爻時認為「天人之道,一也。異乎天,無以為人。人心即道,人自不明,意起欲興,人心始昏,始與天異。意消欲泯,本清本明,云為變化,動者天之動也,靜者天之靜也,反復天之反復也。如是則體天道,寂然而感通,無干時之禍,無作意之咎。既複矣,則利有攸往矣。」[14] 楊簡講三才一氣、三才一體、三才一道,人與天地不可有相違背的地方。人之腹髒有疾患發生,則其手足身體都會不安定,是因為腹髒與手足皆是人之身體。人事與天地若產生乖戾之行為,則上下同類相同,災害亦會發生,人之意欲消泯而無私無故,則道心自清明,自與天同,天之變化即是吾心之變化,自感吾心之變化云為沒有禍亂之憂,沒有作意之過失。並且,楊簡又對複卦初九爻辭「不遠複,無祇悔,元吉」做出了解釋:「意起為過,不繼為複。不繼者,不再起也,是謂『不遠複』。意起不已,繼繼益滋,後雖能複,不可謂『不遠複』。不遠之複,孔子獨與顏子,謂其『有不善未當不知,知之未當複行』者,繼之之謂。意起即覺其過,覺即泯然。如虛之水,泯然無際;如氣消空,不可致詰。人心自善,自神,自明,自無污穢,事親自孝,事兄自弟,事君自忠,賓主自敬。應酬交錯,如四時之錯行,如日月之代明,如水鑑中之萬象。意微起焉,即成過矣。顏子清明,微過即覺,覺即泯然無際如初,神明如初,是謂『不遠複』。」[15] 楊簡認為意起過生,不繼續則為複,所謂不繼,即是不再起意。意之微起,人即有覺,覺者則能消泯意之再起,則可以稱之為「不遠

---

14 〔宋〕楊簡著,董平點校:《楊簡全集》(杭州市:浙江大學出版社,2015年),《楊氏易傳》,頁157。

15 〔宋〕楊簡著,董平點校:《楊簡全集》(杭州市:浙江大學出版社,2015年),《楊氏易傳》,頁158。

複」，可知「不遠複」的境界也是極難達到的，孔子獨說顏子能有此覺。眾人之意起也，常常是日益繼之而人不覺其過，雖有能複其心清明者，不能稱得上覺，自然不能說是「不遠複」。可知「不遠複」即是能善改過，能覺之微起之時，其心自是神明如初如日月之明、如水鑒萬象，回復道本心之初始的狀態，澄明虛空、不慮不知、不思不為的靈明之境。所以楊簡又言：「複，則不妄矣。未複，則我為主。道心無內外，外心即內心。惟人之昏，不省乎內，惟流乎外，是故姑設內外之辭。」[16]複則道心元亨利正，不復則意起我立，我立則道心不明。然道心無內外之分，言外言內者皆是為不省此心者設辭，道心自是大、中、正，天人一致，動靜一體。

最後，天地人三才皆是《易》。楊簡再次強調了「三才一體」的觀念：分而論之，天、地、人的分殊與物理變化，從表現形態上來看是不一致的、不一樣的，天的剛健是風霆雨露，地的博厚是容養萬物，人的血氣形貌是能親親、仁人、愛物，在日用之間博采天地之長。而從本質上來說是同一的，天、地、人皆是道心的行跡，名號千變萬殊，形貌千姿百態，其本質確是一致的。天、地、人的形態變化從根源上來說，可以名之為乾、坤；從其紛雜之處上來說，其名為震、坎、艮、巽、離、兌，風庭雨露，山川草木都是一物而已，一物而有八個名辭，名辭之間並無大小、優劣、高低。精粗之分。物之形狀有大小之區別，道卻沒有這種人為的區分；德性有優劣之別，道無優劣之說。可以推知，楊簡說人心，即是道心，純然一片，不加人欲紛擾，精一至誠，無所謂分別，道即是道，若論大小、高低之為，是為意之遮蔽。所以楊簡又總結說：「三才之間，何物非天地之心？何事非天地之心？何理非天地之心？明者無俟乎言，不明而欲啟之，必從其易明

---

16 〔宋〕楊簡著，董平點校：《楊簡全集》（杭州市：浙江大學出版社，2015年），《楊氏易傳》，頁161。

之所以啟之。萬變萬殊，不可勝紀，難以明指。……然則天地之心，豈不昭然可見乎？天地之心即道，即易之道，即人之心，即天地，即萬物，即萬事，即萬理，言之不盡，究之莫窮，視聽言動、仁義禮智、變化云為，何始何終？一思既往，再思複生，思自何而來？」[17] 楊簡直言天、地、人之間，何物不是天地之心？何事不是天地之心？何理不是天地之心？明此理者無需以來言辭來判斷，若要啟發不明此理者，必要從其簡單明瞭出著手。宇宙間萬變萬殊，不可一一述說，難以具體。然而天地之心，不是昭然可見的嗎？天地之心即是道，即是易之道，即是人之心，即是天地，即是萬物，即是萬事，即是萬理，言說之不盡，探求不窮，人之視聽言動、仁義禮智、變化云為，由何開始又由何結束？眾人見天地之間物態紛紛、錯亂無章，宇宙自然之風庭雨露之千變萬化不可勝窮。而聖人獨能見此紛紛然變化之本質，天地、陰陽、四時之變，皆由一道也。此道人皆有之，而眾人因意生私，不覺其道，聖人之所以能獨見此天人一道，在其能覺也。聖人能與物會通，而不為意慮桎梏、不為形體束縛，自能睽間此道。聖人為眾人之能返其本也，所以借〈睽〉之〈彖〉之義以明眾人之心。

可見，楊簡心學易的獨特詮釋風格，破除了名言之執，顛覆了傳統的象數思維，八卦並不僅僅是占卜的工具，更是道心的一面鏡子，卦象、爻辭都是道心的異名。以此萬善自足的道心本體，若要得聖人之境，何須向外做修養工夫，體認道心當回歸自身，回到當下的生活中去反觀、去反省。

二 「己易」的反觀

「易」是宇宙自然之大道，本質上是至簡至純的終極本體，思想

---

[17] 〔宋〕楊簡著，董平點校：《楊簡全集》（杭州市：浙江大學出版社，2015年），《慈湖先生遺書》，頁1990。

家們通常稱為「一」。這一本體的發散顯現於萬事萬物之中，可以說宇宙間無一物、無一事能外於「易」。易，是言其全大用，通貫古今、包羅萬象的，始終只是這一個「易」而已。「己」作為一個個體性的概念，是性與形的結合體，其存在是帶有濃烈的道德情感體驗色彩的，「己」是有血氣形貌的存在，豐富性十足，然而其性又是混雜的，而不是純粹的。純粹精一之「易」是無方無體的，是謂一，性與形之著則在「己」，是有多的成分在的。楊簡則創造性的把這二者結合起來，以「己易」為一說，一是本，二是用。道心即是一，天地、陰陽、萬物即是道心之用。人之血氣形骸，無不是由陰陽合而成之。天地人三才之道實為一也。向來學者所謂天地人分為三類，是從其形態上來說的，天居於上，地位於下，人立於天地之間，無論是從空間還是形式上來講都是不一樣；而楊簡所言「一」者，是從其根本性質上來說的，亦可以說是道或者易，易之用千變萬化、不可一一言說，但都是吾心之變化。天地人，此三者只有名言上的不同，其實本為一體。所以《乾‧彖》中有言：「舉萬物之流形變化皆在其中，而六十四卦之義盡備於乾之一卦矣。」無論怎麼變化，宇宙間萬物之生髮與消亡，六十四卦變化無窮，皆歸一乾卦之中。

楊簡以《易》為「己」，把人放到了解易的中心地位，凸顯人的主動性和主體性。據前文可知，楊簡在《楊氏易傳》中多言人心、道心之語，以明學者《易》即是道心，極力推崇心的本體性地位。楊簡之言道心有兩種意涵：一是明確心的超越性本體地位，道心無體無方、廣大無際畔，那麼所謂易道就是人心之道，是人心而發，易道在人心，不在心外；二是道心人人皆有，正是道心的無際畔，所以其能隨物著形、周流遍覆，道心即在日用平常之間，人之求道只需求諸己心而不需求之於外，正所謂反求諸己，以易為己。楊簡在《己易》篇中通過「我」、「吾」、「己」這三個概念的辯證分析，建構了其主體性的哲學體系，突破了以往的學術傳統，「我」作為一個知覺主體，視

聽言動都是「太極」的圖證;「吾」強調了主體的道德屬性,仁義禮智盡在吾身;「己」把形上與形下結合,實現本心的落地與踐行。通觀《楊氏易傳》和《己易》,可知楊簡對《周易》的詮釋是以其「《易》者,己也,非有他也。」為根本出發點。楊簡的心學易學實際是其本心論的投射,以《周易》卦爻圖譜為本心的圖像結構,在心學易的詮釋過程中,楊簡創作出《己易》為其心學易搭建理論架構,完成了從「我注六經」到「六經注我」的詮釋觀轉變。《己易》開篇曰:「《易》者,己也,非有他也。以《易》為書,不以《易》為己,不可也;以《易》為天地之變化,不以易為己之變化,不可也。天地,我之天地;變化,我之變化,非他物也。私者裂之,私者自小也。」[18]《周易》之書,歷代思想家大都把把當作是一部摹寫宇宙自然變化之書,通過卦爻辭所推演出宇宙萬象,為思想家們提供了一個探索宇宙的密碼,以易變能知天道,人倫物理則依天道而行。

首先,天地皆「我」。楊簡在《己易》篇中曰:「夫所以為我者,毋曰血氣形貌而已也。吾性澄然清明而非物,吾性洞然無際而非量。天者,吾性中之象;地者,吾性中之形。故曰「在天成象,在地成形」,皆我之所為也。混融無內外,貫通無異殊,觀一畫,其旨昭昭矣。」[19]楊簡認為人的存在,血氣形貌只是其形體性的存在,是從其形上來說的,但若是以血氣形貌為人之全體,則是大錯特錯的。決定人之所以為人者,更多的應該從其性上去考量,這是人區別與他物的地方。人是血氣形貌和道德理性的結合,而後者更具有決定性地位。楊簡認為天地人之間的關係是一物而三名。人非是只有血氣容貌的存在。人之性澄然清明並非是具體的物象著其形體,人之能洞然無邊際

---

[18] 〔宋〕楊簡著,董平點校:《楊簡全集》(杭州市:浙江大學出版社,2015年),《慈湖先生遺書》,頁1972。

[19] 〔宋〕楊簡著,董平點校:《楊簡全集》(杭州市:浙江大學出版社,2015年),《慈湖先生遺書》,頁1973。

也不能用來丈量。名天者,是吾性中之象,名地者,是吾性中之形。所以說「在天成象,在地成形」者,都是人所為也。天地人三才一,道混融一體,互相貫通,觀其三者之中任何一者都可瞬間其性之昭然。而這也是楊簡所言天地萬物形殊而實為一也。這個一即是心,即是易,也即是道心。人之血氣形骸的生成乃是由清濁陰陽之氣合成,天地、陰陽、萬物,無不是由此二氣合成,所以楊簡說天、地、人三者,從形貌上來說千差萬別、各有不同,然而從其本性上來說,則是同一的,同一道,也可以說是易。世間物象紛紛,而名言亦是隨之紛然,但歸根結底道是同一的。所以楊簡說:「故夫《乾‧彖》之言,舉萬物之流形變化皆在其中,而六十四卦之義盡備於乾之一卦矣。」[20]盡列天下萬物,鳶飛於天、魚躍於淵、林木喬聳、砌草纖短,目而視之可見其性狀之大不同,其形態亦是千差萬別,動靜不一,但萬事萬物,皆是吾心之散殊。吾心之用也,隨物賦形而不思不為,雖不思為卻無所不通,此所以謂之心,亦謂之道,亦謂之易。聖人之言人心即道者,是以明天下紛紛然之物盡皆歸吾心之所有。楊簡又言:「自清濁分、人物生、男女形,萬物之在天下,未嘗不兩。曰天與地,曰晝與夜,曰夫與婦,曰君與臣,曰尊與卑,曰大與小,曰貴與賤,曰剛與柔,曰動與靜,曰善與惡,曰進與退,曰實與虛,博觀縱觀,何者非兩一?所以象此者也,又系之辭曰坤,坤,順也。明乎地與妻與臣與柔之類也,然非有二道也。坤者兩畫之乾,乾者一畫之坤也。故曰『天地之道,其為物不貳,則其生物不測。』」[21]天下之物事以乾坤、陰陽來分,清濁不同、人物之差異、男女之形殊,未嘗不是兩兩相對立。然觀宇宙自然運轉之天地、晝夜、夫婦、君臣、尊卑、大

---

20 〔宋〕楊簡著,董平點校:《楊簡全集》(杭州市:浙江大學出版社,2015年),《慈湖先生遺書》,頁1973。

21 〔宋〕楊簡著,董平點校:《楊簡全集》(杭州市:浙江大學出版社,2015年),《慈湖先生遺書》,頁1973。

小、貴賤、剛柔、動靜、善惡、進退、虛實之類，何嘗不是一道也，乾、坤雖然其畫不一，然二者其實則為一。

其次，以元、亨、利、貞為「吾」之四德。如前所述，舉天地萬物萬化萬理，其道無不是易也，無不是乾道也，無不是心也。乾、坤等八卦之名者，都是《易》道之異名，道之初始沒有本末、精粗、大小的差異，孔子謂之「吾道一以貫之。」八卦實為《易》道之變化，六十四卦又為變化之變化，言其易道之變神妙莫測。世間之物有大小，而道無大小；人之德行有優劣之分，而道無優劣之分。其心能通達此道者，能洞察天地人物盡在吾性之中，而其天地人物變化往來，自都是吾性之變化。坤，即是乾之兩畫，非是另有一坤道。其餘震、巽、坎、離、艮、兌之六卦，皆是乾卦之散殊交錯，更不是乾之外另有六物。八卦者，皆是吾之變化。人之不以天地萬物萬化萬理為己之變化，而桎梏與耳目口鼻四肢之血氣形骸而己之全體，是人為私、為小也，是為裂吾之全體之私意。吾之全體非是禁錮與方寸之膚之間，血氣形體之為小也，不知吾之廣大光明周流遍覆之全。乾卦之剛健中正是吾之體用，坤卦之至柔至順亦是吾之體用，所以楊簡曰：「元、亨、利、貞，吾之四德也，吾本無此四者之殊，人之言之者自，爾殊。」[22]吾心之發用，自是元、亨、利、貞，元以言吾之始，又可以言之曰仁；亨言吾心之通達，也可以言之曰禮；利言吾心之利，也可以言之曰義；貞言吾心之中正，也可以言之曰固。楊簡又言之曰：「今夫人亦話言，何從而始乎？非元乎？一念慮何從而始乎？非元乎？日用應酬，變動不窮，非大亨乎？咸有利焉，非利乎己，則利乎物。又有正焉，正則行，邪則否；正則利，邪則害。自一人之身，一日之中元亨利貞兼具焉，而況於他乎？一以貫之，物物皆易，事事皆

---

[22] 〔宋〕楊簡著，董平點校：《楊簡全集》（杭州市：浙江大學出版社，2015年），《慈湖先生遺書》，頁1975。

易,念念皆易,句句皆易,名號紛然,變化雜然,無一非易。」[23]大道自是坦蕩平易,吾心自是無不通也,日用平常之間,無不是元、亨、利、貞,吾道一以貫之,無物不是易道,無事不是易道,人之字字句句亦皆是易道,名號紛然交錯,變化萬狀,但無不是此易道之變化。人自有道心,不假外求,人心自是至善至明,順而行之,無有不善之舉,其行自是有德,自是元亨利貞,無有不吉。

再次,行有不得,反求諸「己」。楊簡言:「人之天性即天道,動於意則為人欲,動不以意,是謂道心。」[24]人性即天道言其人性本善、本正、本無雜念、雜欲。人心之動不以私意則,道心自中正無二,其動為私意萌動、為欲念牽引則失道心之正,則為支為離。道心無有體著,所以自然是寂然不動、變化無方,其澄明之性如水之清明能鑒萬象於其中。萬象有生滅往復之變化,而水則是不增不減、不升不降的。天地間陰陽二氣有升降、上下之交替,而道無升降上下之動。萬象之至動之機在此道心之常靜,萬象至變無窮但道心是常一的。道心之至動、至變是蘊藏在其寂然不動之本性中的。所以楊簡又言:「人皆有是道心,皆有是變化,而自不知,而惟執浮動之意以為己私,所以率好進惡退,好高惡卑,好動惡靜。其間雖有知靜之為善者,欲靜而又自不能也。不欲,則未始不知,則亦無所不知。」[25]道心自是至動而常靜、至變而常一的,人惟不自知,而執私意以為是己心也,所以其行為自是趨利而行,而不知靜之為善。後雖欲為靜而不能,違道之故也。人欲從道而不得行,楊簡又言曰:「行有不得者皆反求諸己者,心也。心者,五德之一也。聖人設教,合五德以明道心

---

23 〔宋〕楊簡著,董平點校:《楊簡全集》(杭州市:浙江大學出版社,2015年),《慈湖先生遺書》,頁1984。。

24 〔宋〕楊簡著,董平點校:《楊簡全集》(杭州市:浙江大學出版社,2015年),《楊氏易傳》,頁342。

25 〔宋〕楊簡著,董平點校:《楊簡全集》(杭州市:浙江大學出版社,2015年),《楊氏易傳》,頁342。

之全。道心之見,其可言者有五,使闕焉者,知己德之一未備,之此道之未全,其道一也。曰白曰瑩曰溫潤,皆所以明一玉;曰黃曰剛曰從革,皆所以明一金;曰說曰順曰剛曰中曰應,皆所以名一道。」[26] 求廣大而不得,求深遠而不得,求艱澀而不得,這些都是去道甚遠的做法,在楊簡看來當然是「行有不得」。惟有「反求諸己」才是學道的正確做法,何謂己?心是也。心合「說、順、剛、中、應」五德。聖人設教化之功,合此五德用以明道心之全備明示學者。道心之顯現,其可言者有此五種德性,此說也是有缺漏的,學者知自身德性之不完善,知學道之不全也,道是始終如一的。而五德之說,皆是明一道也,道未嘗有二。

最後,聖人盡易道之全。《楊氏易傳》曰:「道心物體,神用無方,文、明、健、中、正、應,非實有此六者之殊,形容君子之正道有此六者之言,其實一也。」[27] 道心之萬善畢備,自是神用無方,分而言之,其間有至德之言不可勝紀,其實都是言人之正道,非是各有一道。聖賢自然明此之理,然眾人多以為萬物之名號紛紛然各有其道,人因此而失正。道是不加人為干擾,不流入於人欲之中,至動至變的心雖一直處在變化流動中,然這種變化是無思無為的,沒有絲毫人為的痕跡,所以說天性之妙,是謂天之道也,也是道心。道心人所自有,人之本心即是道心,自是周流遍覆、變化不盡,自是中正、光明。但人自知自明者少。自知自信者,則知《易》道之在我,何必言他物以遮蔽自明的本心。楊簡因之言曰:「道心人人所自有,人之本心即道,自是至動至變,自是無思無為,自大亨而不失正。而人自知自信者寡。果自知自信,則《易》道在我矣;果不失其全,則於臨,自說,

---

26 〔宋〕楊簡著,董平點校:《楊簡全集》(杭州市:浙江大學出版社,2015年),《楊氏易傳》,頁132。

27 〔宋〕楊簡著,董平點校:《楊簡全集》(杭州市:浙江大學出版社,2015年),《楊氏易傳》,頁101。

自順，自中，自應矣。說順剛中而應之道，即大亨以正之道。故聖人通而言之。孔子如四時之錯行，如日月之代明，五十而學《易》，七十而從心所欲不逾矩，是大亨以正之妙。此誠非學者窮思竭慮之所能到。門弟子蓋力索之而不獲，力為之而不至，孔子嘗歎曰：「莫我知也夫！」又曰：「知我者其天乎！」夫是之謂天之道也。」[28]易道之萬變萬化，非學者所能一一窮盡，孔子說「五十而後學《易》」，則知易之為大道，非大聖大智之人、道德完備之人，其學終是有所不盡、有所不至之境。楊簡認為孔子所言大聖大智、道立德備者必是聖人才具有的，也即是道心。楊簡認為學易即是對聖人之道的一種追求，先聖之言學《易》之道，也是對道心的一種反觀和回歸。此道不需外求，吾心自是澄明，自是通達，自是萬善盡備。何必遠求？何必外求？遠求、外求都是意起而為之，意起皆是支離，意起皆是對心的遮蔽。學者只需持守本心，道自是在吾心之中，自善自明。

第二節　六經注我

一　以「心」解《詩》

楊簡的《詩經》詮釋思想主要集中在《慈湖詩傳》一書中，間闡幽發微之義，主要以孔子所言「思無邪」為根本準則。通過對《慈湖詩傳》的研究，可以理清楊簡解詩的主要內涵與目的：楊簡認為《詩經》是聖人德性的具體呈現，通過《對》詩經的研讀，可以學習先聖修養心性的方式，通過對《詩經》詮釋，可以開明道心，以此「言志」。在詮釋《詩經》的過程中，楊簡堅持以心學為向度，以道心統攝全詩，把「言志」提升到本體的高度。最終，在日常生活中學習並

---

[28] 〔宋〕楊簡著，董平點校：《楊簡全集》（杭州市：浙江大學出版社，2015年），《楊氏易傳》，頁132。

踐行《詩經》中的微言大義，以明古聖賢之德行完善之境界，教學者於日用平常之間修持自身的德行，以達到孔子所謂「思無邪」的澄然洞然之狀態。楊簡認為，對《詩經》的詮釋既有訓詁考據之實，又具言志抒情之旨，正可啟發人心本具之良善，彰顯道心之在我。如此則無刻意造作之弊，自然達致「思無邪」之純然境地。楊簡在《慈湖詩傳》所闡釋的理論體系，可以概括為一下三個層面：一是本心自善，楊簡強調人心本然自善自正，其性自思無邪，其量廣大無邊，一旦起意，反致昏亂。二是道用平常，楊簡認為《詩經》中所涵詠的草木、鳥獸、夫婦、君臣之事，無不是道心的展現，不必可以找尋艱深義理，徒勞本心。三是確立「思無邪」的聖人之境，楊簡認為通過對《詩經》的體認，可使本心回歸到無造作的本然狀態。

首先，本心自善自正。〈詩解序〉曰：「至道在心，奚必遠求？人心自善自正，自無邪，自廣大，自神明，自無所不通。……人心本正，起而為意而後昏，不起不昏，直而達之，則〈關雎〉求淑女以事君子，本心也；」[29]楊簡認為詩乃心之所發，道心為人之所自有，何必又向遠處探求？人心自是善良中正，自是無淫邪的，自是廣大無際的，自是神明精妙的，自是無所不通達的。人心本正，意起而後導致昏亂，意不起不昏，直心而往即會達道，所以〈關雎〉所言「窈窕淑女，君子好逑」乃是其本心之所發。所以楊簡言之曰：「此誠確無偽之心，不忌不妒之心，即道心，即天地之心、鬼神之心、百聖之心。」[30]人由此誠確無偽之心行事，自然正直無二，自然無有意欲之起。不由本心而往，則支離本心而入於邪淫之路，此心無意無欲之光明中正流入於邪念之中。人之心自是寂靜而安止，其視聽言動如四時

---

29 〔宋〕楊簡著，董平點校：《楊簡全集》（杭州市：浙江大學出版社，2015年），《慈湖先生遺書》，頁1846。

30 〔宋〕楊簡著，董平點校：《楊簡全集》（杭州市：浙江大學出版社，2015年），《慈湖詩傳》，頁442。

之錯行，如日月之代明，如水鑒萬物萬象於其中，而本心自是清明寂然而不動於意。所以楊簡總結《詩》之旨曰：「嗚呼！三百篇，一旨也，有能達是，則至正至善之心，人所自有，喜怒哀樂無所不通，而非放逸邪僻，是謂寂然不動、感而遂通天下之故。」[31] 三百篇者，皆是明本心至正至善，此心通於天地、自然、鬼神，無所不通。本心之中，喜怒哀樂之發也皆是道心之用，所以自然無有私意放逸之為。沒有私意物欲之擾，此心之感通天下萬物自是至動而常靜的。人若能自信、自知其心之正，日用平常之間道心自然顯現，人之孝親、敬長、忠君、友賓都是己心之正。所以，楊簡解《詩》不求之於高深艱難的義理，而是於日用倫常上體認本心。

其次，道用平常。楊簡認為忠信之心、篤敬之心皆是道心，人所固有，不必求之曰幽遠高深，人能自信其心，不動起意而能自覺改過，則無所失，則此心自能常覺、常明、常一。楊簡在〈自序〉中說：「捨平常而求深遠，捨我所自有而求諸彼，學者苟自信其本有而學禮焉，則經禮三百、曲禮三千，皆我所自有而不可亂也。是謂立至於緝熙純一，粹然和樂，不勉而中，無為而成。雖學有三者之序，而心無三者之異，知吾心所自有之六經，則無所不一，無所不通。有所感興而曲折萬變，可也；有所觀於萬物，不可勝窮之形色，可也；相與群居，相信相愛，相鄰相治，可也；為哀，為樂，為喜，為怒，為怨，可也；邇事父，可也；遠事君，可也；授之以政，可也；使於四方，可也。」[32] 道心之在我，在日用平常之間，人若能得覺悟，自然知吾心自有經禮三百、曲禮三千，其間仁義禮智、忠信篤敬，無不中節，其心自是廣大、貫通、純粹、精一、至善，自知吾心自有六經

---

31 〔宋〕楊簡著，董平點校：《楊簡全集》（杭州市：浙江大學出版社，2015年），《慈湖詩傳》，頁485。

32 〔宋〕楊簡著，董平點校：《楊簡全集》（杭州市：浙江大學出版社，2015年），《慈湖詩傳》，頁438。

也，感通於天下萬物而不動思慮，與人交也自是誠信、互敬互愛，其感自是喜怒哀樂順心而為。總而言之，楊簡主張日間往來應酬，事君、事親、為政，皆是道心。然而學者大都捨日常平夷而求之新奇曲折，捨近在己身之道而求之於高遠，雖日用其道而不自知也。所以楊簡為啟發學者之心又言曰：「夫道，一而已矣，平常而已矣。聖人慮天下後世求諸高遠而反失之，故又曰常。箕子曰『王道平平』，孔子曰『中庸』，皆言道不離乎日用庸常也，平直而非遠也。聖人慮人以為淺，故大之；又慮人以為高，故曰常。皆所以啟人心之蔽而明道也。」[33] 聖人深知後世學者之失道也，所以以「常」告學子，明道之平常、庸常，日用是也，平常是也，無甚艱深曲折。此道平平蕩蕩，聖人名之曰「大」、「常」者，都是為解人心之蔽。人心本善，雖人人固有之性，但在現實層面來說，不明本心、不自信的現象普遍存在。產生這種現象的原因主要是人在學道上捨近求遠，捨棄簡易直截的體認工夫，而追求艱深曲折的歧路。並且人容易忽略本體、捨內求外，忽視本心自足的德行，而向外作無用功。世人所謂深思力索者，都是違道，所謂「觀《詩》者，既釋訓詁，即詠歌之，自足以興起良心。雖不省其為何世何人所作，而已剖破正面之牆矣，其通達也孰禦！」[34] 《詩經》所講皆是自然、平常、人倫的自然變化，人若學《詩》當從平實之處出發，誦之讀之，自能發覺本心的之靈妙之用。針對這種問題，楊簡強調「三百篇皆吾心之注腳」，學者當自信其本心之常有而再學禮，則知禮是我本有之，從而不亂心之大本。

最後，「思無邪」。孔子論《詩》，以「思無邪」為要義，學者學《詩》往往懷疑其三百篇中另有深意，聖人所謂「無邪」必定非人之

---

[33] 〔宋〕楊簡著，董平點校：《楊簡全集》（杭州市：浙江大學出版社，2015年），《慈湖詩傳》，頁902。

[34] 〔宋〕楊簡著，董平點校：《楊簡全集》（杭州市：浙江大學出版社，2015年），《慈湖先生遺書》，頁2029。

常情所理解的無邪之意。一旦有此意慮,學者已經偏離《詩經》本旨。孔子曰:「《詩》三百,一言以蔽之,曰思無邪。」楊簡釋曰:「此無邪之心,人皆有之,而不自知,起不知其所自,用不知其所以,終不知其所歸。此思與天地同變化,此思與日月同運行。故孔子曰:『夫孝,天之經,地之義。』又曰:『禮本於大一,分而為天地,轉而為陰陽,變而為四時,列而為鬼神。』又曰:『哀樂相生,正明目而視之,不可得而見也;傾耳而聽之,不可得而聞也。』一是也。……觀《詩》者,既釋訓詁,即詠歌之,自足以興起良心,雖不省其何世何人所做,而已剖破正面之牆矣。」[35]楊簡所言「無邪之心」即是道心。道心雖為人所固有,然常人往往日用而不知:既不知其本源所起,亦不明其功用所在,更不覺其終極歸依。所謂「思無邪」者,實為「心無邪」之境界。楊簡直指「此思與天地同變化,此思與日月同運行」,此處「思」乃指人之神妙莫測、變化無方、廣大無際的本然之心。此心涵攝宇宙自然之化育,其思本具至善至正、至明至神之性,是為超越分別對待的「無思之思」,故能恆守中正;其思周遍萬物萬事萬理,如日月普照、四時更迭、鬼神幽顯般自然顯現。發而為禮樂,則自然中節和暢,皆為此心之正用流行。楊簡認為「聖言坦夷,無勞穿鑿,「無邪」者,無邪而已矣,正而已矣,無越乎常情所云也。」[36]聖人之言坦蕩平易之極,無勞穿鑿附會,更不會曲折艱澀,其說「無邪」即是常情之無有邪念淫欲,正而已,無超越常情之所理解。但世之人多不明人之本心如此,不知、不信者尤多。自知、自信者,則其易直子諒之心自生,其惡自然停止,其心感發於物自是正而無邪、有善而無惡,其心溫柔忠厚而無有奸詐虛偽、至純

---

35 〔宋〕楊簡著,董平點校:《楊簡全集》(杭州市:浙江大學出版社,2015年),《慈湖詩傳》,頁439。

36 〔宋〕楊簡著,董平點校:《楊簡全集》(杭州市:浙江大學出版社,2015年),《慈湖詩傳》,頁440。

而不雜邪念，有一之全而無二之分裂，其學〈周南〉、〈召南〉也必是無淺陋之思。人皆有惻隱之心、徐行後長之心，此心即是知、即是仁。所以楊簡言曰：「此心人所自有，故三百篇或出於賤夫婦人所為，聖人取焉，取其良心之所發也。至於千百載之下，取而誦之，猶足以興起也。故曰：『興於《詩》。』」[37] 聖人之取《詩》，因其能發人之無邪之思，其思人日用而不知其所起、其所終、其所歸，日用而不知用。《詩》乃良心所發也，自是可以興人之本心。

二　六經注我的覺成

楊簡的解經著作頗豐，並形成了獨具特色的心學詮釋體系，包含《楊氏易傳》和《慈湖詩傳》在內，其全部經學詮釋都貫穿著「以心解經」的心學特徵。楊簡在《先聖大訓》中曰：「世稱先聖，是謂孔子。某只是惟先聖大訓，自《論語》、《孝經》、《易》、《春秋》而外，散落隱伏，雖間見於雜說之中而不尊，不特有訛有諛。」[38] 道心人人皆同，但昏亂或清明卻差異巨大。聖人的言行雖是前後一致的，但後世學者學聖人的思想卻未能加以轉化運用，導致對經學的誤解越來越多，經過歷代的傳續，泥沙俱下，其間謬誤、歧義已是不堪計數，最終導致後世學者去道甚多。道心遮蔽，猶如夜光之珠，久久埋沒與沙礫之中；猶如日月之明亮，出沒於云氣遮擋之中，時隱時現，不復其清明無礙的本來面貌。不知道者固然無法苛責其能明白先聖之大道，而知道者卻不致力於發明先聖之言，複其先聖之道，非忠義之能為也。因此，楊簡通多對經典的系統考證與整理，又將其精華凝聚成

37　〔宋〕楊簡著，董平點校：《楊簡全集》（杭州市：浙江大學出版社，2015年），《慈湖詩傳》，頁440。

38　〔宋〕楊簡著，董平點校：《楊簡全集》（杭州市：浙江大學出版社，2015年），《慈湖先生遺書》，頁1847。

書。在這個過程中，楊簡不僅對經典進行校正、補缺，更重要的使闡發經典中蘊含的微言大義，以為後世學者解惑、除蔽。楊簡治經的根本目的是為了彰顯道心，彰顯經典的價值在於為人體悟道心提供合適的方式。

首先，駁斥「誠意」之說。〈論《大學》〉曰：「蓋人心即道，作好焉，始失其道。作惡焉，始失其道；微作意焉，輒偏輒黨，始為非道。所以明人心之本善，所以明起意之為害。而《大學》之書則不然，曰『無所不用其極』，曰『止於至善』，曰『必正其心』，曰『必誠其意』，反以作意為善，反蔽人心本有之善，似是而非也，似深而淺也，似精而粗也。」[39] 人心是自善、自中正的，意是對心的支離，是惡的，人之學道須先從「毋意」為始，以複歸清明本性。既然意為惡、為支，又何來「誠意」之說？所謂誠意者，都是不明本心之論，以為人心有失，所以以誠意為開端建立修養工夫，再通過格物來明理，看似合情合理，卻與本心背道而馳。楊簡認為人心即道，起意之作好或作惡，都是害道之舉。意之微起，都是偏、都是黨。所以學者首要任務是要明人心之本善，知起意是對本心的損害。而《大學》之書言：「無所不用其極」、「止於至善」、「必正其心」、「必誠其意」，則是大錯特錯。「無所不用其極」已是意起而作，道心在我，不必遠求，何必窮其力於外求！而人心自善、自中正，更毋談止於至善、正心之說，在楊簡看來，這都是意的遮蔽，至於誠意之說，更是大錯特錯。此四者之功，都是意起的體現，不僅於道心無益，反而遮蔽其清明本性，是似是而非、似深而淺、似精而粗的。正是因為意為支離、為惡，所以聖人有「毋意」、「止絕學者之意」之說，其間深意，後之學者當於自身上發深自省。大學又言「道盛德至」之言，楊簡卻不以

---

[39] 〔宋〕楊簡著，董平點校：《楊簡全集》（杭州市：浙江大學出版社，2015年），《慈湖先生遺書》，頁2154。。

為然:「於道言盛,是又積意之所加,而非本也。又曰:『知止而後有定,定而後能靜,靜而後能安,安而後能慮,慮而後能得。』籲!此膏肓之病也。道亦曷嘗有淺深、有次第哉?淺深次第,學者入道,自為是不同耳,是人也,非道也。學者學道,奚必一一皆同?而欲以律天下萬世,無益於明道,而反壅之。道無淺深,無次第,而反裂之。人心自直自一,自無他,顧作而起之,取而鑿之,豈特大學之士不可以是告之,雖小學亦不可以是亂之也。」[40]楊簡認為《大學》「道盛德至」有所不當之處,德行可以言「至」,但「道」不可以言「盛」。以盛言說道是意之所加,非道本質如此。而又嘗教學者「知止而後有定,定而後能靜,靜而後能安,安而後能慮,慮而後能得。」當時學者如此為學,在楊簡看來已經是病入膏肓了。道心自是澄然一片,得道沒有深淺、次第之分,深淺次第,是學者自以為有不同耳,是人之差別,並非道之差別。學者學道,何必強求人人皆同?不僅如此,而要以此人人皆同之深淺次第導引天下萬世之學者,不僅不能光明大道,反者失其道路閉塞。道無深淺、無次第,以深淺、次第言,是對道的分裂。人心自直自一,自無他也。然而起意而為作,穿鑿附會,非是大學士之流,小學之士也不可以亂起道。《大學》之作者,作此書之意本在啟發後世學者,而不是亂後學,而後世學者讀其言,私意愈發積累,愈是致力於外事之功,愈喪其心之中正。孔子大聖,其啟發後世學者,當有其奮力之處,而其三千之學生猶其崇尚聖人「絕四」之教誨。概不知道者,率求道於寂滅,不知日用交錯無非妙用,覺則於日用應酬交錯間,自無毫髮非禮處。故《大學》無「子曰」者,非聖人之言。孔子曰:「心之精神是謂聖。」孟子道性善。心未始不正,何用正其心?又何用誠其意?又何須格物?楊簡認為《大

---

40 〔宋〕楊簡著,董平點校:《楊簡全集》(杭州市:浙江大學出版社,2015年),《慈湖先生遺書》,頁2155。

《學》之中有很多都非是聖人之言。其中所謂格物，正心，誠意之說皆是非聖人之言，學者之學道也必不能以經典之是非為是非。

其次，論「中庸」。楊簡之言中庸曰：「庸，常也，中道初不深遠，不過庸常而已。而智者自過之，愚者又自不及；賢者自過之，不肖者又自不及。切實言之，曰庸常而已矣。又曰：『庸言之信，庸行之謹。』明其初無奇也。所謂視者是也，所謂德者是也，所謂言者是也，所謂動者是也，所謂心思者是也，其有不思之時，不言、不動、不視、不聽之時，亦是也。」[41]「中庸」之為道也，庸常而已。中道並不深遠，日用平常即是道也。而智者、賢者常常自以為有過之處，愚者、不肖者又常常自不及道。按其實言之，不過平庸日常而已，平庸之言可信，平庸之行可謹。意在明白中道並無奇巧之處。日常之中，視聽言動、心思者都是中庸之道。而不思、不言、不動、不視、不聽，也是中道。所謂中庸，明其道不偏不倚也、正也。中也、正也，其道之蕩蕩平平。「人日用此道而自不知，何以異此？及其省也，其言，常言也；其行，常行也。不必加微意焉，不必損微意焉，而渾渾融融，蕩蕩平平，皜皜之妙，我所自有。雖終日思慮而如不思慮也，雖終日云為而如不云為也，似動而未嘗遷也，似靜而未嘗止也。是妙也，惟覺者自知，而不可以語人。雖強言之，終不可以盡也。故孔子曰：『中庸之為德也，其至矣乎！民鮮久矣！』」[42]此道易簡平蕩，而人日用其道而不自知，為什麼會有此差異？楊簡直言，在於「省」，省者，其言其行，都是日用平常，然都合於道。不必微加意，也不必微減意，我所自有之道心，自是渾渾融融、無有阻礙、精妙不盡。不為意作，則終日思慮而就想不加思慮一般，雖終日忙碌而

---

41 〔宋〕楊簡著，董平點校：《楊簡全集》（杭州市：浙江大學出版社，2015年），《慈湖先生遺書》，頁2157。

42 〔宋〕楊簡著，董平點校：《楊簡全集》（杭州市：浙江大學出版社，2015年），《慈湖先生遺書》，頁2157。

就像不作功一般，動而不遷也，靜而不止其行也。其至妙也，唯有覺者自知其機，而不可以與人言說。雖勉強強說之，然其中之妙終不能盡言。所以孔子說：「中庸之為德也，其至矣乎！民鮮久矣！」民之不能自知、自明、自信其道也，因其起意之故，為道求之於遠，於道心複求道也，於是愈求愈遠而不得。所以「孔子曰：『道不遠人。人之為道而遠人，不可以為道。』至哉聖言！破萬世學者心術之蔽，可謂切中。人心即道，學者自以為遠。《易》曰『百姓日用而不知』，惟其不知，故人以道為遠，則求道於心外，不免於有所為。道在我而求諸彼，道不俟於為而求諸為，夫是以愈求愈遠，愈為愈遠。萬古之學者，其蔽一也。舜曰『道心』，明心即道。《易》曰『日用』，奚俟複求？棄心而之外，棄道而入意，意慮紛然，有作有為，而益昏益妄矣。」[43]聖言「道不遠人」，道之在我，日用平常即道，而百姓不自知其道心，往往以為道在遠而不在近，逐高深而捨簡易，則往往是背道而馳，去道日遠，所以聖人又直指「人之為道而遠人，不可以為道。」言人之為道乃是意起而作，作反而是一種背離，是違道。求道於心外者，不免有許多格致之功，然而道在於吾心求之於外，道不依賴於人為而求諸於人為，所以是愈求愈遠，愈為愈遠。古往今來之學者，其蔽陋之處都是此一處也。意起而道心不明，不明本心即是道，往往棄道而入於意之支離，意慮紛紛然不可勝紀，有所作為，就變得日益昏妄。並且楊簡又批判了子思的言論：「子思曰：『喜怒哀樂之未發謂之中，發而皆中節謂之和。中也者，天下之大本也；和也者，天下之達道也。』孔子未嘗如此分裂。子思何為如此分裂？此乃學者自起如此意見，吾本心未嘗有此意見。方喜怒哀樂之未發也，豈曰此吾之中也？謂此為中，則已發之於意矣，非未發也；及喜怒哀樂之發

---

[43] 〔宋〕楊簡著，董平點校：《楊簡全集》（杭州市：浙江大學出版社，2015年），《慈湖先生遺書》，頁2161。

也,豈曰吾今發而中節也?發則即發,中則即中,皆不容私。大本達道,亦皆學者徐立此名,吾心本無此名。學者放逸馳騖於心外,自起藩籬,自起限域。孔門惟曰『吾道一以貫之』,未嘗分裂也。」[44]子思把人之情分為未發和已發,子思以喜怒哀樂之未發謂之中,其發解能符合禮義節文謂之和。又言中為天下之大本飛,以和為天下之大道。此言甚是分裂,道心自是混融一體的、周流遍覆、無所不包,此心未嘗有「未發」、「已發」之分殊,有此分殊,即是分裂道心,即是支離。孔子亦未有此分裂言論。而且,中、和,皆是言道心之異名,非是說另有中道或者和道之類,此語亦是學者私意為之,聖人何嘗有此言論?道心也未有此分裂。大本達道之謂,是學者之立名也,非是吾心本有。學者之放逸於心外反復求之、深思力索而不得其中道,因其自其桎梏之見,畫地為牢,吾心之廣大何須有此藩籬!眾人因其可見可聞者之為道之實體,聖人則以為道實是不可見不可聞也。如哀樂之不可見也,可見者是人之哀樂也。眾人以為哀樂之可見可聞也,是從人之情感體驗上談論,孔子所謂不可見不可聞之哀樂,是從其作為本體的道心來說,哀樂之為道心之異名,無體無方,周流遍覆。只有洞識此道心者能知其不可見不可聞之妙,不識道者,終是疑其言也。「孔子深惜夫中庸平易之道,人皆有之,因其為之,是以遠之,得戒之曰:『人不可以為道。』深知大患在乎為道而已。……然而舊習難於遽消,有過不可不改,則亦不為而已乎?故孔子於是又曰:『改而止。』有過則改,如有病則加之藥,病去則藥可之。人欲已盡,則用力可止。」[45]中庸平易之道,人皆有之,而因人之私意為之,所以又去道日遠,人不知其蔽也,於是愈為愈遠,可知道不可以加以人為。

---

44 〔宋〕楊簡著,董平點校:《楊簡全集》(杭州市:浙江大學出版社,2015年),《慈湖先生遺書》,頁2158。

45 〔宋〕楊簡著,董平點校:《楊簡全集》(杭州市:浙江大學出版社,2015年),《慈湖先生遺書》,頁2162。

學者之大患在為道而已,然而人心只有欲念、舊習難以一時盡消盡止,所以人之改過知心不可以停止也,有過則改,如藥到病除,即為覺也。人之私欲盡除,本心自明、自清,則知道心自有,知其用力求道之不可取。

再次,評孟子。楊簡在〈論孟子〉中曰:「孟子曰:『學問之道無他,求其放心而已矣。』」[46]學者皆知所以求放心,而不知何者為心,何者為放,何者為求也。「『不明乎善,不誠其身矣』,要先明吾之本心,然後能知放,知放則知求之矣。吾之本心,無他妙也,甚簡也,甚易也,不損不益,不作不為,感而遂通,以直而動,出乎自然者是也。是心與天地同功用,與四時同變通,喜怒哀樂無不中乎道,則亦更何求也?惟蔽於物而動其心,於是始放而之他矣,故於是貴於求。然人心至於放,鮮有知所以求之者。」[47]孟子與學者言:「學問之道無他,求其放心而已矣。」楊簡也深以為然,然而觀古今學者之最大的困境,是學者皆知求其放心的原因,卻不知什麼是為心,什麼是放,什麼是求。若是不明白這三個問題,那麼「求放心」也只是一句空言而已,學者無所適從。學者需要先明吾之本心,然後才能知其放逸,知其心之放逸才能知求也。人之本心,沒有玄妙,極簡極易,沒有損耗也沒有補益,不作功不思為,感應能通萬物,直心而流動,都是出其自然之本性。此心與天地同,與四時同變化互通,喜怒哀樂無不是中道之發,更求什麼呢?人因外物所蔽,不見其本心之自善自足,而動其心也,於是心始放逸流於他處,所以難能可貴之處在於求。然而人心之放逸,鮮少有知此放逸而求其心複歸之人也。人之願皆欲為君子、為善,而不欲為小人、為惡,此其心本善之故。而人之或在其不

---

46 〔宋〕楊簡著,董平點校:《楊簡全集》(杭州市:浙江大學出版社,2015年),《慈湖先生遺書》,頁2166。

47 〔宋〕楊簡著,董平點校:《楊簡全集》(杭州市:浙江大學出版社,2015年),《慈湖先生遺書》,頁2166。

知吾心之本善、本正也,不知乍見孺子入井之怵惕惻隱之心即是吾本善之心,不知徐行後長之心即是吾自有之良善之心,此本善之心也是聖人之心。人既不知吾之善心本來是如此坦蕩平易,而向外求之,求之於別處。求之於他出,則本心必是不安也。人之放逸之心如此,所以楊簡推崇孟子所言之「不放心」。道心之行無所不通而有澄然寂然,而人之自昏自亂者自是不明其心。如有一日而覺此心之為大道,則知其日用之間皆是吾心之神靈妙用,此心自是堅定自如而不為意慮所動搖。而人之不覺此道者,自是執於此心之存或不存之念者,則是棄至真之大道而淪落於支離事業。人之禍患如此,不可以不明辨是非、真偽。「孟子言:『我善養吾浩然之氣。養而無害,則塞乎天地之間。其為氣也,配義與道,無是,餒也。』夫人廣大與天地同體,惟自乳稚梏束於氣血形骸之中,失其本體之大。孟子既明故有之心,漸複本體之廣大,故蔽漸脫,體漸明,廣大漸著。孟子明見廣大漸著之體,無以名言之,曰是殆吾氣之浩然者也,養而無害,則塞乎天地之間。然而非的也。性體本大,因蔽而小,複因蔽去而大,其實複我本有之大耳,非體有消長也。自人物言之謂之性,自人物萬化莫不由之而言謂之道,自其絪縕和育發達言之謂之氣,自其萬事各有宜謂之義,自其惻隱謂之仁,自其恭敬謂之禮,自其誠實謂之忠信,其實一物。」[48]孟子謂「我善養吾浩然之氣」,乃是明其道心自有之也。人之廣大與天地同體,惟人自束縛於血氣形骸之中,不識其本體之大,所以梏於血肉之軀的局限。孟子所言「養而無害,則塞乎天地之間。其為氣也,配義與道,無是,餒也。」塞乎天地之間的浩然之氣自是義與道的混融之體,純然精粹而至清至明。然而楊簡認為孟子此言是非道也,人之本性自是廣大無際畔,因人之意蔽所以為小,後能去蔽而

---

[48] 〔宋〕楊簡著,董平點校:《楊簡全集》(杭州市:浙江大學出版社,2015年),《慈湖先生遺書》,頁2164。

其心自是複清明、廣大之性。此所謂複也,言人本有此性體之大,非是有消長之力。自人物而言可以謂之性,自人物萬化共由之徑又可以謂之道,自其絪縕混融、發育萬物之清濁言可以謂之氣,萬物之各行其事可以謂之義,人之惻隱之心可以謂之仁,人之恭敬之心可以謂之禮,人之誠實無詐偽可以謂之忠信,言之曰性、道、其、義、仁、禮,其名言不同,其實同也,此心之至誠、至真、至善而已。所以孟子之言是為分裂:「『天下之言性也,則故而已。』孟子此論,足以開明人心。學者之蔽二:智與故而已。……故者,事故;智者,智慮。《易大傳》曰:『無思也,無為也。』為即故,思即智。學者之蔽,非思則為,非智則故,言其不出於此即出於彼,其蔽同,其受病之源同,故學者常言『智故』,不以為異。此二者,足以盡天下萬古學者之蔽矣。此道坦然,不假思索,不勞作為,人性自善,人性自明,人性自具仁義禮智,自具萬善,何必他求?何必更思?何必更為?故孟子曰:『人之所不學而能者,其良能也;所不慮而知者,其良知也。』」[49]、「然孟子所以惡夫智者,惡其鑿也。如智者若禹之行水也,則無惡於智矣。禹之行水也,行其所無事也。……舉天下無逃於智故,是以舉天下皆不知性。孟子所以每言必稱堯舜者,以天下不知人之性善,故率以堯舜為不可及,率墮於智故也。」[50]「智故」之為害也,天下萬古學者之蔽盡在其中。孟子所謂「人之所不學而能者,其良能也;所不慮而知者,其良知也。」良知良能者,孟子謂其性善,即是楊簡所言人之本心、道心。人性自善、自明、自具仁義禮智、自具萬善,何必向別處尋求?何必由思慮智識?何必又人為之故?孟子之所以惡其智,惡其智穿鑿附會。若是向智者禹之行水一

---

[49] 〔宋〕楊簡著,董平點校:《楊簡全集》(杭州市:浙江大學出版社,2015年),《慈湖先生遺書》,頁2165。

[50] 〔宋〕楊簡著,董平點校:《楊簡全集》(杭州市:浙江大學出版社,2015年),《慈湖先生遺書》,頁2166。

般,則不會厭惡其智,禹之行水,行其無所人事也。舉天下之人、之思、之事,無有逃脫智之牢籠,所以舉天下之人皆是不知性之本善。孟子每每稱頌堯舜之聖人,以天下不知人之性善,都以為堯舜之聖人為不可達到的境界,這都是墮於「智故」的原因。楊簡曰:「孟子謂『志,至焉;氣,次焉。持其志,無暴其氣,配義與道』,與存心養性之說同。孔子未嘗有此論,惟曰忠信篤敬,參前倚衡,未嘗分裂本末,未嘗循殊名而失一貫之實也。」[51]、「蓋曰志曰氣,曰義曰道,曰心曰性,曰哀曰樂,曰忠信曰篤敬,名殊而實一。明者觀之,渾然寂然,本不可以名言。聖人因人言而隨之言,大旨未嘗判裂。此惟內明大通者知之。雖小明而未大通,猶蔽斯旨。」[52]楊簡認為孟子乃小明而未大通於道。孟子「存心養性」之說,孔子未有此論,孔子唯曰「忠信篤敬」,參前倚衡,未嘗須臾離其旨也,未嘗分裂其本末也,未嘗割裂其名實而失其一貫之旨也。此即是道心,雖曰志曰氣,曰道曰義,曰心曰性,曰哀曰樂,曰忠信曰篤敬,名號雖殊而其實本一。明此心者觀此,知其混融一體,寂然無聲,從忠信之本不可以名言。聖人因順人之言而言說本心,其旨沒有判裂,雖有言卻是無思之言、無為之言。聖人之言只有明通道者能知。而孟子雖然有明道然而未嘗大通,猶有遮蔽之處。

　　最後,六經之旨一也。楊簡認為「聖賢之等不同,聖賢之道同。道也者,所以明其無所不通之稱。惟同故通,不通無以謂之道。」[53]自人有聖賢、愚陋之劃分,以其覺與不覺、先覺與後覺之故也。然道心人人自有,無有人為的差別,不因人之身份、智識為區分。道,以

---

51 〔宋〕楊簡著,董平點校:《楊簡全集》(杭州市:浙江大學出版社,2015年),《慈湖先生遺書》,頁2167。

52 〔宋〕楊簡著,董平點校:《楊簡全集》(杭州市:浙江大學出版社,2015年),《慈湖先生遺書》,頁2167。

53 〔宋〕楊簡著,董平點校:《楊簡全集》(杭州市:浙江大學出版社,2015年),《慈湖先生遺書》,頁1847。。

明其無所不通之特質,天下之人其道皆同,所以能通達無礙,不能通達不能謂之道名。舉天下萬事萬物萬理,盡有一道也,「天下無二道,六經安得有二旨?……無非教也。」[54]天地之間,道一而已。天下無二道,六經自然無二旨。古往今來、上下四方,生髮寂滅、視聽言動、行住坐臥,無不適道心的流行發用,猶如風雨霜露、神氣流形,都是道體的自然流露。道心妙用,皆藏於日常之見,而世人不自知其深切著明,以為非道。須知道心非人力思慮可得,非憑私意揣測能得,全憑本心自然,明者自明,覺者自覺。楊簡言曰:「《春秋》為天之經,地之義,為人之行。四時以是行,日月以是明,萬物以是生,君以是尊,臣以是卑,父以是慈,子以是孝,兄以是愛,弟以是敬,夫婦以是別,朋友以是信,天下國家以是安。仁此謂之仁,宜此謂之義,履此謂之禮,樂此謂之樂。一以貫之,二百四十二年之是是非非,一致也。筆筆削削,輕輕重重,因因闕闕,一致也。故聖人曰:『吾志在《春秋》。』又曰:『春秋冬夏,風雨霜露,無非教也。神氣風霆,風霆流形,庶物露生,無非教也。』不惟《春秋》之旨如是也,六經之旨,皆如是也,一也。」[55]《春秋》之書也,其道一以貫之,其為天之經、地之義,四時、日月、萬物、君臣、夫子、兄弟、夫婦、朋友、天下,自是由此道行,其間仁義、禮樂自吾心感物而通所發。《春秋》以忠信為貴,以私盟為賤。信者,是道之異名,盟者,是個體私心所發,是為意也。《春秋》乃天之經,地之義,人之行。四時、日月、萬物、君臣、夫子、兄弟、夫婦、朋友、天下皆依此道行而順其自然。順其道而行,則其仁、義、禮、樂自然暢行無阻。《春秋》之傳世久矣,其中是非之辭、增補削減,都是一致的。

---

54 〔宋〕楊簡著,董平點校:《楊簡全集》(杭州市:浙江大學出版社,2015年),《慈湖先生遺書》,頁1844。

55 〔宋〕楊簡著,董平點校:《楊簡全集》(杭州市:浙江大學出版社,2015年),《慈湖春秋解》,頁1346。

所以聖人說:「春秋冬夏,風雨霜露,無非教也。神氣風霆,風霆流形,庶物露生,無非教也。」[56]何謂教也？不過是順心之所發,萬物自然皆是一體之流行。楊簡認為從具體實踐來看,六經確實有各自的思想重點:《春秋》重在彰顯忠信之大本,《詩經》意在抒發本性之自然,《禮記》重在強調人倫規範,《易經》重在闡發宇宙自然的規律,《樂經》主張和樂為本的禮樂之道,如此等等。從根本上來說,都以本心為根,六經皆心學,不管表現形式和重點有多大差異,但在精神內核上是統一的,都是道心的彰顯。

三 小結

楊簡的詮釋學思想有一套完整的詮釋學體系,呈現出「本體—工夫—實踐」的三重理論架構。這一體系具有鮮明的邏輯遞進性:在本體論層面確立心性根基,進而在工夫論層面形成修養本心的特色路徑,最終在實踐層面實現由個體到家、國、天下的推行。特別值得注意的是,這一理論閉環在其詮釋經典中得到完美呈現──通過「以心解經」的詮釋方法,楊簡實現了將個人心性修養與經世治國之道的有機融合,使其心學理論既具有內在超越性,又兼顧外在實踐性,形成了一套圓融的思想體系。縱觀楊簡解經的著述言論,可知其致力於弘揚「道心」不遺餘力。其治學之目的就是明發道心之本旨:此心自是寂然不動、至動而常靜、不思不為、無所不通。此心之分散為天地、陰陽、四時、鬼神之類,宇宙自然之風雨霜露、四時往來無不是此心之變化,人事應酬往來、仁義禮智之發,無不是此心之自有。道心不可以言盡、不可以立象,然後世之學者之學道也有所疑惑之處,於是

---

56 〔宋〕楊簡著,董平點校:《楊簡全集》(杭州市:浙江大學出版社,2015年),《慈湖春秋解》,頁1346。

乎有聖人之立言，聖人立言教化之事是為不思不為，因其毋意之故，因其能覺之故，因其能仁之故，是謂之「知及仁守」之境界。所以楊簡引聖人之言：「孔子曰：『春秋冬夏，風雨霜露，無非教也；神氣風霆，風霆流形，庶物露生，無非教也。』或曰天地，或曰神氣，或曰氣志，或曰人物，一物也，一物而殊稱也。或曰孝悌，亦是物也；或曰道義，亦是物也；或曰禮樂，亦是物也。故曰：『夫孝，天之經，地之義。』又曰：『明則有禮樂，幽則有鬼神。』範圍天地者，此也；發育萬物者，此也。」[57]天地之間，萬事萬物紛紛擾擾者，姿態萬千，不可盡窮其狀，然其本是一，是《易》道之變化，是道心之全體大用。天地、人物，陰陽鬼神之類，一物而有數名而已；孝悌、道一、禮樂，亦是一物而有數名而已。一物者，吾自有之至善至明之靈本心。此心不增不減、不思不為，其感悟而發著皆是禮，禮之合其事宜皆是樂，所以禮者、樂者，皆是吾心之所發，非是外物。人由此禮樂之道行，自是忠孝仁義而無有違背。而人雖自有道心，但自知、自覺者少之又少，聖人所以立言設教也，明道心皆吾自有。

---

[57]〔宋〕楊簡著，董平點校：《楊簡全集》（杭州市：浙江大學出版社，2015年），《慈湖先生遺書》，頁2168。

第五章
楊簡心政思想

　　縱觀楊簡一生的仕途生涯，其政治抱負呈現出鮮明的心學思想特徵和追求。楊簡十分推崇堯舜之治的治國模式，在治國方略上主張「為政以德」，強調道德教化的重要作用，治國者必是聖人，君主聖賢才能選賢任能。楊簡曾設想出一個聖人之治的太平盛世景象，這些政治構想在《慈湖先生遺書》卷五中有非常詳盡的記載，楊簡多次上書提出自己的治論，雖多有不用，然其治政之心可見一斑。楊簡的政治理想既凸顯了儒家傳統的「內聖外王」的願景，又彰顯了其心學理論特色。楊簡向來尊崇先聖人之德政、仁政的思想，所以在闡述自己的為政思想時，自然而然的延續的這種傳統。楊簡的治政理路以本心為統攝，以「本於大一」的禮為治政的基礎，這一做法也符合先聖孔子一直以來所倡導的禮樂之治的觀念。楊簡延續並創新了這一思路，將忠信、仁義、孝悌等德性看作是禮的展開，是本心在治國理政上的展現，所謂忠信、仁義、孝悌之類，是心之異名也，其名言雖有不同，但從根本上來說卻是一致的，盡歸於心也，即是道也人君之為政必先正其心：「夫惟國之庶政，皆自君心出，君心一正，則庶政兼正，而民不被其惠者乎？其有不正，則庶政即隨以亂，奸邪得志，善良無所告，民被其禍，有不可勝言者是矣。故君心者，民惠之大本。惟聖哲之主，能用此以惠民。苟非聖哲，皆不能求諸此。」[1]楊簡在

---

[1] 〔宋〕楊簡著，董平點校：《楊簡全集》（杭州市：浙江大學出版社，2015年），《楊氏易傳》，頁251。

〈複禮齊記〉中曰：「經禮三百，曲禮三千，皆吾心所自有。」[2]吾心自有經禮三百、曲禮三千。按此禮而行，事父母自然孝，與兄弟自然友愛恭敬，與夫婦自然互親互敬，與朋友自然誠信不欺詐，出仕而事君自當是盡忠竭力，與賓客往來自然有恭敬，在鄉黨鄰里之間自然謙卑恭順，在廟堂之上自然有敬畏。楊簡又引孔子「克己復禮」之語。所謂複者，複吾自心本有之禮，之所以用一「複」字，是孔子特意強調言禮絕非從外取來。然禮樂之廢壞已有兩千餘載，古往今來之學者多從之歧路，大都求禮於心外。所以先生特以「複」字針砭二千年之膏肓弊病，啟發人心之善。〈論禮樂〉曰：「執言失意，人心之所不安也！禮在人心，故雖先王未之有，而可以義起者，義生於人心之所同然也。戶開亦開，戶闔亦闔，有後入者闔而勿遂，此禮也，豈生於人心之外乎？智者即心而言禮，愚者自外而言禮。曰禮自外作者，非聖人之言也。『以五禮防萬民之偽』，謂是也。」[3]禮之在人心，人心之所同有而有義也。屋裡防萬民之偽者，是防此心之放逸也，非是以求禮於此心之外。

第一節　禮樂本於「心」

自先秦以來，「禮」這一問題一直都被歷代儒家學者重視，關於「禮」的論點隨著朝代的更迭，雖有損益，但其核心的思想觀念還是始終如一的，即是「禮」乃經世治國之大典。古往今來之儒生，莫不尊禮崇禮，左傳即言：「禮，經國家，定社稷，序人民，利後嗣者也。許無刑，而伐之，服而舍之，度德而處之，量力而行之，相時而

---

[2] 〔宋〕楊簡著，董平點校：《楊簡全集》（杭州市：浙江大學出版社，2015年），《慈湖先生遺書》，頁1877。

[3] 〔宋〕楊簡著，董平點校：《楊簡全集》（杭州市：浙江大學出版社，2015年），《慈湖先生遺書》，頁2038。

動,無累後人,可謂知禮矣。」[4]上至國家社稷、下至百姓,無不是以禮而立,禮之經、定、序、利,安邦治政、造福社會與百姓,由此可見一斑,其在中國古代社會治理中的重要性自是不言而喻。及至孔子創立儒家學說,「禮」的內涵有變得豐富起來,關於禮的章程也逐漸條目化,使後之學者學禮有跡可尋。孔子曰:「克己復禮」、「人而不仁如禮何?人而不仁如樂何?」、「非禮勿視,非禮勿言,非禮勿聽,非禮勿動。」禮有兩種意涵:一是作為具體儀禮規範能夠約束人的德性言性,是一種外在強制性的社會規範;二是以仁為精神內核的心的道德操守,禮是仁之為人的一種外化的表現,仁之為人的內在道德律,表現在人的日常行為上必然是有禮有節的。顯而易見,作為虛文的禮,其歷史延續性是人難於堅守的,而以仁為本的應酬往來、日用云為,其禮自是自適其性。禮之存在於人之日常生活之間,孔子說視、聽、言、動,非有禮而不有所為也。不合於禮的行為,哪怕是微小的動作也不會有、不會做。孔子推崇周制,強調親親和尊尊,人皆知親親,由內及外則能尊尊。孔子以「仁」為準則,創建一套以禮樂教化為治國方式的政治理念。錢穆先生說:「孔子論政,常以政治為人道之一端,故處家亦可謂有家政。孔門雖重政治,然更重人道。苟失為人道,又何政治可言?」[5]由此我們可以得出孔子政治思想的重要特徵,將政治與人道相結合,並且把人道提升到統攝地位,政治是人道在國家層面的實踐,以仁道為基本準則,加以禮樂教化的規範指引,實現禮樂之治。孔子的這一政治思想也成為儒家學者的執治政的根本準則。

儒家在治國的人選標準上具有非常高的德行要求,梁啟超先生說:「儒家有所謂能治的階級乎?曰:有之,其名曰『君子』。一切政

---

4 朱東潤選注:《左傳選》(上海市:中華書局,1962年),頁8。
5 錢穆:《論語新解》(北京市:生活・讀書・新知三聯書店,2005年),頁46。

治由『君子』出,此儒家唯一的標幟,遍征諸儒書而可信者也。」[6]孔子政治思想的核心內容是「為政以德」,入仕參政者必須具備君子人格。這一思想傳統為楊簡所繼承並加以發揚,形成了獨具特色的心政思想體系。楊簡主張禮樂無二道、忠信無二道,政由心出,所發皆合乎中道,是道心的具體實踐。在這個基礎上,楊簡闡發了其「治本於心」的政治思想,即是學界所言的心政思想。楊簡的政治哲學包含兩個主要命題:一是「禮樂無二道」、「忠信無二道」,禮樂之和樂、忠信之本都是道心的流行;二是「政由心出」,這一命題深刻闡釋了政治修養本心的內在一致性、統一性。正是在這個基礎上,楊簡建立了「治本於心」的政治思想結構,以期實現其心政合一的政治理想。在楊簡的政治理想中,治理國家與心性修養是統一的,可以說這種統一是儒家政治哲學的創造性成果。近年來學者對楊簡的政治思想之研究多有著述。張實龍先生在《楊簡研究》一書中言:「總而言之,楊簡的施政行為,是他『本心』顯現的種種面相之一。他在施政行為中所表現出來的書生意氣,雖過於理想化,與當時社會政治環境有格格不入之處,但對於當時社會人心應有提振警醒作用。他的施政行為實際的政治效果,在當時社會可能是微不足道的,但是後代人將其寫進《宋史》,對後世從政者也應有啟迪。」[7]鄭曉江、李承貴二位先生合著的《楊簡》第八章對楊簡的「心政」也有較為詳細的論說。楊簡一生仕途並不順暢,但其為官期間一直是兢兢業業,恪守本分,辦學院,提倡教育,這些做法無不受到後世學者的讚頌。楊簡弟子袁蒙齋就曾言:「先生居處無一惰容,接人無一長語,作字無一草筆,立朝大節,正直光明,臨政子民,真如父母。」無一時一事之失,可見楊簡之德性品節與為官時的勤政之風。

6　梁啟超:《先秦政治思想史》(北京市:東方出版社,2012年),頁251。
7　張實龍:《楊簡研究》(杭州市:浙江大學出版社,2012年),詳見於第五章。

一　禮本於大一

趙法生先生說：「孔子說『人道，政為大』，突出了政治之重要，同時將政治納入人道之中。繼而以『正』解『政』，將政治的定義從統治權力轉為修身正己，這是禮樂文明特有的政治觀。」[8]楊簡的政治思想秉持了先聖一以貫之的仁政之風，這一觀點在楊簡的著述中也有記載：「君由道心以行，而下民之道心靡不畢應矣。斯道之神，自然若此。禮樂刑政，所以行君心之德，是禮樂刑政具備而君失其道，民亦不化。故聲色之可聞見，皆末也。道德為本。」[9]明君之政由道心而行，在下之民道心也都與之呼應，君民之道心莫不一致，道之神妙，自然如此。禮樂刑政，是君心之德的具體實行，禮樂刑政具備而君失其道，那麼百姓亦不會被教化。關鍵在於君道的持正與否，楊簡言古之治天下者必聖人，其意旨就是如此，若君行有道，那麼禮樂刑政之發自然暢行無阻，民眾信服，民心歸一；若君行無道，禮樂刑政之發自是名不正言不順，不能服眾，民心自然散亂，天下不治。所以楊簡曰「故聲色之可聞見，皆末也。道德為本。」為政者之禮樂刑政之發、功過賞罰等解釋末節，不是為政根本之所在。所謂「道德為本」，要求為政者必須要德行兼備，為政者若是固守本心之善，遵聖人之道，施行仁政，那麼何愁民之不化？可見，楊簡在為政之見上也延續了儒家一直以來主張的仁政，強調為政者應該施行德治，以禮樂刑政來教化民眾。而禮樂刑政的根本是「由道心而行」。

楊簡說「道心在我」目的是闡釋明人心之本正、本清、本明，此心人人皆具，不唯聖賢獨有。楊簡的本心更加強調其神明妙用的精神直覺，而不局限於肉體知覺的視聽言動，所以天地萬物盡在吾無名無

8　趙法生：〈孔子與周制〉，《孔子研究》第1期（2021年）。
9　〔宋〕楊簡著，董平點校：《楊簡全集》（杭州市：浙江大學出版社，2015年），《先聖大訓》，頁1536。

體的心中,宇宙自然、四時交替、風雷雨露等萬千變化周流不息,而本心始終如一也。道心虛明無體,不論其間動靜之變、晝夜循環、生死往來,其常一之性不變。日用之間就蘊藏著此心之妙,人雖有此常性,但因意蔽不能守此道心之恒常,行有偏離,則不覺道心之善。人一旦能得道心之妙,則自得此心恒久之性。所以楊簡又言曰:「自舜禹大聖,猶以精一相戒,而況於後學乎?是永始不可不思。思其本無俟乎思,而本無斷續者,終也熟而純,是謂純德孔明,是謂精,是謂一。永亦強名。」[10]心雖無精粗、聖愚之分,然人有聖愚之分。聖賢能得道之大全,愚者不即道之處眾多。堯舜之聖人之類,尚且能以此精一之道自我戒勉,更何況後世之學者呢?此道之恒久性不可不思量。此思是心之無動乎意也,所以是無思之思,周流遍覆,能持此思之不斷不續之人,終能熟識此理而明純一,所以謂純德孔明,所以才能稱得上精一。楊簡之言「永」也是一種強為之名,是聖人為後世學者之作,言其道心之恒常性。曰「大」曰「一」者,都是楊簡以言表意的論道心方式,道心雖然是無體無方、無內無外的,但其又是無所不在、無所不通的。道心之存在於宇宙自然間,不可以形狀言,不可以時間言,已經超出了時間和空間的範疇,任何的摹狀之詞、起止之說都是對道心的誤讀。然而,人之道心不明也久矣,聖人之所以有言者,是為後學能明其道心。聖人言天地、陰陽、四時、萬物、人倫,都是「大一」之分殊,其中曲折萬狀、變化之機,皆在吾心中之中,未嘗有所失,必不以贅言飾之,所以楊簡言之曰:「是謂天則,是謂帝則,是豈以有文與獻而存、無文與獻而亡?近在人心,本非外物。賢獻知之,愚眾惑之。惟孔子自知自信,故自能言。但無文策可證,無

---

10 〔宋〕楊簡著,董平點校:《楊簡全集》(杭州市:浙江大學出版社,2015年),《慈湖先生遺書》,頁1880。

賢獻能證，則庸眾必疑，必不信也。然則禮，豈禮家之所能知？」[11]禮乃吾心之所自有，然惟有聖人能自知自信，所以能有言辭以說禮。聖人言禮本於大一，大一即是道心，道心之為本也，道心散殊，分為天地，又有陰陽之分，變化為四時之不同，生化萬物，流行化施而為萬務，為經禮三百、曲禮三千，夫子、君臣、兄弟、夫婦，順其禮行則各行其是，自是忠信篤敬，參前倚衡，無有背離。稱天則者，稱帝則者，皆是禮之用也，豈是有文獻而禮存、無文獻而禮消亡嗎？禮之存在，近於人心，本就是非心外之物。聖賢文獻知其乃吾心自有也，愚昧之名眾惑於物也，不知禮自在吾心之中。聖人雖能自知自信，但無文策可以證明也，無賢者文獻可以證明，庸碌之民眾必然懷疑其真實性，必是不自信其有也。然而禮，豈是禮學家所能之道？禮非外有，何須外學，然所謂禮家即是把禮作為一種外物來對待，自然其所持之禮盡是非本。

　　楊簡以「心」為本統攝天下之道，在他看來，天下無二道，天地、陰陽、四時之變化，都是吾心之變化。此心無終始、無本末、無精粗，而要以一言概括心之特質，聖人言其為一、大、全、中之辭。所以楊簡言之曰：「一明無二，大明無外；有外焉，不足以言大。曰大曰一，所以明道，亦猶曰中曰庸，所以明道。大一，道之異名，異用於筮，百姓所日用，故權以諭俗，曰『乾元』，曰『資始』。道、人惟始，庶其易覺。覺始無始，則無始無終，渾然大通。」[12]所謂「大一」者，乃道之異名，百姓日用而不知其所以明，道不可聞不可見，聖人強言之曰「大」曰「一」是為了啟發學者之道心。道是一不是二，是明不是外，道是純粹精一的，有外之分，則不足以言大。大和

11　〔宋〕楊簡著，董平點校：《楊簡全集》（杭州市：浙江大學出版社，2015年），《慈湖先生遺書》，頁2092-2093。

12　〔宋〕楊簡著，董平點校：《楊簡全集》（杭州市：浙江大學出版社，2015年），《慈湖先生遺書》，頁2071。

一，都是為了明道之廣大和至一，聖人也用中用庸之言，明道之不偏不倚和日用平常。為了能夠有更通俗易懂的名字來諭告眾人，曰「乾元」、「資始」，以啟發人之覺悟。然而覺是無始無終的，一覺即覺，渾然大通。不覺則昏，則亂。由「心」而出政，「心」正則「政」自治。《先聖大訓·蠟賓》篇多言禮本於大一、禮乃道心之文為、禮非虛文，其言簡易，感發人心之同有。其曰：「禮本於大一，分為天地，轉為陰陽，變為四時，列為鬼神。」[13]如上文所言，本於「大一」之禮，如天地、陰陽、四時、鬼神之類，皆是道心之異名，其修身治人，自是由道而行，無有造作。禮之初用，不可脫離具體的禮制規範和儀禮典籍之類，這樣才能做到有所依據。楊簡對於這種禮制的態度是持中的：一方面楊簡認為治政之路不可不注重其儀禮規範，經世致用之功用不可少；另一方面楊簡又反對徒以虛文而學禮，為名言所累而不見禮之根本，遠離道心。所以，楊簡在《先聖大訓》中曰：「通而言之，禮即道之異名，為甚大。析而論之，治人之始，修其文為，則止可以喻耕，未及其本。至於訓之以義，有以感人之義心，則始可喻神。立言之道，不一而足，達之則無所不通。」[14]作為道心之異名的禮的存在作用非常大。經世治國說到底是治人，治人則離不了修養其身心，修治其儀禮規範，此為有治功之類，但還未到其禮之本。到了以義訓導百姓，以感通其人心之義，則可以以說有神妙之覺悟。以言立道者，往往多而繁雜，不能一一盡說，然而通其道心則無所不通、無往而不利。

首先，「禮則文為」。《先聖大訓》中多次論說禮是道心所有，例

---

[13]〔宋〕楊簡著，董平點校：《楊簡全集》（杭州市：浙江大學出版社，2015年），《先聖大訓》，頁1358。

[14]〔宋〕楊簡著，董平點校：《楊簡全集》（杭州市：浙江大學出版社，2015年），《慈湖先生遺書》，頁1390。

如「禮即天之道，人性之所同有。」[15]、「禮者，人心之所自有，聖人因其所自有而還以示之，故人心默感而化。」[16]、「禮即心，心即道，即大一，即天，清明無所不照。」[17]等等，楊簡關於禮的論述，始終堅持以心為本的主張，把禮視作道心的自然流露，以此為依託，禮之施行自然也是道心的自然顯現。君子或聖人作為道心的人格化載體，在禮的施行過程中，起到十分重要的作用。正是因為楊簡把作為制度節文的禮與自善自正的心結合起來，是物質性與精神性的形上結合，所以禮也具有了超脫於物質性的神聖性。至此，道心在政治上運作有了一條中正、光明的路徑，其至善、至明的超越性，以一種易簡直截的方式傳輸給世人。楊簡強調關於禮的條目、章程、措施，及至學禮的過程其實都是一種悟道的過程。所以楊簡又嘗言：「禮則文為，義則發於人心，析言則異，其道則一。」[18]、「禮者，乃道之見於品節文為之名，即道也，故天地鬼神無所不通。」[19]禮作為規章條例之節文，義則是人心之所發，拆開來看，二者則大有不同。一個指向人之外的制度條例，一個是向內代表人之精神內核，乍看之間，二者的聯繫不大。然而，從二者的根本性上看，都是道心之所有，所以禮與義是一體無二的，所以差異在於名言上而已。禮作為國家社會治理之大經，其重要性不言而喻，楊簡把禮的根源拔高到「心」本的高度，禮是道心之文為，其賞罰、刑政自然是合乎人心之善，君王治其國自然

---

15 〔宋〕楊簡著，董平點校：《楊簡全集》（杭州市：浙江大學出版社，2015年），《先聖大訓》，頁1362。

16 〔宋〕楊簡著，董平點校：《楊簡全集》（杭州市：浙江大學出版社，2015年），《先聖大訓》，頁1373。

17 〔宋〕楊簡著，董平點校：《楊簡全集》（杭州市：浙江大學出版社，2015年），《先聖大訓》，頁1373。

18 〔宋〕楊簡著，董平點校：《楊簡全集》（杭州市：浙江大學出版社，2015年），《先聖大訓》，頁1391。

19 〔宋〕楊簡著，董平點校：《楊簡全集》（杭州市：浙江大學出版社，2015年），《先聖大訓》，頁1391。

是實行德政,其教化百姓自然是孝悌、忠信,人之大倫自然有條有序。楊簡通過建立心—禮—聖的政治實踐,消解了禮的外在強制性,內化為人的本然之性,這一創造性理論是前所未有的,給其心政的理論建構有增添了有力的佐證,也為人能夠實現內在超越性提供了實踐的渠道。

其次,「禮非虛文」。禮乃本心所發,君王遵禮而治則國家和順,人遵禮而行則能自化,禮實為道心之異名。從楊簡對禮的本質闡釋可以看出,禮之於心,不僅僅是禮儀條目、具體的制度規程,更是道心自身的化身,是帶有道德性和神聖性的,是具有靈明自覺的完善道德本體。因此到楊簡這裡,禮的內涵的深度和高度都已經是無限擴大化了。若學者還是依禮儀規範的觀念來看待禮的存在,已經是粗陋了。所以楊簡提出了「禮非虛文」的觀點:「禮非虛文,皆道心之正用;禮出於誠而非偽。」[20]道心無體無方、澄然純粹,其用必然也是無所不通、至善至明的,不拘泥於人人皆談論的禮制規範。並且禮之用必然是出於至誠之道心而非刻意之人為。道心至誠其發散自是中正,著意人為則是為外物所累。古往今來,經世之儒著書立言良多,傳世之文獻亦是不計其數,然後世學者不知其言可否;信其言而行,亦不知其言語形狀是否合於道。所以楊簡評說道:「逐於文為則去道遠」[21]世人若是執著於禮儀制度的表像,反而會被其所累,逐於物,則受制於物,必定會離道愈遠,以格物之功求禮則不得禮之實。人為名、物所累而不見其道心之本,積弊甚多:「人因言而後生名,而人以名而致惑。天下之名眾矣,不可不思其故也。曰道,曰德,曰仁,曰義,曰禮,曰樂,悉而數之,奚有窮盡?所謂道者,聖人特將以言夫人所共

---

20 〔宋〕楊簡著,董平點校:《楊簡全集》(杭州市:浙江大學出版社,2015年),《先聖大訓》,頁1361。

21 〔宋〕楊簡著,董平點校:《楊簡全集》(杭州市:浙江大學出版社,2015年),《先聖大訓》,頁1480。

由，無所不通之妙，故假借道路之名以明之，非有其體之可執也。所謂悳者，特以言夫直心而行者，即道之在我者也，非道之外複有悳也。所謂直心而行，亦非有實體之可執也。仁者，知覺之稱，疾者以四體不覺為不仁。所謂仁者，何思何慮？此心虛明，如日月之照爾，亦非有實體也。禮者，特理而不亂之名。樂者，特和樂而不淫之名。以是觀上數名者，則不為名所惑。不為名所惑，則上數名者，乃所以發明本無名言之妙，而非有數者之異也。是故道即禮，禮即樂，樂即《詩》、《書》、《易》、《春秋》。孔子又曰：『禮本於大一，分而為天地，轉而為陰陽，變而為四時，列而為鬼神。』又曰：『人者，天地之德，陰陽之交，鬼神之會，五行之秀。』孔子不為名言所惑，洞見貫通至一之妙，故確然曰：『禮周流無不偏也。』」[22]宇宙自然間的名、物不計其數，世人之曰道德、仁義、禮樂，一一記之，可有窮盡？是以，聖人特以「道心」為人皆共由之路命名，假借道路之名來明示道心無所不通的神妙之處，並非是說另有一個實體可以把握。在儒家心性論的語境中，所謂悳，專為言人以直心而行，這本身就是道的真實體現。正如《中庸》所言「率性之謂道」，道並非在於人心之外，聖人所言直心而行，即是通過直心之德自然流露，能得見道體。並且，「直心」並非某種具體把我的實體，而是人性之善的自然表徵。同理，仁作為道心的明覺狀態，其發顯在於心體的虛明靈覺。就像疾病之人因肢體失去知覺而稱為不仁，真正要實現仁的境界，本心必是如同日月之光虛明光照、不假思慮。這種虛明本體，同樣超越了具體性體。至於禮者，特以言道心發用的有序狀態；樂者，特以言道心發用的和諧狀態。當我們超越這些名言的表面含義，就不會被名言所迷惑，就能明曉本心所指向的精妙所在。在這個境界上，道即是禮，禮即是樂，樂即《詩》、《書》、《易》、《春秋》。物事紛紛擾擾，

---

22 〔宋〕楊簡著，董平點校：《楊簡全集》（杭州市：浙江大學出版社，2015年），《慈湖先生遺書》，頁2062。

名言眾多，不過是表像，這些表像背後的根源其實是同一的，即是一以貫之的道體。這種詮釋能幫助我們超越名言之相，直達本心的精妙之境。所以楊簡總結說「禮本於大一」，其間天地、鬼神、四時、陰陽、五行之類，皆是名也，是為一體而名眾。並且，人與宇宙萬物有著深刻的聯繫，人不僅是天地之德的化身，亦是陰陽、五行的結合體，因此人與宇宙萬物在本質上是相通的。以此相通之質，人能參天地化育、洞察宇宙間的運化規律，進而洞見其貫通至一之妙。以此通達之心，人事、政治莫不理順樂和，所以楊簡確言「禮周流無不偏也。」

楊簡曰：「禮曲折萬狀，而由道心行之，實未嘗曲折，故曰直；實未嘗萬狀，故曰清。曰直、曰清、曰寅，以三言明禮之一道。後世道不明，磁能語多莫曉。」[23]現實來看，禮的條目繁多，具體實施起來更是曲折萬狀，不同領域的禮儀章程更是多有不同。但時人若是持守道心，知其萬變不離「心」也，由道心而行，其禮莫不暢通無阻，其繁雜之禮莫不條理清晰。聖人以直、清、寅之言禮，都是為了闡明雖曲折萬眾，然眾禮無不是共由一道。然而傳之後世道之不明，雖多有言語而人莫能通曉此理。因後世之學者多有失道之行，「禮樂刑政一入於人為，則違道違天，即可致患。」[24]「人為」乃為大患，是道的反面，道心自是至善、至正、至明，何須人力？學者自昏自亂者多，才有誤入人為的歧路。然而天地人三才之道，一以貫之，無不是渾渾融融、純粹精一的，人之道心沒有多少、高低、精粗之分，然而人卻有賢愚之別。聖人自是能得道心之大全，賢者因其有日至之功，所以其所失道之處少一些，而眾人未能有此自覺、自明之功，所以失道之

---

23 〔宋〕楊簡著，董平點校：《楊簡全集》（杭州市：浙江大學出版社，2015年），《先聖大訓》，頁1880。

24 〔宋〕楊簡著，董平點校：《楊簡全集》（杭州市：浙江大學出版社，2015年），《先聖大訓》，頁2004。

處愈多。也即是楊簡所言「於是益信聖人之言禮，貫通無阻。」[25]

二　不放逸

先秦以來，儒家禮制幾經演變，其延續過程經歷傳承、損益、革新、廢除等等變動，最終形成了名目混雜、制度繁瑣的禮制體系。但仔細探查儒家禮制的演變過程可以知曉，具體的禮目條文隨著朝代的更迭、思想結構的變化有所調整，但「禮」的精神內核始終沒變。周代的「禮樂文明」是儒家禮制興起的源頭，孔子以「克己復禮」為理想，漢代董仲舒體長「三綱五常」，禮的規範性、制度性成都極度增強，宋代程朱理學以「天理」為依託重建禮制。而楊簡卻對當前的禮制現狀多有反感，導致社會上存在多種弊病，世人學禮過程中疑惑重重，所以特以「不放逸」一語，以啟發世人自知、自信、自覺之心。禮、樂，都是此心而發，禮樂之治，莫不是和樂融融。除此之外，別無其他，人何須要為典章制度為困頓迷茫呢？所以，楊簡特意以林放問孔子禮之本的問題來啟發世人之思：「林放問禮之本。子曰：『大哉問！禮，與其奢也，寧儉；喪，與其易也，寧戚。』儉則不放逸，奢則放逸；戚則不放逸，易則放逸。不放逸之心，至矣哉！為孝，為弟，為謹，為信，為忠，為恕，為敬，為恭，為剛健，為中正，為萬善。順而無失，應而無窮，不識不知，何思何慮。儉與戚，人皆有之，而不自信其為大本。孔子又曰：『禮本於天。』所謂天道在此。又曰：『禮本於大一。』所謂大一者在此。不放逸之心，至矣哉！」[26]孔子答林放問禮之本時重點強調了奢與儉、易與戚的對比，禮的本來

---

[25]〔宋〕楊簡著，董平點校：《楊簡全集》（杭州市：浙江大學出版社，2015年），《先聖大訓》，頁2068。

[26]〔宋〕楊簡著，董平點校：《楊簡全集》（杭州市：浙江大學出版社，2015年），《慈湖先生遺書》，頁2090。

目的在於是人的道德情感的體現，所以不必奢靡、浪費，禮之用與其奢靡，不如節儉，喪禮與其周全備至，不如內心悲戚背棄，可見禮之用在於內而不在於外飾。何為節儉？楊簡把它解釋為「不放逸」，節儉即是不放逸，奢靡則是放逸；悲戚是不放逸，周全則是放逸。由此不放逸之心，禮則至也！依此不放逸之心而實行禮，則孝悌、謹信、忠恕、恭敬、剛健、中正，萬善具備。從根本上來說，其實就是不起意慮，人若起意則失大本，最後造成的結果就是人不自信。孔子所言「禮本於天」、「禮本於大一」者，都是為言明禮本於道心，道心至簡、至善，禮作為道心的發用也應該是中正、和樂的。孟子以「求其放心」為喻，揭示存養本心之要義。人若失其本心，則必流於物欲之放縱，蔽於私意之偏狹，致使道心昏昧，終將失道。所以楊簡雖言道心本體澄澈無雜、清明廣大，然而存養本心仍需如《尚書》所說「克艱」之功，楊簡以鏡子比喻道心，雖本體光明，但若不加以拂拭之功，則塵埃漸積而本體不明，漸致昏瞶。楊簡又說：「道在邇而求諸遠，事在易而求諸難。人心自善，人心自明，人心自神，學士大夫既不自知己之心，故亦不知人主之心。舜禹之心，即是己心，是心四海之所同，萬古之所同。『克艱』云者，不放逸之謂也。不放逸則不昏，不昏則本善、本明、本神之心無所不通，無所不治，無所不話化，此道至易至簡。」[27]「克艱」作為一種修養工夫，並非單指克服外在的困難，而是強調對內心的反觀與自省。楊簡認為，道心不明，非道之過，實為人之過：道在近而眾人求之於遠，事在易而求之於艱難。實際上，道心本善、本明、本神，然而人既不知本心的圓融本質，又不明自身存在的過失，因而陷入迷途。楊簡主張複歸清明本心，關鍵就在於向內的修養工夫，是以楊簡提倡「克艱」之功，以此

---

27 〔宋〕楊簡著，董平點校：《楊簡全集》（杭州市：浙江大學出版社，2015年），《先聖大訓》，頁2007-2008。

來保持本心的澄明狀態。楊簡直言「舜禹之心，即是己心，是心四海之所同，萬古之所同。」揭示聖人之心與常人之心從本質上來說並無區別，此心具有超越時空的普遍性。聖人所言「克艱」，正是論證了人不可縱情肆意的要旨。若能持守此心不放逸，則昏蔽自消，本心自明。這也正契合了先聖所言「大道至簡」的宗旨，修養之功不應向外求，人當於自身上體悟本心。

首先，禮之發用，涉及到人的日用言行、宗族治理、社會國家之安定有序，人倫物理無不需要依賴禮的約束與管理。其中繁雜之事不可說不多、不可說不深，人人皆有舜禹之心，然卻非人人皆能自明、自覺其心，非人人皆能有「克艱」之功。今世之人困頓如此，道心之明自然是任重而道遠。所以楊簡特贊曰：「惟林放問禮之本，子曰『大哉問』，以禮之本難言，禮即人心之妙用。奢、易、放逸則非道。使放即儉戚而忽覺焉，虛明澄一，即大一，即天地，即四時，即鬼神，即經禮三百、曲禮三千，無本無末，匪異匪同，匪有匪無，不可度思，矧可射思！」[28] 楊簡特意強調林放問禮之本，孔子曰「大哉問」，原因在於無論如何答，人之說都難以完整表述禮的本質，禮即是人心之妙用。奢、易、放逸都是非道。孔子使林放儉戚而能忽覺此心之妙也，此心是虛明澄一，即是聖人所言大一，即是天地，即是四時，即是鬼神，即是經禮三百、曲禮三千，無本末，無始終，非是異非是同，非是有非是無，不可以揣度思慮。不放逸之禮的境界即是以本心為主宰而不被外在儀禮規範的為桎梏，儀禮、典章、制度，都是為人來服務的，其根本是人心之散殊在人事、國家制度上的展現。所以楊簡又說：「詩者，正心之所發，正心即道心。三百篇皆思無邪，誦之則善心興起，由此心而行自有倫理即禮。然經禮三百，曲禮三

---

[28] 〔宋〕楊簡著，董平點校：《楊簡全集》（杭州市：浙江大學出版社，2015年），《先聖大訓》，頁2091。

百,惟聖人一一中節,學者道心方興,其言其行未能一一中禮。或語默動止,未知所據依,學禮則有所據依而立。」[29]詩乃本心興起,正心即是人人皆有之道心。《詩》三百篇字字句句皆道心之「思無邪」,皆是正心之所作,學者誦讀其間,自然善心萌發,由此善心而行,其日常言語形狀自然而然的合於倫理自然。然今世之制度、條文繁雜難以一一盡說,惟聖人能夠依其道心而行,合乎「中節」,學者道心初初興起之時,尚未完全從容中道,所以其言行未能盡合於道。或語默靜止之間,不知其所據依為何者,學禮則能有所據依而立其言行舉止。孔子所言「不知禮,無以立也。樂者和也,至於全成,則和樂融暢,何思何為。」即是此也。由道心而行,其言行自然合乎禮,自然和樂,自然能夠融融一團和氣、無所障礙,何有思慮、人為之阻滯。楊簡一貫主張「心」之大本,禮之本與用最終都是要回歸到人心上。

其次,禮樂無二道。《禮記·樂記》:「禮樂不可斯須去身。致樂以治心,則易直子諒之心油然生矣。易直子諒之心生則樂,樂則安,安則久,久則天,天則神。天則不言而信,神則不怒而威,致樂以治心者也。致禮以治躬則莊敬,莊敬則嚴威。心中斯須不和不樂,而鄙詐之心入之矣,外貌斯須不莊不敬,而易慢之心入之矣。」[30]《禮記》將禮樂的功能以修身為本,並把禮樂視為人性的文化表達方式,經過禮樂的修養,人的身心能夠得到統一,並且有成賢成聖的可能性。趙法生先生說:「孔子創立儒學,將儒學界定為修己安人之道,將儒學說成是『為己之學』,修身遂成為儒學的核心概念,《大學》更明確提出修身為本的思想。實際上,修身思想的源頭在於宗周禮樂文明,孔子的『興於詩,立於禮,成於樂』,是從人格養成方面對詩書

---

29 〔宋〕楊簡著,董平點校:《楊簡全集》(杭州市:浙江大學出版社,2015年),《先聖大訓》,頁2128。

30 戴聖編,中華文化講堂注譯:《禮記》(北京市:團結出版社,2017年),頁176。

禮樂修身作用的精煉概括」[31]儒家這種修身為本的精神內核，決定了它無論如何嬗變，最終追求都要落實道修養身心上去。儒家所倡導的禮樂文明，最終都要回歸於身心。楊簡釋禮、樂有自己獨特的視角，以道心為體的大前提下，禮、樂皆是吾心之異名。楊簡言禮曰：「禮者，天下之大順，人心之所同有。因其所同有，順以道之，故翕然順德如一家，如一人。」[32]禮者，天下人心之歸順也，人人心中自有也。因其是人所同有，順其禮以引導人之德性操守，故能使天下太平和順如一家，眾人猶如一人也。若此也，天下何來紛爭、分裂？禮是道心正用，是謂大道，是謂忠信篤敬、孝悌、誠信等，可與天地、鬼神、四時相匯通，同為此道心之發散，無不是一。楊簡言樂曰：「夫樂之道，無本末，無始終。如欲啟誘庸眾，姑言其本，則人心之未感於物者，其本也。《易》曰：「乾元，萬物資始。」樂者，樂也。樂說何自而生乎？知此則知樂矣，則知宮、商、角、徵、羽上下抑揚之妙矣，則知動靜一矣，感與未感一矣。今也專指感於物者為本，則蔽惑人心，害其本然之妙矣。」[33]楊簡認為樂之道無本末、無始終，此言即是肯定樂即是本也，是人人皆有之道心。所謂本者，指此心尚未有感於物之初也，澄然純粹之謂，是為萬物之始的狀態。樂是其心之感於物也，則知其心自有五音之抑揚頓挫之妙，自有動靜一體，感與未感實為一也，為便宜眾人之學，所以有「感於物」之分。然今時眾人之言感於物者為本，確是遮蔽迷惑本心之舉，分內外、裂動靜，害此心之本然之妙用。樂是此心之用，雖有名言之異殊，有宮商角徵羽之分，然其動靜一體，自是吾心之動靜，自是吾心之和樂順暢。禮、樂

---

31 趙法生：〈威儀、身體與生命——儒家身心一體的威儀觀及其中道超越〉，《齊魯學刊》（2018年），第2期，頁11。

32 〔宋〕楊簡著，董平點校：《楊簡全集》（杭州市：浙江大學出版社，2015年），《先聖大訓》，頁1377。

33 〔宋〕楊簡著，董平點校：《楊簡全集》（杭州市：浙江大學出版社，2015年），《慈湖先生遺書》，頁2057。

皆是吾道心之異名，何嘗又有分裂呢？有分裂、區別之語，即是對道心的割裂，害道甚深。所以楊簡總結說：「樂者，吾心之和順；禮者，吾心之等節。無二心也。所謂交錯者何哉？某每見學者多不知道，意慮萬狀，不知其未始不一也。」[34]樂，是吾心之感於物之和樂安順，自是心之和順之機；禮，是吾心之儀式規範，自是理而不亂、有條有序之謂。無二心，無二道。其間交錯是為何也？每每見學者多不知禮、樂之無二心、無二道，即是一也，即是道也。人之思慮紛紛，窮究之、條分縷析之，而不知禮、樂者為一道也。而世俗對禮、樂之分有先後、因果之關係分裂之稱的現象由來已久，這是楊簡所不能接受的，從禮樂根本上而言，樂即是禮，禮即是樂，名稱不同而已，其根本為一道。而按照學者為學的進益次第而言，則是由禮節之入於和樂之妙境，所以說：「修禮以耕之，播樂以安之。」[35]說次第之言正學者之明目視聽，並非說禮樂就有先後之序、高低之分，更不可以此為據而割裂道心。所以楊簡認為「〈樂記〉曰『知樂則幾於禮矣』，尤其失言。」[36]此正是把樂置於禮之下也，此言為失道，禮樂未嘗不一，更無先後次第、高低、前後、因果之分裂。

最後，習氣盡除，人心和樂。人心本善，自是圓融、中正、廣大而無雜染，然其間若有過失、習氣沾染，則心之善尚有未全指出。過失、習氣之類若能不興，不遮蔽本心，則善之全也。此善非有外物賦予我也，本心自有善也。人心平和、安樂，則安定。《書》曰：「人心惟危」，人心之危險致使道心遮蔽不明。人不能皆為聖哲也，若無禮以維持秩序，則人心都入於混亂之境地。人心接亂，則混亂之不可

---

34 〔宋〕楊簡著，董平點校：《楊簡全集》（杭州市：浙江大學出版社，2015年），《慈湖先生遺書》，頁2046。

35 〔宋〕楊簡著，董平點校：《楊簡全集》（杭州市：浙江大學出版社，2015年），《慈湖先生遺書》，頁2057。

36 〔宋〕楊簡著，董平點校：《楊簡全集》（杭州市：浙江大學出版社，2015年），《慈湖先生遺書》，頁2057。

救。所以禮不在於求其同去其異，維持人之常情，不偏離道之中正，使人心不處於危險的境地。可見，禮之大用在治人心之大亂，理而不亂，使人皆有禮可循，巡禮而行，不偏不私。關於人心惟危，楊簡引證汲古問學者之失的一段話，汲古問：「〈學記〉云：『學者有四失：或失之多，或失之寡，或失之易，或失之止。』人惟意固情放而有此失，一失而不救，則何止於四？」先生曰：「人心圓融，廣大虛明，應感無所不達，安得有失？人於其間加以私意，則本心始失矣。失之多則繁而無統，失之寡則知一不知其二，失之易則太輕易而不詳審，失之止則無智而怠惰，惟溺於靜止而惡動作。此四者，足以盡學者之失。」[37]〈學記〉所載學者多有四中過失：多、寡、易、止。人因其意固情放而有此四之過失，一旦有此失而不加以補救，過失之處何止於四也？楊簡應答之曰人心圓融，廣大虛明，其感應萬物無所不達，哪有錯失？不過是人於心外複加私意為之，本心才有失圓融、廣大。人心之錯失之處多時則心受繁雜之擾亂無所統，錯失在寡時則知心為一而不知其散殊也，錯失在易處則容易產生輕慢放逸之心而不詳細、審慎，錯失之在止則人無智之功而產生怠惰，只有沉溺於靜止而厭惡勞心之作。此四者，可以概括學者之放逸也。而〈樂記〉又言「人心之動，物使之然也」[38]雖有一定道理，但非聖人之言也。此言把物、我分裂為二，拆動靜，損害道多。禮、樂本無二道。吾心之發於恭敬、品節、應酬往來、儀禮規制等，人為之名禮；其恭敬、儀禮規制之行有和順樂易之情感展露，人為之名曰。禮、樂何嘗有二道也？眾人不明其道而執著於物之形、動其意，然紛擾之物形態不勝其多，意之多亦是不可勝紀，人不知不執不動，則大道清明廣博，天地自在吾

---

[37] 〔宋〕楊簡著，董平點校：《楊簡全集》（杭州市：浙江大學出版社，2015年），《慈湖先生遺書》，頁2055。

[38] 〔宋〕楊簡著，董平點校：《楊簡全集》（杭州市：浙江大學出版社，2015年），《慈湖先生遺書》，頁2056。

道心之中，萬物發育於吾道心中，萬事萬理皆是吾道心交錯而有理。禮樂二者存在形式不同，而其為一道，名稱不同而其實一道。何嘗有物、我？何嘗有二？有物我之分、有二，即是對道的分裂。而聖人明道之純粹精一，而言禮言曰者，乃啟庸眾之為言，其言雖不同，形式有差異，然其實一也，一於心，即是道心。世間之養生、送死、事鬼神，以禮而行有理有節，失禮則失其本，失其誠心也。養生送死事鬼神有節文可以曰禮，禮之用合其事宜可以曰義。吾心有感於物而行之和樂則有樂，則喜怒哀樂之發皆有所倚。禮樂之為一道，名言有不同，而其實同。

第二節　忠信為本

　　楊簡治政理念的本質就是政出於心，治理國家其實就是治理人心，治政的首要任務就是知心。從根源上來說，人之心是至善至靈的，由此入手，人君治其國自然事半功倍。李承貴先生說：「『楊簡治民先治君心』觀念中包含著兩種含義：一種是對天帝意志的秉承，另一種是對萬民心願的體察。君心是溝通天帝與萬民的橋樑，此『心』之重要自不待言。僅就政治目標看，它是一種治綱張目的政治策略；而就道德理想看，它又是一種由仁懷遠的道德關懷；其共同價值追求是『內聖外王』。」[39]楊簡的本心思想論在政治層面的實現，就是禮樂之治的展開。楊簡延續了儒家所尊崇的禮樂之治的政治傳統，在先聖所言德政或仁政的基礎上，創新了其心政理論。在這種心政理論框架下，楊簡暢言以忠信為本的政治策略。楊簡認為忠信為本是仁君施政的重要理論依據，從年少開悟道心到雙明閣之悟此心清明而澄然無際

---

39 李承貴：〈楊簡「心政」理念與實踐——楊簡治理思想及其特質〉，《浙江社會科學》（2014年5月），頁132。

畔，知吾心之外更無其他，不必求之於外，再至於「思無邪」的境界。楊簡認為本心的流露是不疾而速、不行而至的，此心常駐，不間不斷，所以楊簡悟得舜曰「道心」之大意，明覺此心即是道，孔子又言「心之精神之謂聖」，可知本心周流不息、純粹精一、神妙變化。常人之心與堯、舜、禹、湯、文、武、周公、孔子相同，楊簡特以告明學子，吾心即是道，不可更向外求。孔子之後學者曾子謂「夫子之道忠恕而已」，何謂忠恕？楊簡說：「忠，譬則流而不息；恕，譬則萬物散殊。」[40]人之學道，求之於外物不如求諸己，所以楊簡認為所謂忠信與忠恕之人皆是「己所不欲，勿施於人」，人之日用平常易直之心即是道心所在。孔子所謂「主忠信」之說，即是主道心之本。所以楊簡大贊孔子之語：「大戴所記孔子『忠信為大道』之言，益喜得聖言為證，證平常實直之即道。孟子亦以徐行後長即堯舜之道。箕子曰：『無有作好，遵王之道，無有作惡，遵王之路；無偏無黨，王道蕩蕩；無黨無偏，王道平平。』人心至靈之神，虛明無體，如日如鑒，萬物畢照，故日用平常不假思為，靡不中節，是謂大道。微動意焉，為悲為僻，始失其性。意消則本清本明，神用變化之妙，固自若也。無體無際，範圍天地，發育萬物之妙，固自若也。即視聽言動，即事親事君，兄弟夫婦朋友，慈愛恭敬，喜怒哀懼愛惡欲，未始不妙，固自若也，而實不離庸常。聖人曰『中庸』，所以昭示萬世深切著明矣，而學者猶曰『我未有道』，吁吁！」[41]在誦讀大戴所記孔子之言「忠信之為大道」時，楊簡認為其言之深切著明，為後世學者證「平常實直之即道」之良言。何謂平常實直？孟子之說「徐行後長」，箕子之說「王道平平」，皆是日用平常，皆是道也。人皆有自神

---

[40] 〔宋〕楊簡著，董平點校：《楊簡全集》（杭州市：浙江大學出版社，2015年），《慈湖先生遺書》，頁1883。

[41] 〔宋〕楊簡著，董平點校：《楊簡全集》（杭州市：浙江大學出版社，2015年），《慈湖先生遺書》，頁1883。

自明之心，此心之神靈妙用，虛名而無體質，如日月之明照，萬物纖毫畢現，所以吾心在日用平常之見不假借思慮人為之力，而莫不一一皆是中正有度，此之謂大道。

楊簡繼承了孔子的「忠恕」思想，並將其提升到至神至明至靈的道心高度，至此，忠恕在其原有的人之德性層面基礎上，擁有了神聖性的一面，楊簡依此拓寬了忠恕的理論維度：「忠則忠直，恕則平恕，夫子之道，坦然甚明，無有餘蘊，謂之一貫，信乎其為一貫！何往而非此心？何往而非此忠恕？天得此忠恕而高明，地得此忠恕而博厚，日月得此而明，四時得此而行，鬼神得此而靈，萬物得此而散殊於天地之間，人得此忠恕而為君臣、父子、兄弟、夫婦、長幼。」[42]由此可知，楊簡對「忠恕」的闡釋完全是基於道心本體論的立場展開論證。在他看來，孔子之道以忠直為本、以平恕為用，其特質在於坦蕩如砥、廓然分明，既無幽微難測之隱晦，亦無窮盡難明之餘緒，此即「一以貫之」的深層意涵。世事紛擾中，何處不可見道心之發用？何處不蘊含忠恕之精義？天地得其道則顯其德：天以高明而覆，地以博厚而載；四時依其序則行其運，春生夏長秋收冬藏；鬼神秉其靈則彰其明，福善禍淫報應不爽；萬物順其性則遂其生，草木榮枯自有其則。至於人道，得此忠恕之道則綱紀粲然：君臣各守其義，父子各盡其倫，夫婦各安其分，長幼各遵其序，由此構建起天人一致的秩序體系。在具體的實踐層面上，楊簡主張人當於自身上修養，所以楊簡又曰：「夫子之道，忠恕而已矣。善求夫子之道者，不求諸夫子，而求諸吾之心。夫子之忠恕，固夫子之心也，亦吾之心也。天下同然者謂之心。」[43]此道乃吾心固有，人要學先聖之道，當求之於吾心，而不

---

42 〔宋〕楊簡著，董平點校：《楊簡全集》（杭州市：浙江大學出版社，2015年），《慈湖先生遺書》，頁2101。

43 〔宋〕楊簡著，董平點校：《楊簡全集》（杭州市：浙江大學出版社，2015年），《慈湖先生遺書》，頁2101。

可求之於夫子。楊簡明示學者道在我而不在人，所以夫子之忠恕，固然是夫子之道心，也是眾人之道心。道心乃天下萬世眾人所同有，而不為夫子獨有，夫子言忠恕是為學者啟明其道心，然而眾人多為私意蒙蔽、物欲牽引而本心不明，所以不知其心自是忠恕，進而不自知、不自信，更談不上自覺其道。而夫子之所以以「忠恕」來言道者，乃是由於「日用見於忠恕者多，故曰忠恕。孝，此道也；弟，此道也；禮，此道也；樂，此道也。不必貫而本一也。」[44]人之日用平常之間多有忠恕之機顯現，所以名辭是為方便言之。然而分析來看，孝，是道；禮，也是道；樂，也是道。名言有異同，但道心是一以貫之的。依此忠恕之道而行，仁君治其國必以德政為始，禮樂刑罰皆是中節；人臣之事君必是忠貞不二；民眾之歸順國家必是人心順服。所以在政治上，楊簡一直提倡的聖人之治，實行德政：「古之治天下者必聖人，諸侯難遽責以聖，度其能行者言之，事不敬，必失必害；不信，無以出令。民無信不立，而況於君乎？敬生信。治國之道，敬信為大。其次節用，節用則可以推有餘以補助斯民，不節用則厚斂於民矣。民為邦本，厚斂於民，是自伐其邦本。民離國亡，君隨以亡。愛民而後能使民以時。國君愛民，乃所以自愛其國、自愛其身。」[45]這正是楊簡將「道心」與政治哲學結合的具體展現，深刻切合了儒家「修齊治平」的傳統。為政的關鍵在於，治國之君必以修身立德作為治國的根本，其心正，則其行正，行正則禮樂賞罰方能皆中道。治國之君的德行至關重要，若人君失其忠信，那麼政令教化就失去了根基。庶民無誠信尚且沒有立足之地，更何況是一國之君呢？所以治國必以守忠持敬為首要，其次是要節用以補民力之不足，若是百姓離

---

[44]〔宋〕楊簡著，董平點校：《楊簡全集》（杭州市：浙江大學出版社，2015年），《慈湖先生遺書》，頁2102。

[45]〔宋〕楊簡著，董平點校：《楊簡全集》（杭州市：浙江大學出版社，2015年），《慈湖先生遺書》，頁2081。

散，國家自然滅亡，國君自然不復存在。國君之愛民養民，恰是自愛其國、愛其身的表現。

　　忠信之道，人自有之，而不自知者眾多，以為忠信為高、為遠、為難，而世人求之愈艱愈難，反而離道愈遠，大為可惜！人之疏忽不可說不大，楊簡多告之學者忠信之為大道即在於日用平常之間：「夫忠信，人所忽，以為至平至近，不可以為大道，而孔子大而言之，三辭而後言，且曰『大道不隱』，是明忠信之為大道也。嗚呼！知忠信之為大道，則日用庸平無他之心，皆大道也。喜怒哀樂，皆大道也，是謂中庸，無所不通，用之不窮，剛健中正，虛明瑩融，何思何慮？如鏡如空。」[46]眾人之失多在於將視野局限於幽深、高遠的事業，以窮高極遠為道心之所在，更錯誤地認為道心難求，卻最容易疏忽最平坦易行地日常之事，人為這些平常之事不足以成就大道。然而孔子以簡明之言闡明其道之平易，以「大道不隱」揭示忠信大道顯明無隱晦。人若知此忠信，即是知道，人之日用平常，無他奇巧之心，即是大道。此心喜怒哀樂發乎自然本性，皆為大道，亦即中庸之道。此心虛明瑩融，無所不通，不假思慮，如明鏡照萬物，如虛空容納萬有。孔子「主忠信」之旨，如此言簡意明，然學者卻不知其意旨，誤認忠信一語乃聖人淺言陋語之類，未能明此即大道之本。這種誤判導致學者多舍淺而求深，舍近而求遠，把忠信當作心外之物，不知忠信就是道體流行。是以，楊簡針砭時弊，更是直言忠信即是道，何有深淺之分？何有遠近之分？學者之失道也，不在遠處，就在深處，不在此處，就是彼處。先聖言忠信如此簡易明白，而學者猶疑忠信之外複有道心，實因私意而其妄念。若能絕私意，則日用云為之常心，自然發為神明妙用。學者當自信本心，須知忠信非外鑠與我，自性完善，不需求於高

---

46 〔宋〕楊簡著，董平點校：《楊簡全集》（杭州市：浙江大學出版社，2015年），《慈湖先生遺書》，頁2068。

遠、幽深。楊簡益信此忠信之大道，一生都以此為自身之立身行事之準則，其後學者亦多贊其立身傳教之功：「先生忠信篤敬，發言必由衷，信而有證。」[47]、「先生忠信篤敬，言必有忠信而有證。」[48]可以看出，楊簡一生都在躬行實踐「忠信篤敬」之旨，其言語、行事，皆有忠信不二表徵。所以楊簡又言之曰：「夫知者所以樂乎水者，不可以言語解也。惟其不可以言語解，故先聖亦惟曰樂水而已，終莫能言其所以樂之之旨。雖繼曰『知者動』，又曰『知者樂』，學者終患其未詳明。夫水，終日流動而未嘗思為，知者之動如之，斯妙不可言，又不可知，而無出乎日用，無出乎忠信。先生曰：『主忠信。』忠信，不詐妄而已矣，初無他巧，乃人之主本。丈人出入乎圜流九十里、黿鼉不能以居之中，亦曰忠信而已。孔子他日語子張以『參前倚衡』，亦曰忠信篤敬。忠信篤敬一致，即不詐妄之心而不動不放逸，是謂篤敬，無他巧也。烏乎至矣！是中有千萬年無所終窮之樂。」[49]楊簡引用先聖「智者樂水」之言，認為水終日流動不已，未嘗有半點思慮、人為湧動，而智者之思慮行動亦如水之流動，不動意，這其中的妙用不是言語可以描摹的，不可以學而知之，而又在日用之間。人之立於天地之間，行事作為，只有一個忠信而已。孔子所以告之子張「參前倚衡」的用意，亦是要其懷忠信篤敬之心。忠信篤敬之一致無二，不詐不妄，不動意慮，不放逸其所為，才能稱之為篤敬，別無其他捷徑。主忠信之為至道，此中有千萬年而無窮之樂趣。此樂是道心之和順，是忠信之無處不在。可知楊簡深信此「忠信」大道。

---

47 〔宋〕楊簡著，董平點校：《楊簡全集》（杭州市：浙江大學出版社，2015年），《慈湖先生遺書》，頁2496。

48 〔宋〕楊簡著，董平點校：《楊簡全集》（杭州市：浙江大學出版社，2015年），《慈湖先生遺書》，頁2558。

49 〔宋〕楊簡著，董平點校：《楊簡全集》（杭州市：浙江大學出版社，2015年），《慈湖先生遺書》，頁1870-1871。

一　釋「忠信」

　　楊簡對忠信的的解釋向來是簡易直截的，這也延續了心學一派的特色，不作過多的文飾，楊簡直言忠信就是不欺詐、誠實，並且忠信之人必是遵道心而行，遵道心而行而已，不必過多於外事之功。日用平常即是大道，人之日用起居、言語形狀、應酬往來之間，皆是吾道心之所在，不必以為除此之外更有道心，終年力索不如反觀諸己。「忠信」之語，楊簡屢屢提及，皆言其是大道，皆為吾心之正。

　　楊簡在闡述「忠信」概念時，往往援引「道心」、「本心」等心學核心術語進行詮釋，這種闡釋路徑凸顯了其心學體系中對內在道德本體的本體論建構：「忠信者，本心之常，即道心也。」[50]、「天下萬事，惟初心為正。相比之道亦然。人心未始不正，人心未始不忠信，則此忠信之心，未始不明貞。」[51]忠信者，乃吾道心之常性，忠信之大道即是道心本體。天下間物理、人倫之正皆源自初心與道地契合。人心初始未有不中正，人心初始未有不忠信，未嘗有習染之蔽，未嘗有私意滋擾。故知人之初心即具中正之全體大用，既無後天習氣浸染的禍患，亦無私意萌動。而論及忠信的具體含義，楊簡言簡意賅曰：「夫忠信者，不欺詐，誠實而已。」[52]楊簡對「忠信」的闡釋簡易直截了當，認為其本質即不欺詐、誠實，然其意涵實則直指本心的正直、光明與澄澈無雜。人之本心，本即忠信之心，其性忠貞專一，不雜不糅。然而，現實中真正能做到誠實無欺的忠信之人卻極為稀少，皆因私意妄念起處，本心被遮蔽，難以彰顯其本然之性。楊簡總結先

50　〔宋〕楊簡著，董平點校：《楊簡全集》（杭州市：浙江大學出版社，2015年），《楊氏易傳》，頁25。

51　〔宋〕楊簡著，董平點校：《楊簡全集》（杭州市：浙江大學出版社，2015年），《楊氏易傳》，頁77。

52　〔宋〕楊簡著，董平點校：《楊簡全集》（杭州市：浙江大學出版社，2015年），《先聖大訓》，頁1678。

聖之言，指出其意旨皆同：舜言「道心」，孟子言「人心」，孔子言「心之精神是謂聖」，無非皆在強調本心之重要。此心清明廣大，自具善性，本自正直，其性神妙無方，通達萬物。此心人人本具，非由外求；聖賢之本心與凡夫之本心，其性同一，並非截然二心。吾心即道，探察聖人之道，歸根結底，不過「忠信」二字而已。楊簡釋「與人忠」、「己所不欲勿施於人」之意，即是吾日用平常之心，即是忠信之大道。楊簡曰：「孔子曰：『君子不重則不威。學則不固。主忠信，無友不如己者。過則勿憚改。』又曰：『君子正其衣冠，尊其瞻視，儼然人望而畏之。』子思亦曰：『齊明盛服，非禮勿動，所以修身也。』」[53]這些論述都強調學者應當具備忠信之心，威嚴中服而不放逸其心，若能在日常生活中做到無欺騙、無虛偽矯飾，則是持守忠信之道。忠信並非存在於心之外的他物，而是內心本然之性。聖人教導學生，旨在使其明瞭忠信源於內心，不必向外尋求。學者若能覺悟此理，自然會親近賢者、結交有道之士，避免犯錯而累及自身。由是可知，「忠信」是道德的根本，不欺詐即是忠信，誠實即是忠信。忠信者，即是道心。人皆有此忠信之心，非有二道，人遵此忠信之心，自當是親聖賢而遠小人，不與德行不及己者為伍。

《大戴記》之記載孔子謂「忠信大道」，後世學者多有懷疑其真偽者，多以為平常實直之心外求其忠信也。然而，此心之外更欲何求？吾心即是忠信之本，孔子所言「心之精神是謂聖」，揭示人皆本具道心，此心平平常常、坦坦蕩蕩，既無玄妙造作，亦無奇巧乖張之處，所以孔子以「中庸」明其本質，道非高遠，日用之間即道。忠信之道心虛容廣大而無具體形質，學者自然不能執其形體；自道體周遍無礙，所以宇宙萬物萬事盡在之中。此心流行雖變化萬狀，往來雲去

---

[53] 〔宋〕楊簡著，董平點校：《楊簡全集》（杭州市：浙江大學出版社，2015年），《慈湖先生遺書》，頁2081。。

之間，卻能不沾染絲毫的思慮造作，所以《中庸》言曰：「誠者天之道也。」忠信作為大道本體，人人本自具足，縱使身處困頓亦不失其存。孔子以「知者動」啟迪弟子，天地間至動之理皆在吾心，惟悟此理方可言「知及之」。此心之喜怒哀樂應物而發，如同四時更替般自然流轉。其動時如春生夏長，靜時若秋收冬藏，無論動靜皆為道體流行，即是仁德顯發，亦是忠信呈現。世人雖日用而不自覺，恰如楊簡所言：「吾聖人之道所以至於今不明於天下，正以學者不知孝悌忠信即天下大道。夫是以聖人之道，往往以平易見卑於高明之士，而異端空虛寂滅之論滿天下。孔子曰：『莫我知也夫！』又曰：『知我者其天乎！』言人不我知也。」[54]聖人之道不能彰顯於天下，究其原因不過有二：一是學者不知孝悌忠信即是天道的真實流行，二是不識本心即是天道發用的樞機。聖學向來坦蕩，卻因其質樸的特質而被高明之士輕忽，空虛寂滅之論卻乘機大行於世。是以，楊簡特意強調了「忠信」的重要性：「子張問行，子曰：『言忠信，行篤敬，雖蠻貊之邦行矣；言不忠信，行不篤敬，雖州裡行乎哉？立則見其參於前也，在輿則見其倚於衡也。』夫所見者何物也？忠信、篤敬也。是物不屬思慮，純實混融，無始無終，曾子謂之『皜皜』，舜謂之『精一』，子思謂之『誠則形，形則著』，皆不過忠敬而已矣。忠信，不妄語而已，不為欺而已，無他奇也。篤敬亦猶是也，不放逸而已矣，不慢易而已矣，無他奇巧，中庸而已矣。動乎意而支離，則失其忠信，失其篤敬矣，失其皜皜，精一者矣。」[55]子張向孔子請教立身處世的方法，孔子言「主忠信」。這表明是人處世的根本原則，以此忠信為本，應人接物無不合乎中道。曾子以「皜皜」形容其純粹，舜以「精一」概括

---

54 〔宋〕楊簡著，董平點校：《楊簡全集》（杭州市：浙江大學出版社，2015年），《慈湖先生遺書》，頁2106。

55 〔宋〕楊簡著，董平點校：《楊簡全集》（杭州市：浙江大學出版社，2015年），《慈湖先生遺書》，頁2139。。

其本質，子思以「誠則形」闡明其發用。所謂「皜皜」，即心性如皓月當空，無一絲私欲遮蔽；所謂「精一」，即意念專注純粹，無半分雜念摻雜；所謂「誠則形」，即至誠之心自然流露為篤敬之行。三者皆指向同一核心：忠信非外在規範，而是心性本然之誠實無詐。人若持守此心，則站立如忠信在目，乘車如忠信在軸，立身處世皆與道合一，故能「雖蠻貊之邦行矣」。楊簡言「忠信不過不妄語、不為欺」，看似淺顯，實則直指忠信的本質。妄語與欺瞞，皆因心動乎私意，一旦起計較之意，則忠信之本心便被遮蔽。反之，若能不欺不妄，則篤敬自生，事親則自然孝悌，交友則自然誠信，治民則自然仁愛。此即「精一」之功，心無雜念，則萬善皆備；行不刻意，則萬事中節。正如車軸持中，方能載重致遠；忠信守一，方使言行皆入道樞。楊簡認為「主忠信」者，不可須臾離也，所謂「動乎意則支離起」，稍有懈怠，則如車軸偏離，寸步難行。如子思言「誠則形」，只有以此忠信之心行事，才能踐行大道。

二　忠信之為大道

楊簡作為南宋心學的代表人物，為官期間提出了一系列關於治國理政的思想主張。其核心思想是以德治國，以仁化民，這一思想在《慈湖先生遺書》得到了充分論述，楊簡屢次上書直言君主治國之方，規勸君主以德立身，效仿古聖王之道，以仁政治國，擇賢以任，忠信待民，道德教化等等。觀歷代國家政治，楊簡認為人君治其國，若以霸道而治，以利害驅其民眾，則失民心，其國必亂而亡；若以王道為本，施以仁政，以忠信治其國，則能民心順服而長治久安。這種霸道與王道的對比，既體現了楊簡對儒家傳統治國思想的繼承，又展露了他對治國理想的深刻思考。楊簡言之曰：「今夫裡巷群居，其情狀大可見。其相與忠信正直，則彼必服；相與不忠不信、不正不直，

則彼必不服。苟不合乎道，雖惠利之，面雖感恩，退有後言，其心終不能服。」[56]縱觀歷代治亂興衰的根本原因在於統治者能夠以仁政為治國核心，正如孔子所言「為政以德，譬如北辰，居其所而眾星共之。」治國之君當以德性教化來感召民眾。楊簡自是傳承了這種為政之風，曾竭力倡導君以己心治政。楊簡在《慈湖先生遺書》中反覆申明「治道在君心」的核心主張，強調君主當以本心為施政根基，方能真正實現「民自歸之」的王道境界。

　　楊簡認為「治天下者必聖人」。孔子主張「為政以德」，以禮樂大道教化百姓，而刑罰為次。為政之道，無出於德者，君無德不可居於尊位，君不行德政，其治必亂。夫子之言甚是明白、簡易，不需贅言。孟子在此基礎上創建了其「仁政」的治國思想，為政者當是奉行「民為貴，社稷次之，君為輕」的宗旨，以仁心治萬民，百姓莫不敬服。至此，儒家倡導德政的為政之理念有了完善的理論體系。通貫古今之政治，政事不出於德者，非是德政，德政不行於世，則危亂、禍患不止。政由心出，人君之治天下須是由道心而行。《楊氏易傳》曰：「九五君象，人君之治天下，不在求之他，求之外，惟求諸己而已矣。自養，求諸己也。貞，正也。自養正德以需之，庶政兼熙矣。中正，道之異名也，即正德也。」[57]楊簡認為人君要自養正德。人君居九五之正也，集忠信、孝悌與一體，其心必是至正、至善，其治天下國家首要的不是求之於外在的制度、刑罰，而要求之與「中正」之德。君以正德之心教養萬民，上行下效，國家政令暢通無阻。所謂中正，即是道之異名，即是人君之正德也。依此中正之道而行，具體施行以禮、樂、刑、政此四者為主，用禮以教化百姓從容中道，用樂以

---

56 〔宋〕楊簡著，董平點校：《楊簡全集》（杭州市：浙江大學出版社，2015年），《慈湖先生遺書》，頁2529。

57 〔宋〕楊簡著，董平點校：《楊簡全集》（杭州市：浙江大學出版社，2015年），《楊氏易傳》，頁66。

教化百姓安定融和，以刑法糾正百姓的過失，最終實現以德化人的治國理想。楊簡指出古聖王治世皆循此中道，君德昭明則萬民有所依歸，教化體系自上而下井然有序；君德失范則百姓無所適從，社會秩序必然崩解。所以楊簡言曰：「立君為民，不可用私情。」[58]人君代表的是百姓之公心，其不可不正，不可不善，不可有絲毫的偏私。動其私情，則偏離中正之道，則君德有失，君心自是蒙塵。又曰：「是德之在人心，人皆有之，非為君天下者獨有也。聖人先得我心之所同然耳，得其所同然者謂之德，同然者，天下同此一心，同此一機，治道之機，緘縢於任君一心。得其大綱，則萬目隨，一正君而國定矣，選任自明，教化自行，庶政自舉。」[59]德之在人心，非人君獨有此德，然而聖人能率先明覺此同然之德性，所以在天地人三才一道的體系中，聖人能承擔著上承天道、下啟人道的關鍵任務。治道的關鍵與天人一致之道心，最終都彙聚於人君一身。人君若能體悟天道大綱，自能以正德發用而中正行事，其選賢任能，教化百姓，治國理政，自然是暢通無阻，實現天人合一的政治願景。所以孔子有言：「古之有天下者必聖人。」由此可以推知，此語有兩種含義：一是從儒家政治理想上來說，人君之行德政是儒家學者一直以來追求的理想政治狀態；二是從儒家道德理想上來說，對「聖人」的境界推崇和追求是儒家學者孜孜以求的共同德性目標，最高理想是實現「內聖外王」的修養境界。楊簡延續了這一傳統，同時又融合了其本心思想，言曰「治天下之道，本諸君心。」[60]人君作為天心與民心的中介，承載著聖人之道心的發用。所以，人君為政之道，無非是道心的自然流露，禮樂刑政

---

58 〔宋〕楊簡著，董平點校：《楊簡全集》（杭州市：浙江大學出版社，2015年），《五誥解卷二》，頁392。

59 〔宋〕楊簡著，董平點校：《楊簡全集》（杭州市：浙江大學出版社，2015年），《慈湖先生遺書》，頁2083。

60 〔宋〕楊簡著，董平點校：《楊簡全集》（杭州市：浙江大學出版社，2015年），《慈湖先生遺書》，頁2220。

等政務皆是君心正用的體現。楊簡指出，為政之基並無奇巧之論，關鍵在於守住道心，行此常道。楊簡進一步闡述曰：「故合乎天下之公心而為政為事，則其政可以常立，其事可以常行；不合乎天下之公心而為政為事，則其政不可以常立，其事不可以常行。」天下之公心，即是人人固有的良知良能，此心自善自正、無偏無陂。人君治天下必然要以公心為本，君心就是公心，由此而行政事，則政無不立，事無不順行，若背離公心而行政事，則政無所出，史無成理。

楊簡的心政構想是其道德理想與治政理想的有機融合，具備完整的邏輯體系。首先將君主心性修養確立為政治本源，所謂「治道在君心」即指君主本具的至善之性即是政治合法性的根源；進而構建德政實踐論，通過禮樂刑政的制度設計將心性本體轉化為治理實踐；最後指向價值目的論，將「忠信大道」的實現作為政治終極目標，強調唯有通過心性修養與制度實踐的雙重作用，方能達成「聖人之治」的理想境界。楊簡認為「非道也，不可以王；非由道心也，不可以治天下。」[61]在他看來，人君若偏離大道，其心即為私欲所蔽，既失道心亦無公心，如此自然難以維繫天下治平的局面。這種政治理念的終極指向，是回歸三代聖王之治的理想圖景。在詮釋〈康誥〉篇時，他特別強調周公初創基業之際「四方之民大和會，見士於周」的盛況。通過對先聖之治的讚譽，引出其對當下政治的構想，唯有效法先王之道，施行以道心為本的仁政，才能實現王道。楊簡引孔子之言曰：「聖人有國，日月不食，星辰不勃。」[62]聖人治其國的關鍵在於將天道內化於心，使天地人三才之道統攝於君主一身。當國家的政教體系都建立在這種心性本體之上，自然形成君臣有道、夫婦有序、父慈子

---

61 〔宋〕楊簡著，董平點校：《楊簡全集》（杭州市：浙江大學出版社，2015年），《慈湖春秋解》，頁1003。

62 〔宋〕楊簡著，董平點校：《楊簡全集》（杭州市：浙江大學出版社，2015年），《慈湖春秋解》，頁1345

孝、兄友弟恭、朋友有信的治世。並且，楊簡特別強調心性教化的政治功能：人君以道心治理國家，教化其民重在培養其誠實無詐的本心，使民風淳樸而無奸邪滋生，方能實現上下一心、忠信無二的理想。楊簡指出，忠信之道與道心密不可分：「孔子謂忠信大道，正以明此也。即此忱誠之心已往即天則，是謂丕則；由此心以行，事親自孝，事長自弟，與朋友自信，於夫婦自別，於民自愛，於萬事自能可可否否。謀慮曲折允當，即此忱誠之心，不勞作意，而無體無方無限量，外物自莫能轉移。澄然虛明而變化云為，萬善皆備，則於德豈不益敏乎！嗚呼，非大聖人不能如此善教也！」[63]楊簡進一步指出，忠信之道並非虛言，而是落實於日常生活中。人若能以忠信之心待人接物，則自能遵循人倫大道，不違禮義。然而，愚昧之人往往忽視忠信之重要，輕慢無禮，不以為害，殊不知此乃天下禍亂之開端。一旦失去忠信之道，禍亂必將隨之而來，導致百姓失依、社會失序、禮樂崩壞。楊簡認為孔子之作《春秋》正是警示後世之人：「《春秋》為天之經，地之義，為人之行。四時以是行，日月以是明，萬物以是生，君以是尊，臣以是卑，父以是慈，子以是孝，兄以是愛，弟以是敬，夫婦以是別，朋友以是信，天下國家以是安。仁此謂之仁，宜此謂之義履此謂之禮，樂此謂之樂。」[64]《春秋》乃是明道之書，其間評判有道與無道，斷是非，無有不是出於道心。人君治國當行仁政，以忠信示人，如此則君臣、父子、夫婦、兄弟、朋友、賓客皆能各安其序。依此大道而行，自上而下、自內而外，何有錯失之處？《春秋》所載「天之經，地之義，人之行」，正是要闡明此理：四時運行、日月光明、萬物生長、君臣尊卑、父子慈孝、夫婦有別、朋友誠信，皆賴此道而行。

---

[63] 〔宋〕楊簡著，董平點校：《楊簡全集》（杭州市：浙江大學出版社，2015年），《五誥解卷二》，頁392。

[64] 〔宋〕楊簡著，董平點校：《楊簡全集》（杭州市：浙江大學出版社，2015年），《慈湖春秋解》，頁1346。

忠信作為儒家的重要道德原則，從來不是抽象的概念，而是基於人倫日常和的生活實踐。並且，忠信天然就存在於人的德行之中，其發用時自然而然的。具備忠信之心者，在日常交往中必然以誠相待，摒棄欺詐間歇之念。楊簡在《慈湖春秋解》中多將忠信與盟相比對：「不以忠信相與而以盟，非道也。矧不自於王朝之司盟，益非道。忠信，道也；尊王，道也，一也。誠心所感，人自孚信。董仲舒曰：『盟不如不盟。』」[65]、「忠信何盟！盟者，衰世之事。……今也私盟，私盟不已，至於參盟，聖人之所尤也，尤其益違道而益亂也。」[66]、「夫盟已失道，屈魯侯之尊與小國之微臣盟，又失道。昔者明王不敢遺小國之臣，非慢其等也。公與人不以忠信，又慢其禮，自無智者觀之，疑未害與事，而天下之禍亂，率自於微。一失其道，禍亂所隨。」[67]忠信之道是人君正心而發，自是中正、廣大，而所謂盟者，是忠信的對立面，自是違道的，其為私意、非誠、非禮，有道之國不以其為然。與大國盟，是為私盟；與小國盟，亦是私盟。盟即是非道，非明王之所為，明王與他國交往自是以禮相交，與之忠信。《春秋》之書，貴忠信而不貴盟，明王更不會以私心之盟禍亂國家。春秋之時君臣因其違背禮治失其誠信而亂起政治，國家潰亂而不自省，最終至於滅亡的結局，所以楊簡總結說：「信者，道之心；禮者，道之節。故曰：《春秋》者，明道之書也。禮、信乃道之異名。」[68]忠信與禮皆是道之異名，《春秋》之書明此忠信之大道也。楊簡認為人君立

---

65 〔宋〕楊簡著，董平點校：《楊簡全集》（杭州市：浙江大學出版社，2015年），《慈湖春秋解》，頁1005。

66 〔宋〕楊簡著，董平點校：《楊簡全集》（杭州市：浙江大學出版社，2015年），《慈湖春秋解》，頁1022。。

67 〔宋〕楊簡著，董平點校：《楊簡全集》（杭州市：浙江大學出版社，2015年），《慈湖春秋解》，頁1023。。

68 〔宋〕楊簡著，董平點校：《楊簡全集》（杭州市：浙江大學出版社，2015年），《慈湖春秋解》，頁1197-1198。

政之機要盡在此心。人君之治國也,雖四海之深廣難測,夷狄之邊遠難達,然而其政治與否、夷狄歸服與否,都盡在此道心之中。明王當然能竭心盡力,治人選官都是賢良之臣,如水之源清也,其流也必是清澈;如培育良木也,使其枝葉繁茂而無病患之憂。如此一來,人君施政必是有其賢能輔佐,其德政自然順流而無阻。

第三節 「孝」的教化實踐

楊簡心政思想體系中,「孝」是實現德治的重要步驟,也是貫通天道與人倫的關鍵環節。在治國層面,人君以仁政施行教化,以忠信為原則確立政教的根本;落實到個體德性修養層面,則需要以「孝」為德性教化的起點。楊簡將禮制詮釋為「道心之文」,使的它超越制度規範層面,具有本體論上的神聖性。孝悌作為家庭倫理的根基,通過「推己及人」、「老吾老以及人之老」的不斷推廣,自然衍生出忠君恤民的公共德性;而忠信作為政治倫理的支柱,又反過來強化孝道的實踐自覺。人君的教化因此上下互通的良好機制:既要以忠信確立政教之本,更需以孝道激發個體的道德自覺,唯有激發百姓內在的孝悌之心,方能實現「修齊治平」的治理目標。當「孝」的德性種子在個體心中生根,經由禮制的規範引導發用為忠信、仁厚之德,再通過政治教化的成長,由此而能實現心政的現實轉化。

對孝的意義與價值探索,要綜合思想義理和哲學本體兩個層面的研究。儒家的孝不僅是一種經驗生活層面的道德行為,而且包含了形上層面的超越性。在儒家的思想傳統中,通常是作為人倫關係的重要紐帶,由「親親」而發。從哲學層面上考察,「孝」就具有超越性和神聖性,它蘊含著對人立身之本的追問。《論語》曰:「其為人也孝悌,而好犯上者,鮮矣;不好犯上,而好作亂者,未之有也。君子務

本，本立而道生。孝悌也者，其為人之本與。」[69]孝首先作為人的道德準則，在家庭生活中具有十分重要的作用，人知孝則能親親，知親親則能尊尊，知尊尊則能愛人，以此不斷演變成治理國家的有效手段。孟子在講述「孝」的話題時，探討了其背後所蘊含的人性根基。人能孝的根源在於「怵惕惻隱之心」，孟子對此進行了人性論奠基，將孝道根源追溯至「怵惕惻隱之心」，這種先驗的道德情感作為「四端」之本，確立了孝道的人性根基。楊簡的創造性闡釋則實現了本體論轉向，他將孟子的情感本體提升為「心即道」的哲學命題，在《楊氏易傳》中提出「孝非外鑠，乃心體自現」，使孝道從經驗性倫理規範昇華為心性本體的發用流行。

楊簡曰：「按『學』古字為孝，孝，即今孝字，一字而兩音固多。蓋古所以孝為孝音，又為學音，於以見古始造字意，以謂學者，孝而已矣。自孝之外，無他道也。時有古今，道無古今；時有古今，性無古今；時有古今，學無古今。於孝之外複求學，是有二道、有二性也，無乃不可乎！夫孝，天之經，地之義，民之行，推而放諸南海而准，推而放諸東海而准，推而放諸西海而准，推而放諸北海而准。以孝事君則忠，以孝事長則順，朋友不信非孝，……孝悌之至，通於神明，光於四海，無所不通。斯乃先生一貫之道也。」[70]從字源來考證，古之學字為孝，與今孝字實為一字而兩音。學與孝，自古就是通用的，以明學者學道也，孝而已。除孝之外，別無他道可行。雖時光往復，時移勢遷，然此孝不變，此性不變，此學亦是不變。孝是超越了時空限制的存在，所以能稱為天之經、地之義，孝作為人倫之大本，放諸四海皆准。景海峰先生說：「正是在生命一代一代傳遞和延續的過程當中，其所積累起來的對於祖先的崇敬、讀與生命根脈認知

---

69 楊伯峻：《論語譯注》（北京市：中華書局，1980年），頁2。
70 〔宋〕楊簡著，董平點校：《楊簡全集》（杭州市：浙江大學出版社，2015年），《慈湖春秋解》，頁2292。。

的強固、對於自身的明確定位等內容,逐漸地成為特定文化系統當中的核心部分,得以一代一代地相傳,影響著社會群體中的每一位成員。所以在中國文化中,孝就不僅是一種德行,或是一般的道德品質,而是具有了更深刻的含義,即通過孝的方式,將個體生命與群體社會聯繫起來。」[71]孝作為道德準則,其由內而外,一步步推演,由事親之孝到事君之忠、與朋友有信等等,關切到家、國、社會、天下等等幾個層面。以此孝心為基點向外延伸,孝的內涵不在局限於事親的層面,而是擴展為社會、國家治理的準則,這種孝心超越了個體情感的局限,通達天地,成為貫通天地人三才乃至萬物的普遍性原則。所以楊簡十分贊同其孔子所言「天有四時,春秋冬夏,風雨霜露,無非教也」的觀念,並作出進一步闡釋,楊簡認為自然界流行變化本質上源於道心的變化,而這些宇宙自然之變化無不是道心之教化流行。換言之,忠信、孝悌、仁義、篤敬等德性,正是道心發用的具象化表現,這些都是可以通過學習來掌握。並且,楊簡強調忠信孝悌之為大道,無需刻意向外尋求,因為道性本就內在於人心,是謂道不遠人。

一 心本善

儒家教化思想的理論基礎植根於人性論哲學中,其核心是對於人性本善的預設,孔子曰「性相近,習相遠」,雖然沒有明確提出性善,但其中蘊含著人性可以教化的可能性。孟子曰「四端之心」,直接從本體論層面確定了人性先天具有的性善種子。孟子的人性論思想一方面為人性教化提供了本體依據,另一方面也為教化的必要性提供理論支撐,若不存養本心,則離禽獸不遠。荀子雖主張性惡論,卻仍

---

[71] 景海峰:〈儒家孝觀念的超越性意義——以《孟子》所述為中心〉,《道德與文明》第1期(2025年),頁110。

強調「化性起偽」，以教化之功來引導人性向善。由此可以看出，無論是主性善或性惡，人始終具備通過禮樂教化實現道德完善的可能性，這正是儒家教化的根本立足點。

楊簡在談到教化這一問題時，楊簡將「心」確立為自足、自正、自善的終極實在。此心既是生化萬物的宇宙本體，又是至善無惡的道德本體。這種形上與形下的雙重屬性統一於心性一元論中。楊簡認為性與心二者名言雖有不同，而其實質本為一體。人皆有此至善本心，非是外物賦予我，本心自得完滿、不損不加，而人心因物有遷而起意則遮蔽其心，所以需要聖人教化破除迷障，明覺本心，楊簡曰：「性非氣血，無形；體有形體，血氣則有聚散。非血氣形體，則無聚散。愚者執氣血以為己，故壯則喜。老則憂懼，其無己也。明者知性之為己，性本無體。平時固不自立己私，不執氣血為己性。如日月之常明，則血氣之或衰或散，固不足以動其心也。」[72]可見，楊簡之言性也，以性為己，不是私，非是血氣形體之聚餐離合，而言其無體無方之本，性之常明常覺，血氣聚散自是不能動其心也。楊簡在〈泛論學〉中引用了汲古問孔子「聖賢言性何以多不同」[73]的例子，孔子答之曰：「性字解釋有不同。」孔子認為聖賢對性的解釋存在差異，主要是因為「性」這一概念本身就具有多重含義。如「性相近」更多的是指人性中的基本相近性，是對性格習和慣泛泛的談論。「節性惟日其邁」更多的強調人性的發展和變化。「個正性命」強調「性」的個體獨特性。孟子道性善，是對人性的根本屬性的解釋。聖賢對「性」字的解釋不盡相同，但從根本上來說是不衝突的。楊簡對「性」的理解則另闢蹊徑，楊簡認為人之所以為人者，不單是從其血氣、形體、

---

72 〔宋〕楊簡著，董平點校：《楊簡全集》（杭州市：浙江大學出版社，2015年），《楊氏易傳》，頁189。

73 〔宋〕楊簡著，董平點校：《楊簡全集》（杭州市：浙江大學出版社，2015年），《慈湖先生遺書》，頁2191。

外貌上來區分,更為根本的是從人性上來說:「夫所以為我者,毋曰血氣形貌而已也。吾性澄然清明而非物,吾性洞然無際而非量。天者,吾性中之象;地者,吾性中之形。故曰『在天成象,在地成形』,皆我之所為也。混融無內外,貫通無異殊,觀一畫,其旨昭昭矣」[74]。楊簡認為吾性自然是澄然清明而非物質,吾性洞察萬物、無有邊際而不可以丈量,強調「性」的超越性才是決定人之為人的核心。天、地,都是吾性之物,天地之變化,都是吾性中之變化,肯定了「性」的無限性和普遍性。這種「性」是無形體、無邊際的,所以才能無所不通。

楊簡在對「性」的解釋基礎上,又論證了性與心的關係:「性即心,心即道,道即聖,聖即睿。言其本謂之性,言其精神思慮謂之心,言其天下莫不共由於是謂之道,皆是物也。孩提之童皆知愛親,及長皆知敬兄,不學而能,不慮而知,非聖乎?人惟不自知,故昏故愚。」[75]楊簡認為性即是心,心即是道,道即是聖,聖即是睿。從其根本上來說謂之性,從其精神思慮上來說謂之心,從其天下之人皆共由之路上來說謂之道,這三者隨時名稱有所不同,從不同的角度來分析論說,但其本質都是一物,即是本心。孩提之童皆知愛其親,長大之後自知尊敬其兄長,此心自是不學而能,不慮而知,難道不是聖嗎?人惟不自知其性自善、其心自澄然清明,所以才混亂、愚昧。人自省其心,而能知人人皆有此至善至靈、至神至明之性,此性自善,與天地同,與古往今來之聖賢同。觀此天地之間萬物萬理之變化,同類的事物自是會互相融合,志氣相同之人自然互相響應,同此心者自然會相知。人之生就有耳目鼻口四肢,所以其必是同有惻隱、羞惡、

---

[74] 〔宋〕楊簡著,董平點校:《楊簡全集》(杭州市:浙江大學出版社,2015年),《慈湖先生遺書》,頁1973。

[75] 〔宋〕楊簡著,董平點校:《楊簡全集》(杭州市:浙江大學出版社,2015年),《慈湖先生遺書》,頁2020。

恭敬、是非之心,即是孟子所說之良知良能也,即仁心也。而之所以獨獨說必有心同而後相知,因人有習染、意蔽的緣故。人性本善的,人心自本一,只是人之所稟習氣不同,有教習上的差異。所以楊簡又言:「學者,孝而已矣。時有古今,道無古今;時有古今,性無古今。」[76]此「性」即是言人之本也,讀楊簡之著述可知,此言「性無古今」,即言「心無古今」,乃其一以貫之之道也,此人之本性或本心是超越了空間和時間限制存在,並且是無方體、無際畔的虛容空明,宇宙、自然、四時、陰陽、天地人,都盡在吾本心之中,一切變化,都是吾心之變化。人之血氣形骸四肢的構成,源於陰陽二氣和合而成,萬事萬物,無不是由此陰陽交感而生。正如楊簡所說天、地、人雖分為三才之名,但根本上來說三才共由一道。天、地、人,乃至天地萬物的變化往來,都是道心發用流行。楊簡認為孟子所謂「存心養性」「我善養吾浩然之氣」之言論實是裂道之言,此心無形質、無際畔,更不會如孟子所言「束於氣血形骸之中,失其本體之大」。並且,心與性本是一體,孟子之分心與性為二者,實際是為名言所累,而不明道心一貫之旨。楊簡認為本心至善完滿,人性本善:「道心大同,人自區別。人心自善,人心自明,人心即神,人心即道。安睹乖殊,聖賢非有餘,愚鄙非不足。」[77]此自善、自明之道心人人具有,自是神妙精一,並沒有聖賢與愚鄙的差異。本心至德完善具有超越性,突破了血氣形體的束縛。楊簡直指「此心之中,孝悌、忠信、仁義、禮智,萬善畢備,惟所欲用,無非大道。」[78]此心自善,圓融完滿,孝悌、忠信、仁義、禮智無不是道心之用。楊簡將個體心性與宇

---

76 〔宋〕楊簡著,董平點校:《楊簡全集》(杭州市:浙江大學出版社,2015年),《慈湖先生遺書》,頁2551。

77 〔宋〕楊簡著,董平點校:《楊簡全集》(杭州市:浙江大學出版社,2015年),《慈湖先生遺書》,頁1863。

78 〔宋〕楊簡著,董平點校:《楊簡全集》(杭州市:浙江大學出版社,2015年),《慈湖先生遺書》,頁2177。

宙法則實現了終極統一，這種天人合一的理論模式，標誌著儒家心性哲學發展到新的高度。

二 「孝」的實施

楊簡的本體論消解了心性二元對立的思維定式，其言性本善，其實是心本善，其中蘊含兩層深意：一是啟明眾人本有之善心，自知其心自善、自明；二是為其為政施教化提供了合理的基礎，人心本善，而人有不善者，因其因物有遷或起意而蔽之。所謂「忠信大道」，並非外在規範，而是道心自然顯現，然而古今學者多昧於此。孝道之所以成為「天之經，地之義」，正因其是道心流行最直接的顯現，從血緣親情推擴至天地萬物，形成仁民、愛物、敬天、法祖的倫理建構。

首先，孝乃「民則」。儒家向來重視人倫大道，孝是其至關重要的一個命題，孔子把「孝」定位到了天地之大經的層面。孩提之童天然就具備有愛親之心，此即是孝道的本院。其本質與敬長之心、忠君之心、仁民之心是同一的。孔子曰：「夫孝，天之經，地之義，民之行。天地之經而民是則之。」孝乃是出於天地之大義，天地之為大，民無不敬服。孔子將作為道德規範的孝上升為天地準則。楊簡則又將倫理道德規範轉化為心性本體：「謂民則，不惟聖賢，凡民皆在其中，然則凡民何以則之也？」，又曰：「自膝下嬉嬉，皆知愛其親，愛其親之心曰孝。」[79]人之愛親之心，不知其自何來，探究其原而不得，執其實體而無著落，日用其間而不可既。然此心又是不勉而中，不慮而得的廣大無邊際。天之所以健行而不停止，是吾心之健行也；地之所以博載萬物而化生，是吾心之化生也；日月之所以明，是吾心

---

[79] 〔宋〕楊簡著，董平點校：《楊簡全集》（杭州市：浙江大學出版社，2015年），《慈湖先生遺書》，頁2147。

之明也;四時之代謝,是吾心之代謝也;萬物之散殊於天地之間,是吾心之散殊。楊簡又說:「至孝之發用,即天地之變化也。致敬於宗廟,鬼神實在實著,融明靜虛,是謂孝悌之至。道心見諸事親謂之孝,見諸事長謂之弟。渾然神明,本無間隔,如日月之光,光於四海,而非思非為,無所不通。」[80]此孝心無形體,其變化無有束縛,自是精一變化而不人不可執其形,所以百姓日用其妙而不可得而思、不可得而言。

其次,明王以身立教。楊簡曰:「是三才之所同也,人性之所自有也。」[81]人人皆有孝心,非是聖賢獨有,而人以意起而昏亂,所以孔子多言要學者毋意,不起私意,止絕其昏亂之源。聖人因人有資質不同,所以設教以啟人心之明,楊簡言曰:「孔子循循善誘,姑以類言,父天母地。明,猶察也,謂曉達也。明王之事父母孝,異乎未明者之孝。未明者之孝,雖孝而未通,故於事天不明其天,事地不明其地。不特不明其天地,亦不明其父母。」[82]孔子以父天母地之語引導人以孝。明王之侍奉父母之孝與愚鄙者之侍奉父母以孝是不一樣。愚鄙者侍奉父母,雖有孝順之情而未能通達此道,侍天不明,侍地亦不明。不僅是不明其天地,而且不明其父母。聖人教化百姓,循循善誘,使人發明本心之德,修養身心,立身行事皆能忠信篤敬,無有二道。此孝之心非私意所成,而是大公之心,即是天地之心,即是道心。至孝之發用,即是道心之流行,亦如天地之變化。以此孝心敬宗廟、事鬼神,便能孝悌之至。事親、事長皆由此道心而行。此心渾然無間,神明廣大,如日月之光遍照四海,不假思慮而無所不通。大公

---

80 〔宋〕楊簡著,董平點校:《楊簡全集》(杭州市:浙江大學出版社,2015年),《慈湖先生遺書》,頁2152。

81 〔宋〕楊簡著,董平點校:《楊簡全集》(杭州市:浙江大學出版社,2015年),《慈湖先生遺書》,頁2149。

82 〔宋〕楊簡著,董平點校:《楊簡全集》(杭州市:浙江大學出版社,2015年),《慈湖先生遺書》,頁2151。

至孝之心，行之四海皆准。事君亦當本此至孝之心，別無二道。孝悌、仁義、忠信、篤敬，皆是一心之發用。然人若執著於孝行，反成私意，失其本然之公心。

最後，聖人設教以孝悌為先。《孝經》曰：「愛親者不敢惡於人，敬親者不敢慢於人。愛敬盡於事親，而德教加於百姓，刑於四海。蓋天子之孝也。」[83]人性之初，皆知愛敬其親，由愛敬之心待人則不會輕慢於人。君王愛敬之心自足，其政令通達而民自歸服，又以禮樂輔以教化，感化人心，所以能聚合天下離散之眾，若求助於以權術禦人心之類，其實鄙陋至極！由此可知，明君善教化者，不以權術使民懼怕，不以物欲使民沉迷，而以至誠至敬之心教化於民。立身行事以取信於民，民自能感應此心之至誠至善，進而明其本心。愛親、敬長、忠君、友賓，無一不是此心所發。楊簡曰：「孩提之童，無不知愛其親，及長，無不知敬兄。敬兄，即愛親之心也。壯而事君，無不知忠於君。忠於君之心，即事親之心也。無二心也，無二道也。及其臨民，博施之心又不期於生而自生，即愛其親之心也，此無二心也，無二道也。」[84]此心人人本有，不待學而能知，不待慮而自明。心之精神無方無體，所以孔子曰：「予欲無言。」自有天地以來，四季之循環往復，萬物生生滅滅，而能識得自然機變者少之又少，孔子所謂哀樂之不可見、不可聞，亦如春夏秋冬也之不可見、不可聞。孔子所言「庶物露生無非教」，此教亦是不可見、不可聞之類。言即是無言，無言即是有言。此教非執於形體、文義者所能知曉，唯有覺者體悟。所謂覺者，即是仁也，能自覺體認此孝心而無所阻礙。聖人本為覺者，不起意慮，所以其無言即是言也，無知即是知也，不加人為而已。聖人之教化，自是行其不言之教。楊簡認為，孝為聖人教化的首

---

83 汪受寬：《孝經譯注》（上海市：上海古籍出版社，2004年），頁9。
84 〔宋〕楊簡著，董平點校：《楊簡全集》（杭州市：浙江大學出版社，2015年），《慈湖先生遺書》，頁2148。

要選擇:「孝悌、謹信、泛愛,無非道心之所發見,自然喜於親仁,自然與仁者同心,自然謙虛,不敢自足。其有不親於仁,必有私意,必有阻隔,但順此孝悌、謹信、泛愛、親仁之心而行,謂之由道而行。行之既熟,為有餘力,乃可學文。文非道外之物。文學之事,皆此道之精華,日用之妙,何往而非一貫?但聖人設教之序,當自孝悌始,當自幼而達之,通則悟其本一,一則無時而非習矣。」[85]聖人之教化,當自人之孩提之童始,因其其愛親之心無不至誠至真,由此孝心為開端,由內而外,無限擴充,敬長、友朋、忠君,無不是由此心而發。人若通覺此孝心之本,則知人一貫之道。

三 小結

聖王之教民也必以忠信、篤敬,使其入則孝、出則悌,日用往來之間皆能合於禮也,合於禮則於道無違。人之初心也,即是此忠信孝悌。善為政者,則其政皆出自心,依此則能禮樂刑罰皆合中道。《楊氏易傳》曰:「人君欲施益於民,不必求諸物,不必求諸外,求諸己、求諸心是矣。何謂心?人皆有心,人心皆善皆正,自神自明。惟因物有遷,遷則意,動則昏,昏則亂。如云翳日,如塵積鑒,其本善、本正、本神、本明者,未始磨滅也。今誠能不因物而遷,意不為動,則正善神明之心,乃治安之本根。未有君心善正神明而民不被其惠者,亦未有君心不正不善不明而民被其惠者。苟惟以財惠民,則財有限,惠有限。雖被小惠,不免濫刑,不免虐政。設被惠於今日,必不及於他日。夫惟國之庶政,皆自君心出,君心一正,則庶政兼正,而民不被其惠者乎?其有不正,則庶政即隨以亂,奸邪得志,善良無

---

85 〔宋〕楊簡著,董平點校:《楊簡全集》(杭州市:浙江大學出版社,2015年),《慈湖先生遺書》,頁2077-2078。

所告,民被其禍,有不可勝言者是矣。故君心者,民惠之大本。惟聖哲之主,能用此以惠民。苟非聖哲,皆不能求諸此。」[86]君心者,也即是萬民之心,此心自是正、自是善,人君之治國也,必是求諸己、求諸心。君心善正神明自是惠澤萬民,民無不歸附。以財貨之利惠民則有限也,財貨之利盡,民難免於濫刑虐政。而已君心之正施教於民者,民心莫不正。聖哲之王,皆知以善教其民,治國必以德教,德教行則治國無往而不利。楊簡之政見皆是其道心的展現,心正則政治:「東海之濱,有大儒曰楊簡文元楊公,立身以誠明篤敬為主,立言以孝悌忠信為本,躬行實踐,仁熟道凝,盛德清風,聞者興起,可謂百世之師矣。故涪文公及翁紀其事。」[87]楊簡一生都是以誠明篤敬立身,以孝悌忠信立言,躬行先聖之學,恪守仁道,德性清明,聞道之流一時興起,是謂百世之師。

---

86 〔宋〕楊簡著,董平點校:《楊簡全集》(杭州市:浙江大學出版社,2015年),《楊氏易傳》,頁251。
87 〔宋〕楊簡著,董平點校:《楊簡全集》(杭州市:浙江大學出版社,2015年),《慈湖先生遺書》,頁2559。

結語

　　作為陸九淵弟子中的集大成者，楊簡雖被後世視為「象山後學第一人」，但在後世儒家思想史中卻長期處於一種尷尬境地。在朱陸之爭的學術格局中，其學未能彰顯，陽明心學崛起後，因學派式微致其學逐漸隱沒。後世學者談及心學大師必稱陸、王，然對陸、王之間的心學發展卻關心甚少。產生這種現象的原因在於楊簡心學體系與傳統宋明理學存在詮釋理論上的疏離。楊簡思想既未完全繼承陸九淵「發明本心」的簡易工夫，又未與王陽明「致良知」產生直接的連接。若突破傳統二元對立的視角，從心學自身發展邏輯來看，楊簡的「本心論」的建立實現了陸九淵心學向王陽明心學的過渡。通過對《楊簡全集》的系統梳理，可以得知楊簡心學並非是對陸氏心血的簡單延續，而是以陸學為基構建了以「本心」為形上本體、以工夫論為內聖實踐、以心政為外王理想的自正圓融體系。

　　在本體論層面，楊簡突破了心、性二元論，提出了「心即宇宙」的終極命題，其「本心」概念兼具本體性與遍在性，既不同於陸九淵側重道德主體的「本心」說，亦超越朱熹「理在氣先」的二元架構。「本心」昇華為統攝天、地、人的終極實在。在工夫論上提出「毋意」說，楊簡在《遺書》中強調「性即心之流行」，將人性善惡問題轉化為心體澄明與否的工夫論問題。通過消解「意」而實現心體澄明的覺悟方式。相較於陸九淵「不立文字」的觀念，楊簡開創了「以心解經」的詮釋學理路，將「六經」視為本心的具象化。楊簡在《楊氏易傳》中將卦爻辭解釋為心體流行的具象化展現。這種主體性的詮釋經學的方式，使經學從知識考據轉向生命體驗，實為心學易的一大創

舉。並且,把卦爻辭作為「本心」流行發用的痕跡,這種本體化的思路轉向,為陽明「心外無物」理論提供了思想的萌芽。在政治實踐上,楊簡提出「心政」的理念,其在任期間,通過興辦書院、移風易俗等舉措,造福鄉里,受到當地群眾的擁戴。楊簡的政治理念將道德自覺轉化為禮俗秩序,實現「禮法合一」的治理模式,這種「制度心學化」的實踐,也正切合了儒家「修齊治平」的傳統,避免了其學淪為寂滅空談。

可以說,楊簡心學具備極高的理論完善度,楊簡通過對「格物致知」說的批判,徹底奠定了「心」的超越性本體地位,進而通過心體—工夫—實踐的路徑,構建起了一套完整的心學理論。通過對楊簡心學的解讀,也能夠為我們研究陸九淵後學提供一些理論依據和資料參考,也有助於我們全面的瞭解宋明理學的全貌,更可為當代儒學創新與發展提供歷史借鑒。

參考文獻

一　專著

〔宋〕朱　熹：《朱子文集二》上海市：商務印書館，1937年。
〔宋〕朱熹注：《孟子集注》，上海市：上海古籍出版社，1987年3月。
〔宋〕陸九淵著，鐘哲點校：《陸九淵集》，北京市：中華書局，1980年1月。
〔宋〕楊簡著，董平點校：《楊簡全集》，全十冊，杭州市：浙江大學出版社，2015年。
〔元〕脫脫等：《宋史》，北京市：中華書局，2000年。
〔清〕劉寶楠：《論語正義》，北京市：中華書局，1957年9月。
石訓等著：《中國宋代哲學‧南宋篇》，鄭州市：河南人民出版社，1992年12月。
朱伯崑：《易學哲學史》，北京市：華夏出版社，1995年。
朱東潤選注：《左傳選》，上海市：中華書局，1962年。
李承貴：《楊簡》，西安市：陝西師範大學出版總社公司，2017年。
李承貴：《儒家生命詮釋學》，南昌市：江西人民出版社，2021年11月。
汪受寬：《孝經譯注》，上海市：上海古籍出版社，2004年。
金良年譯注：《孟子譯注》，上海市：上海書店出版社，2003年7月。
周裕鍇：《中國古代闡釋學研究》，上海市：上海人民出版社，2003年。
邱　椿：《古代教育思想論叢》，上冊，北京市：北京師範大學出版社，1985年3月第1版。
侯外廬、邱漢生、張豈之主編：《宋明理學史》，北京市：人民出版社，1984年。

荊門博物館：《郭店楚墓竹簡》，北京市：文物出版社，1998年5月。
陳來、王志民主編：《《孟子》七篇解讀》，濟南市：齊魯書社，2018年3月。
楊伯峻編著：《孟子譯注》下冊，北京市，中華書局，1960年1月。
楊伯峻：《論語譯注》，北京市：中華書局，1980年。
梁啟超：《先秦政治思想史》，北京市：東方出版社，2012年。
張善文：《象數與義理》，瀋陽市：遼寧教育出版社，1995年6月。
張實龍：《楊簡研究》，杭州市：浙江大學出版社，2012年。
張　覺：《荀子譯注》，上海市：上海古籍出版社，2012年。
崔大華：《南宋陸學》，北京市：中國社會科學出版社，1984年。
趙　偉：《心海禪舟——宋明心學與禪學研究》，北京市：人民出版社，2008年。
趙燦鵬，漢宋相假：《中國學術思想史論集》，北京市：中國社會科學出版社，2017年12月。
劉笑敢：《詮釋與定向——中國哲學研究方法之探究》，北京市：商務印書館，2009年。
劉寶楠：《論語正義》，北京市：中華書局，1957年9月。
蔡仁厚：《宋明理學‧南宋篇》，長春市：吉林出版集團責任公司，2009年。
蔡方鹿：《宋明理學心性論》，成都市：巴蜀書社，2009年，修訂版。
鄭曉江、李承貴：《楊簡》，臺北市：東大圖書公司，1996年。
錢　穆：《論語新解》，北京市：生活‧讀書‧新知三聯書店，2005年。
戴聖編，中華文化講堂注譯：《禮記》，北京市：團結出版社，2017年。

二　期刊論文

李　卓：〈楊簡雜禪辨正〉，《中國哲學史》，第3期，2013年。

李承貴：〈楊簡釋《論語》抉微——以《論語》中部分文本為案例〉，《江南大學學報》，人文社會科學版，2012年5月。
李承貴：〈楊簡釋《易》的路徑及其省察〉，《華南師範大學學報》，社會科學版，第5期，2013年。
李承貴：〈楊簡「心政」理念與實踐——楊簡治理思想及其特質〉，《浙江社會科學》，2014年5月。
周廣友：〈楊簡「己易」思想的哲學闡釋〉，《孔子研究》，第5期，2018年。
范立舟：〈論「甬上四先生」對象山心學的修潤〉，《哲學研究》，第9期，2014年。
唐明貴：〈楊簡論《論語》的心學特色〉，《王學研究》，第九輯。
徐建勇：〈楊簡心學功夫的展開〉，《中國哲學史》，第3期，2014年。
陳良中：〈楊簡《尚書》學研究〉，《孔子研究》，第5期，2014年。
陳碧強：〈心學家經典闡釋的問題意識與研究意義〉，《原道》，總第32輯。
陳碧強：〈試論楊慈湖對道家的批判——以本體論、工夫論、境界論為中心〉，《理論界》，第10期，2015年。
陳碧強：〈試論慈湖的「覺」——以工夫論為中心〉，《貴陽學院學報》，社會科學版，2016年6月。
曾凡朝：〈從《己易》看楊簡易學的心學宗旨及其學術意義〉，《周易研究》，第5期，2008年。
傅榮賢：〈楊簡易學略論〉，《周易研究》，第1期，1996年。
隋金波：〈楊慈湖思想中的「覺」及其成聖意涵〉，《哲學研究》，第4期，2017年。
張理峰：〈心學視域下的易學——楊簡易學思想初探〉，《周易研究》，第5期，2006年。
郭齊勇：〈出土簡帛與經典詮釋的範式問題〉，《福建論壇》，第5期，2001年。

景海峰：〈儒家孝觀念的超越性意義——以《孟子》所述為中心〉，《道德與文明》，第1期，2025年。

程　剛：〈楊簡易學中的「自」「己」「我」〉，《周易研究》，第3期，2018年。

楊月清：〈己易心性：楊慈湖易哲學的心學建構〉，《周易研究》，2013年6月。

葉文舉：〈楊簡《詩經》研究的心學特色〉，《孔子研究》，第2期，2009年。

趙法生：〈威儀、身體與生命——儒家身心一體的威儀觀及其中道超越〉，《齊魯學刊》，2018年。

趙法生：〈孔子與周制〉，《孔子研究》，第1期，2021年。

蔡方鹿、葉俊：〈楊簡對陸九淵新學的超越〉，《哲學研究》，第7期，2015年。

劉宗賢：〈楊簡與陸九淵〉，《中國哲學史》，第4期，1996年。

滕　复：〈陽明前的浙江心學〉，《浙江學刊》，第1期，1989年。

劉　聰：〈楊簡與明代王學〉，《孔子研究》，第3期，2013年。

哲學研究叢書・學術思想叢刊 0701034

此心即道——楊簡心學的哲學展開與實踐進路

作　　者	郝祥莉
責任編輯	丁筱婷
特約校稿	吳華蓉

發 行 人	林慶彰
總 經 理	梁錦興
總 編 輯	張晏瑞
編 輯 所	萬卷樓圖書股份有限公司
排　　版	林曉敏
封面設計	黃筠軒
印　　刷	博創印藝文化事業有限公司

發　　行　萬卷樓圖書股份有限公司
　　臺北市羅斯福路二段 41 號 6 樓之 3
　　電話 (02)23216565
　　傳真 (02)23218698
　　電郵 SERVICE@WANJUAN.COM.TW
香港經銷　香港聯合書刊物流有限公司
　　電話 (852)21502100
　　傳真 (852)23560735

ISBN 978-626-386-274-6
2025 年 8 月初版
定價：新臺幣 320 元

如何購買本書：
1. 轉帳購書，請透過以下帳戶
　合作金庫銀行　古亭分行
　戶名：萬卷樓圖書股份有限公司
　帳號：0877717092596
2. 網路購書，請透過萬卷樓網站
　網址 WWW.WANJUAN.COM.TW
大量購書，請直接聯繫我們，將有專人為您服務。客服：(02)23216565 分機 610

如有缺頁、破損或裝訂錯誤，請寄回更換
版權所有・翻印必究
Copyright©2025 by WanJuanLou Books CO., Ltd.
All Rights Reserved　　Printed in Taiwan

國家圖書館出版品預行編目資料

此心即道：楊簡心學的哲學展開與實踐進路/郝祥莉著.-- 初版.-- 臺北市：萬卷樓圖書股份有限公司, 2025.08
　　面；　公分.--(哲學研究叢書. 學術思想叢刊；701034)
ISBN 978-626-386-274-6(平裝)
1.CST: (宋)楊簡 2.CST: 學術思想 3.CST: 宋元哲學 4.CST: 儒學 5.CST: 理學
125.79　　　　　　　　　114006851